André Malraux

La politique, la culture

Discours, articles, entretiens

(1925-1975)

Présentés par
Janine Mossuz-Lavau

Ouvrage publié avec le concours
du Centre national du livre

Gallimard

Malraux (1901-1976) est d'abord le romancier des grandes crises du XXe siècle. Il a mis la technique du roman d'aventures, celle du reportage, celle du cinéma, au service des guerres et des révolutions : Asie, Espagne, Europe. Parce qu'il a toujours fait « dialoguer les lobes de son cerveau », *Le Miroir des limbes* est le roman de sa vie, comme *Les Voix du silence* celui de l'art. Dans un style tendu, violent, imagé, c'est un poète qui dialogue avec les interlocuteurs que lui fournit l'Histoire. Il fut ministre des Affaires culturelles de 1958 à 1969.

Introduction

Pour André Malraux, tout acte, qu'il relève de l'enga-gement politique ou résulte du geste fécond de l'artiste, ne prend son sens qu'à la lumière d'une métaphysique à laquelle adhère l'écrivain. Et son engagement, comme son œuvre, ne peuvent être étudiés sans réfé-rence à l'ensemble de sa vie. À la fois fruits d'une conception de l'être humain et indissolublement liés, ils ne peuvent donner lieu à une présentation séparée. C'est la raison pour laquelle, dans ce volume, on a réuni des discours, articles et entretiens qui peuvent être aussi bien une intervention sur l'art clamée sur une tribune politique, qu'une harangue politique adressée à des intellectuels, ou encore un message d'un ministre inaugurant une Maison de la culture. André Malraux a rarement séparé, dans ses adresses au public, l'art et l'action car ils sont, disions-nous, indissolublement liés. Dans la mesure justement où l'auteur de La Condition humaine *apparaît, selon l'expression d'Emmanuel Mounier, comme un « méta-practicien* [1] *», c'est-à-dire un homme dont les actes for-*

1. *In* « André Malraux ou l'impossible déchéance », *Esprit*, octobre 1948.

11

mulent et vérifient une métaphysique. En ce sens, la politique et la culture telles qu'il les conçoit naissent de la même source.

Le sens de l'acte

Chez André Malraux, toute action est irrémédiablement liée à une conscience aiguë du sentiment de la mort, exprimée dès ses premiers écrits. La mort est l'une des principales figures de Lunes en papier *(1921). Elle surgit avec plus de force encore dans* La Tentation de l'Occident *(1926) : «* Pour détruire Dieu, et après l'avoir détruit, écrit alors André Malraux, l'esprit européen a anéanti tout ce qui pouvait s'opposer à l'homme : parvenu au terme de ses efforts, comme Rancé devant le corps de sa maîtresse, il ne trouve que la mort*[1]. »*

Pour le jeune écrivain, il n'existe pas, au lendemain de la Première Guerre mondiale, d'idéal auquel un homme puisse vouer sa vie. Les idéologies et les religions n'ordonnent plus le monde occidental, les valeurs s'écroulent. Au terme de cette débâcle, l'homme se retrouve seul, dans un tragique face à face avec la mort dont rien ne peut plus le sauver. Cette hantise ne disparaîtra jamais de l'univers d'André Malraux. La mort ne s'est pas en effet imposée à lui à la suite de la seule réflexion. Elle a marqué sa propre vie d'une présence obsédante, lui arrachant brutalement des êtres chers, lui enlevant avec violence ceux qui se battaient avec lui en Espagne et en Alsace-

---

1. André Malraux, *La Tentation de l'Occident*, Grasset, Paris, 1926, p. 215-216.

Lorraine. *La mort hante son existence, elle est au cœur de son œuvre. Symbole de la finitude mais aussi de toutes les contraintes, elle fait régner l'absurde sur la condition humaine. Ressentir aussi intensément la menace permanente de la mort et l'inéluctabilité de l'échéance fatale, c'est déjà s'insurger contre cette fatalité :* « Il est très rare qu'un homme puisse supporter, comment dirais-je, sa condition d'homme... », *écrit André Malraux en 1933*[1]. *Dressé contre la mort et fondamentalement* « être-contre-la-mort[2] », *l'homme va rechercher des armes susceptibles de l'aider à la combattre.*

Tout au long des âges, les philosophies et les religions se sont proposées pour donner un sens à la vie et faire de la mort une étape plutôt qu'un terme. Mais André Malraux refuse leur secours. Ainsi, la sagesse orientale lui semble inacceptable. Elle considère l'homme comme une partie infime et sereine d'un Tout qui n'a pas à être intelligible, le problème de la mort étant résolu par la communion de chaque être avec l'univers. André Malraux ne peut accepter une croyance qui nie l'individu, qui veut seulement faire éprouver à celui-ci sa « qualité fragmentaire » *et place au-dessus de tout* « une attentive inculture du moi[3] ». *Toute perte de conscience lui apparaît plus néfaste encore que la mort, dans la mesure où elle prive l'homme de son humanité même. Une autre issue est offerte par la foi chrétienne qui a laissé sur l'Occident*

1. André Malraux, *La Condition humaine*, Gallimard, Paris, 1933, p. 228.
2. C'est ce qu'André Malraux suggère en marge d'un texte de Gaëtan Picon, *André Malraux par lui-même*, Le Seuil, 1955, p. 74-75.
3. André Malraux, *La Tentation de l'Occident*, op. cit., p. 112.

une empreinte ineffaçable. Mais, tout en sachant à quel point il a été modelé par elle, André Malraux refuse de s'y soumettre : « Certes, il est une foi plus haute : celle que proposent toutes les croix des villages, et ces mêmes croix qui dominent nos morts. Elle est amour et l'apaisement est en elle. Je ne l'accepterai jamais ; je ne m'abaisserai pas à lui demander l'apaisement auquel ma faiblesse m'appelle [1] *», écrit-il en 1926.*

Mais le refus opposé par André Malraux à la religion ne signifie pas que la vie lui semble devoir être vouée au « divertissement » au sens pascalien du terme. L'épuisement des possibilités offertes par les sens réduit l'homme à l'état animal, et implique un renoncement à la volonté de donner une signification à la vie. Il est soumission à la mort au-delà de laquelle rien ne subsistera.

André Malraux doit trouver lui-même une réponse à la question qui le hante : comment fonder l'homme en résistant à ce que veut en lui l'animal et sans l'aide des dieux ? Comment exister contre la mort lorsque la seule arme que l'on possède est la présence en soi d'une « part privilégiée [2] *». La quête menée par André Malraux est en effet marquée par cette constatation : « Quelque chose d'éternel demeure en l'homme — en l'homme qui pense [...] quelque chose que j'appellerai sa part divine : c'est son aptitude à mettre le monde en question* [3]. *» Il va donc rechercher par quels « moyens humains* [4] *» l'être humain peut être*

1. *Ibid.*, p. 217.
2. Entretien accordé à la revue *Fontaine*, n° 42, mai 1945, p. 296.
3. André Malraux, *Les Noyers de l'Altenburg*, éd. du Haut-Pays, Lausanne, 1943, p. 102.
4. Conférence prononcée à la Sorbonne, sous l'égide de l'Unesco. In *Carrefour*, 7 novembre 1946.

sauvé de sa condition. À travers l'action menée par les personnages de ses romans, aussi bien que par son propre engagement, la même tentative est réitérée, sous des visages divers.

La première est le fait de l'aventurier. Pour s'affirmer contre la mort, celui-ci se porte — souvent avec violence — à l'extrémité de ses limites physiques, entendant ainsi montrer que quelque chose en lui est libre. De Perken, l'un des principaux personnages de La Voie royale, *André Malraux écrit : « Il éprouvait si furieusement l'exaltation de jouer plus que sa mort, elle devenait à tel point sa revanche contre l'univers, sa libération de l'état humain, qu'il se sentit lutter contre une folie fascinante, une sorte d'illumination*[1]*. » Mais, si cette vie furieusement crispée sur la mort fait éprouver à l'aventurier l'intensité de son existence et sa marge irrépressible d'autonomie, elle lui fait ressentir plus fortement encore ce que sa propre disparition comporte d'irrémédiable. Dès* La Voie royale, *André Malraux exprime l'impossibilité d'établir le pouvoir de l'homme sur l'exaltation d'un seul être employant toutes ses forces à défier l'absurde.*

Une autre forme de lutte s'avère nécessaire : ce sera celle du révolutionnaire. Il ne s'agit pas seulement pour celui-ci de prouver sa propre dimension « surhumaine » mais, en combattant pour les autres, avec eux, dans un climat de fraternité virile, de faire prendre conscience aux hommes de l'existence en eux de cette part qu'André Malraux appelle « divine ». En se jetant à corps perdu dans une action collective, il donne à sa vie un autre sens que celui de la simple destinée individuelle.

1. André Malraux, *La Voie royale*, Grasset, Paris, 1930, p. 131.

C'est dans cette commune tension contre le destin que peuvent être reliées l'action personnelle d'André Malraux et celle des personnages de ses romans. S'il n'a pas, comme Perken, tenté seul de faire la preuve de sa puissance face à la mort, il s'est, à diverses reprises, engagé parmi les volontaires répondant à un appel qui s'adressait à tous. En Espagne comme en France, il a combattu au sein d'une communauté pour un idéal collectif. Dans La Condition humaine, *Kyo meurt pour une cause que d'autres porteront peut-être au triomphe, faisant ainsi de son propre sacrifice un acte utile et non périssable.*

Mais un tel itinéraire n'est pas concevable pour l'écrivain lui-même. S'il ne craint pas en effet les risques que présente un tel engagement, il ne souscrit pas totalement aux modes d'action qu'il entraîne. La révolution n'est pas seulement la marche à un soulèvement général, elle implique aussi la construction d'une société nouvelle exigeant discipline, organisation, emploi parfois des méthodes contre lesquelles on s'insurgeait ; elle peut donner naissance à une bureaucratie, une dictature, de nouvelles contraintes, sans résoudre pour autant le drame de l'homme face à la mort : « Bien entendu, il faut d'abord vaincre, déclarait-il en 1930, mais il reste à savoir si, la victoire obtenue, l'homme ne se retrouve pas en face de sa mort et, ce qui est peut-être plus grave, en face de la mort de ceux qu'il aime[1]. » *Par ailleurs, André Malraux n'a jamais considéré qu'une tentative, quelle qu'elle soit, puisse être la dernière. Il a toujours eu tendance à dépasser les cadres dans lesquels s'inscrivaient et sa pensée et son action. La fraternité virile*

---

1. *Monde,* n° 124, 18 octobre 1930.

d'un groupe révolutionnaire se révèle bien vite trop étroite pour lui. C'est à la communauté humaine tout entière, à l'ensemble des hommes qu'il aura envie de s'adresser ; ses exigences le conduiront à se préoccuper de ce qui touche non plus quelques-uns — même nombreux — mais tous.

Une troisième étape est alors franchie, de manière très sensible, dans Les Noyers de l'Altenburg. *À la mort André Malraux oppose cette fois l'homme lui-même qui, par le seul fait qu'il existe et qu'il se pense en tant qu'homme, dément la fatalité de sa condition :* « Le seul fait de pouvoir la représenter, de la concevoir, la fait échapper au vrai destin, à l'implacable échelle du monde ; la réduit à l'échelle humaine[1]. »

Ce pouvoir qui réside en chacun s'affirme avec plus de force encore chez l'artiste qui, non seulement détient sa propre vision du monde, mais cherche à la faire partager à d'autres. L'acte créateur qui donne naissance à l'œuvre artistique traduit de manière éclatante le refus de soumission opposé par l'homme au destin : « Dans ce qu'il a d'essentiel, écrit encore André Malraux, notre art est une humanisation du monde[2]. » *Plus que le geste désespéré de l'aventurier, plus que le don que fait de lui-même le révolutionnaire, le pouvoir créateur de l'artiste confère l'immortalité à l'immense fraternité de tous les êtres, morts ou vivants. Les œuvres d'art qui affirment la créativité de l'homme clament aussi son éternité. Ce qu'ont modelé ceux qui vécurent au cours des siècles passés reste vivant pour leurs descendants. C'est pourquoi la*

---

1. André Malraux, *Les Noyers de l'Altenburg, op. cit.*, p. 90.
2. *Ibid.*

culture occupe tant de place dans l'univers d'André Malraux. C'est pourquoi l'histoire, par laquelle se perpétuent les actes exemplaires d'autrefois, a pour lui une telle importance.

Dans cette tension perpétuelle qui oppose l'homme à la mort apparaît l'unité profonde de la démarche de Malraux. L'action est l'une des formes que revêt cette tension, l'art en est une autre, sans doute plus efficace et plus fondamentale pour Malraux lui-même. Et, lorsqu'on étudie l'engagement de l'écrivain en quelque lieu que ce soit, aux côtés de qui que ce soit, ce doit être en sachant bien qu'à la racine de cet engagement, et tout au long de ses manifestations, l'art et l'action ont leur place. Ils sont, avant tout, des armes contre la mort.

Leur utilisation, conjointe ou successive, exige pour être efficace le règne de certaines valeurs. Au premier plan, se dressent alors la liberté et la volonté qui, seules, permettent le geste créateur de l'artiste, l'engagement authentique de chacun. Sous cet éclairage, la politique pour André Malraux ne peut être un domaine clos, séparé des autres.

Et c'est en ayant présent à l'esprit le sens profond que revêtent l'art et l'action que l'on peut embrasser cette vie riche ô combien d'engagements dont certains présentaient des risques de mort, et d'œuvres dont la mise au monde s'est perpétuée jusqu'au dernier souffle. C'est seulement en liant, dans une même manière d'être au monde, l'acte politique et l'acte de l'artiste que l'on est armé pour se poser la question de savoir s'il y a rupture ou continuité dans l'engagement politique d'André Malraux.

Les valeurs inchangées de l'engagement

Si l'on survole rapidement cette vie si riche en actes de toutes sortes, et tout particulièrement en actes politiques, on peut être tenté de diagnostiquer une rupture, d'opposer la période qui court jusqu'à la fin de la Seconde Guerre mondiale à celle qui commence à la Libération. On trouvera plus loin, en tête de chacune des étapes de cet engagement, présentées chronologiquement, le détail des interventions d'André Malraux (né en 1901, mort en 1976). Rappelons donc ici les grandes phases de cet itinéraire mouvementé : les années vingt l'ont vu se battre en Indochine, fondant un journal pour défendre la cause des Annamites opprimés par une administration coloniale sans foi ni loi ; pendant les années trente, il est, aux côtés des communistes, à la pointe des combats contre le fascisme. Les romans qu'il publie dans ces années-là parfont le portrait d'un écrivain « révolutionnaire ». En 1936, il s'engage en Espagne aux côtés des républicains et dirige l'escadrille España. Un livre et un film restitueront pour le public les temps forts de cette lutte. Engagé volontaire au début de la Seconde Guerre mondiale, il est en 1944 à la tête d'une brigade de résistants qui, partis du Sud-Ouest, marcheront vers Strasbourg. En 1945 il rencontre le général de Gaulle aux côtés de qui il s'engage, dans l'aventure du RPF (Rassemblement du peuple français) à partir de 1947, puis en étant ministre de 1958 à 1969. Du communisme au gaullisme, quelle volte-face pourraient conclure ceux qui n'auraient pas lu André Malraux tout au long des cinquante années marquées par *d'incessantes prises de position. Les discours, articles et entretiens publiés ici aident à entrevoir les lignes de continuité, mais il faut se référer aussi aux œuvres pour les saisir tout entières. Et, si l'on interroge attentivement les textes, en les replaçant dans leur contexte historique, celui de la montée du fascisme dans les années trente, celui de la guerre froide, des procès, assassinats et purges en vigueur dans les démocraties populaires à partir de la fin des années quarante, on s'aperçoit qu'André Malraux n'est pas passé d'une certaine gauche à une certaine droite sans raisons profondes et en abandonnant les valeurs auxquelles il croyait. C'est peut-être en s'interrogeant sur ce que le gaullisme a représenté pour lui et qui n'était pas forcément ce qu'il signifiait pour l'ensemble du mouvement que l'on peut saisir la logique de ce parcours. Le gaullisme tel qu'il le ressent, et tel qu'il le défend, répond à une triple exigence : la liberté, la fraternité, l'autorité — trois axes qui charpentent chacun de ses discours, de la IVe à la Ve République.*

À ses yeux, le gaullisme permet seul le règne d'une véritable liberté, bien distincte du libéralisme classique, étrangère tout autant à l'individualisme forcené du siècle précédent. Il le définit comme « la responsabilité au service de la liberté[1] », et aussi comme une fraternité — ni celle des prolétaires, ni celle des membres d'une quelconque classe sociale, mais celle des citoyens unis en un seul peuple, rassemblés. Enfin, le gaullisme est marqué par la présence, au premier plan, d'une autorité qui peut seule garantir les libertés des individus, incarner l'idéal vers lequel

1. Discours prononcé par André Malraux le 2 juillet 1947. In *Espoir*, n° 2, janvier 1973, p. 7.

doivent se tendre, ensemble, toutes les énergies. Une fraternité d'hommes libres marche vers un grand dessein sous la conduite d'un chef : ainsi apparaît le gaullisme pour André Malraux. Mais ni la liberté, ni la fraternité, ni l'autorité ne surgissent pour la première fois dans l'univers de l'écrivain. Elles rythment depuis toujours son engagement et son œuvre.

Dès ses premiers écrits, André Malraux affirme la primauté de la liberté, qui permet de répondre à l'obsession de la mort.

Ce choix métaphysique, André Malraux l'a fait très jeune, et la morale qui en découle régit chacune des phases de son engagement. Il se battra dans divers rangs : anticolonialistes en Indochine, antifascistes en France, en Allemagne, en Russie. Non pas au nom des doctrines parfois extrémistes qui entendent régir la société future, mais avant tout pour que règne la liberté. Alors naîtra la confusion. À chaque fois on verra dans son action une adhésion à un système idéologique, sous-estimant ainsi le ressort proprement humaniste et quasi libertaire de son engagement.

Lorsqu'en 1925 André Malraux soutient, dans les colonnes de L'Indochine, *la cause des Annamites opprimés, il n'exige pas que les terres indochinoises administrées par la France deviennent un pays indépendant, il veut seulement qu'on accorde aux Annamites des droits analogues à ceux des Français. L'épisode de la révolution chinoise à laquelle on croit à tort, pendant un temps, qu'il a été mêlé, n'apporte rien qui puisse éclaircir l'image : il ne cherche pas à détruire la légende et se garde de démentir les récits fantaisistes qui éclosent au fil du temps. La confusion atteint son apogée dans les années trente, lorsqu'il se livre, aux tribunes des meetings antifascistes, à des harangues passionnées. Pour lutter plus efficacement contre le nazisme, il devient compagnon de route des communistes, mais son engagement est déterminé par l'enjeu du combat — la liberté mise en péril par le fascisme —, non par la doctrine communiste qui anime certains des combattants. En janvier 1934, André Malraux part pour Berlin, accompagné par André Gide. Il est officiellement envoyé auprès de Hitler par le Parti communiste français pour porter une pétition demandant la libération de Dimitrov, accusé d'avoir incendié le Reichstag. Il agit alors au nom de la liberté de l'homme, non pour soutenir et renforcer le marxisme. Quelques mois plus tard, il se rend à Moscou, invité au Congrès des écrivains soviétiques. Loin de constituer une apologie du régime de l'URSS, les paroles qu'il prononce à cette occasion exaltent la conscience et la création; en 1936, l'avertissement est devenu ferme mise en garde : « Rien ne serait plus dangereux [...] que de vouloir substituer à l'héritage présent et mortel un héritage prévu par une logique abstraite* [1]*... » Les livres aussi proclament que l'homme ne peut, sans perdre son nom d'homme, être amputé de sa dimension sacrée : la liberté. « Quand je pense que toute ma vie j'ai cherché la liberté ! s'exclame amèrement Garine. Qui donc est libre ici, de l'Internationale, du peuple, de moi, des autres* [2]*? »*

Au total, Malraux ne se présente guère comme un écrivain révolutionnaire au sens marxiste du terme. Et Trotski ne s'y est pas trompé, qui écrivait en 1931 à propos des Conquérants *: « Les sympathies, d'ailleurs*

1. Discours prononcé au secrétariat général élargi de l'Association internationale des écrivains pour la défense de la culture, à Londres, le 21 juin 1936. In *Commune*, n° 37, septembre 1936, p. 8.
2. André Malraux, *Les Conquérants*, Grasset, Paris, 1928, p. 235.

actives, de l'auteur pour la Chine insurgée sont indiscutables. Mais elles sont corrodées par les outrances de l'individualisme et du caprice esthétique [...]. Une bonne inoculation de marxisme aurait pu préserver l'auteur des fatales méprises de cet ordre[1]. » La rupture avec le communisme soviétique était donc prévisible. Toujours, la liberté sera pour Malraux une figure émouvante et noble, qu'il s'efforcera sans trêve de défendre. Son adhésion au gaullisme devenu Rassemblement du peuple français est très largement fonction de sa conviction que la liberté de l'esprit n'y sera pas mise en cause.

La seconde valeur qui guide ses engagements réside dans la fraternité : d'emblée André Malraux sera fasciné par les mythes réunificateurs susceptibles de la faire naître.

La signification de la fraternité pour Malraux doit être recherchée dans sa relation avec le christianisme. Pour lui, on l'a vu, « Dieu est mort ». Mais, contrairement à celle de Nietzsche, cette affirmation ne revêt pas le sens d'une exclamation victorieuse. Elle est simple constatation. L'homme est libre, il ne sert aucun dieu. Mais il n'en reste pas moins profondément marqué par le christianisme : « *Notre première faiblesse vient de la nécessité où nous sommes de prendre connaissance du monde grâce à une "grille" chrétienne, nous qui ne sommes plus chrétiens* », écrit André Malraux dans D'une jeunesse européenne. La foi disparue, l'héritage demeure. Il apporte avec lui un cortège d'aspirations et de questions que ne peut plus satisfaire une religion vidée de sa chair. Sa vie durant,

---

1. Léon Trotski, *La Révolution permanente*, Gallimard, Paris, 1963, p. 252-253.

André Malraux tentera de trouver les réponses, allant parfois aux frontières de l'impossible.

Il recherchera la présence rassurante et galvanisante à la fois de ce qui fut jadis la communauté des fidèles. Inlassablement, il ira à sa quête, s'engageant parfois à corps perdu lorsque l'une d'elles lui semblera réellement vivante, et vibrante. Car la fraternité à laquelle il aspire est une fraternité active, qui s'achemine avec énergie vers une conquête. Elle n'est ni contemplative ni soumise. Elle n'émane pas de fidèles priant agenouillés dans l'Église, mais de croisés partant ensemble au combat.

Mais comment la fraternité peut-elle naître ? Quelle force agit alors sur des individus dispersés pour qu'ils se rassemblent et luttent ? Pour que prennent forme des fraternités combattantes, il faut que règnent et s'imposent de grands mythes auxquels les hommes veuillent tout sacrifier : religions, idéologies, croyances peuvent seules unir, pour une même bataille, des êtres, des foules, des peuples. Offrant une explication du monde, ils apaisent par là même l'inquiétude fondamentale de l'homme jeté dans un univers qu'il ne comprend guère : « Pour quiconque veut vivre hors de sa recherche immédiate, une conviction seule peut ordonner le monde », écrit en 192.. le jeune A.D. au Chinois Ling[1]. Les mythes ne bornent pas là leur secours. Proposant à l'homme seul de s'insérer dans une fraternité, ils l'entraînent à se dépasser lui-même, révélant ainsi la part sacrée qui existe en lui. Car c'est bien à cela qu'il faut tendre : « Tenter de donner

---

1. André Malraux, *La Tentation de l'Occident, op. cit.,* p. 207.

conscience à des hommes de la grandeur qu'ils ignorent en eux[1]. »

Qu'ils soient idéologiques, religieux, nationaux enfin, les mythes réunificateurs répondent à certaines lois. Dans sa recherche de la fraternité, André Malraux les dégage peu à peu.

Lorsque la révolution surgit dans son univers, elle est encore très liée au communisme. Mais il en retient essentiellement — outre la liberté — la dimension fraternelle, la négation d'un individualisme égoïste et dominateur.

Au nom de la communion qu'elles seules réussissent à créer, il va privilégier les valeurs de combat. Tout en reconnaissant qu'une idéologie peut unir entre eux ceux qui s'en réclament, il n'en pense pas moins que la lutte menée au coude à coude fait naître une fraternité beaucoup plus forte. Car les hommes engagés volontaires, solidaires jusqu'à la mort, risquent tout, ensemble et dans l'action, pour faire triompher leur idéal. Et les plus belles pages des romans de Malraux sont peut-être celles où il met en scène la fraternité révolutionnaire confrontée à la mort : c'est, dans La Condition humaine, *l'attente des prisonniers rassemblés sous un préau avant leur exécution, dans* L'Espoir *la longue descente des Espagnols au flanc de la montagne, en un cortège formé derrière les aviateurs blessés. À chacun, cette fraternité confère une dimension supérieure et apporte une aide.*

Mais la puissance de la fraternité virile résiste mal à l'arrêt des combats. Lorsque la révolution cède la place

---

1. André Malraux, *Le Temps du mépris,* Gallimard, Paris, 1935, p. 12. Malraux l'écrit à propos de l'art.

à un régime politique, la communauté qui se voulait internationale, la fraternité des prolétaires du monde entier se métamorphose, se brise et, parfois, est étouffée. À la révolution succède une organisation étatique qui peut devenir, comme en URSS, totalitaire. L'homme se retrouve seul, amputé de sa liberté, diminué de la dimension fraternelle qui fut la sienne à l'heure du combat, il n'est plus que soumission. Et, pour André Malraux, le mythe révolutionnaire s'éteint. Dès la victoire, alors que s'impose la construction d'un État, il se métamorphose. Non que l'on abandonne le système doctrinal qui était celui des révolutionnaires, mais on s'appuie de plus en plus sur le mythe national. Et si des régimes réussissent à vivre et à se renforcer, c'est parce que le support idéologique n'existe pas seul. À la fraternité internationale des opprimés succède peu à peu la fraternité nationale des citoyens communistes, chinois ou russes. Dans ces deux exemples, bien différents à certains égards, André Malraux voit les applications d'une loi beaucoup plus générale, celle du primat de la nation, celle de la supériorité et de la plus grande efficacité des valeurs nationales.

Échec ou métamorphose, tel est, pour Malraux, le destin du mythe révolutionnaire. Mais toutes les fraternités ne sont pas nées sous la seule impulsion de mythes idéologiques : de grandes épopées ont vu le jour qui n'avaient pas pour mobile une doctrine mais une religion.

De l'hindouisme au bouddhisme, du christianisme au judaïsme, André Malraux s'est toujours passionné pour les religions, mais deux d'entre elles revêtent à ses yeux une importance particulière : l'hindouisme et le judaïsme.

L'attrait ressenti pour la première tient au fait qu'elle n'évoque pas seulement pour lui la contemplation et la prière, mais la mobilisation de milliers d'hommes qui firent l'Inde en pratiquant la non-violence. À deux reprises l'hindouisme a joué ce rôle, et tout d'abord, au moment où, en évitant les traditionnelles guerres de religion, il réussit à remplacer en Inde le bouddhisme millénaire. Cette reconquête de l'Inde passionne Malraux, et c'est sur ce problème qu'il questionne Nehru lors de leur première rencontre. L'hindouisme a ensuite joué une autre partie très dure à laquelle il est fait allusion dans les Antimémoires : la lutte contre la domination anglaise, sous l'autorité conjuguée de Gandhi et de Nehru. L'Inde a connu sa « longue marche », commencée dès 1930. Cette date ouvre en effet l'ère de la désobéissance civile qui, après bien des péripéties, mène à l'indépendance. La fraternité qu'elle crée (et à laquelle elle répond tout à la fois) trouve son fondement dans les sentiments religieux. Mais le mythe religieux, si indispensable soit-il, ne pouvait à lui seul conduire les Hindous à la victoire : il a pu triompher parce qu'il était allié au mythe national. On retrouve ici l'une des entités essentielles à la compréhension des idées exprimées par Malraux dès 1947.

Un autre mythe religieux l'entraînera à des conclusions identiques. Et, cette fois, André Malraux dépassera le stade de la passion tout intellectuelle pour accorder un véritable soutien : il se fera, en effet, dès les années 1930, l'un des plus fermes défenseurs des juifs. Le judaïsme l'a très vite attiré, car il apparaît comme un mythe puissamment réunificateur. La marche des Hébreux à travers le désert en est la preuve et le symbole. Mais une autre « longue marche » revêt

aux yeux d'André Malraux une très grande importance : celle qui, après des siècles, réunit en Israël des
juifs dispersés dans tous les pays du monde : « Il
s'agit d'un peuple dont on a détruit jusqu'aux ruines,
mais qui porte sur son visage le plus ancien passé du
monde », écrit-il en 1955[1]. Persécutés, pourchassés,
décimés, les juifs feront inlassablement la preuve de
leur volonté et de leur unité profondes. Le mythe religieux a maintenu un lien puissant entre des hommes
ayant pourtant embrassé différentes nationalités. Il a
fait plus encore : il a poussé ces hommes, disséminés
sur l'ensemble de la planète, à construire de toutes
pièces un État dans lequel ils se sont peu à peu
retrouvés : « L'État sioniste est né du courage, sans
lui, même l'argent venu des États-Unis eût été vain;
sans lui, jamais le sionisme n'eût été arraché à l'utopie[2]. »

La fraternité juive est devenue une communauté
combattante décidée à ce que l'épopée biblique trouve
enfin sa victoire dans la création d'un État. Ainsi
naît Israël, qui symbolise aux yeux d'André Malraux
l'heureuse alliance de la culture et de l'action, et qui
s'inscrit à la suite d'autres réalisations glorieuses.
L'épopée juive donne donc l'exemple d'une fraternité
restée intacte depuis l'exil. Mais André Malraux est
aussi fasciné par l'évolution des valeurs juives elles-
mêmes. Spirituelles à l'origine, elles sont devenues
libératrices, puis, phase ultime et fondamentale, nationales. Le judaïsme, en Israël, prend valeur de mythe
réunificateur exemplaire. Au point d'arrivée, on re-

1. Préface à Nicolas Lazar et Izis, *Israël,* éd. Clairefontaine, Lausanne, 1955, p. 7.
2. *Ibid.,* p. 9.

trouve un État, de même que l'on voit la naissance, après les révolutions, d'un État russe ou d'un État chinois.

Le chemin qui conduit André Malraux aux mythes idéologiques et religieux le ramène irrésistiblement à la croyance que le mythe national les dépasse et peut seul assurer leur épanouissement, leur passage au domaine de la réalité. Mais n'avait-il pas déjà rencontré celui-ci ?

André Malraux a été très marqué par la Révolution française. Non par la chronique aride de classiques manuels scolaires mais par la grande fresque brossée tant par Victor Hugo que par Jules Michelet. Il a lu Quatre-vingt-treize aux alentours de sa douzième année et, comme il le dit lui-même, les « puissantes images de l'enfance » ne s'effacent pas si aisément[1]. Puis vient la lecture de Michelet et la Révolution française, pour Malraux, fut d'abord un frémissement communiqué par une écriture lyrique. Avant de revêtir un sens russe, puis chinois, « révolution » signifie bien pour lui une épopée française, porteuse d'une « puissance romanesque considérable[2] ». Elle est aussi une victoire. Car elle a bien apporté, à des hommes jusque-là séparés en trois ordres, l'égalité, la liberté et la fraternité — ou du moins leurs principes. Elle a été un mythe puissamment réunificateur qui transforma des individus en citoyens français et comporta en outre une dimension combattante. Et si Malraux admire la lutte non violente telle que la mène Gandhi, s'il loue la longue bataille spirituelle que, pen-

1. Précisé par André Malraux au cours de notre entretien du 22 avril 1968.
2. *Ibid.*

*dant des siècles, livrèrent les juifs, il n'en exalte pas
moins les conquêtes emportées par les armes. Selon
lui, « la nation est probablement née avec la Révolution française[1] ». Et, pour lui, la « plus grande
France », c'est celle qui, après les heures exaltantes de
la chrétienté des croisades, prend conscience d'elle-
même et de son unité profonde au moment de la Révolution. Ces quelques années, décisives pour le surgissement d'un peuple français, vont devenir pour
André Malraux une référence fondamentale. Et,
lorsqu'il voudra évoquer la Résistance, il soulignera sa
relation à la Révolution : « Le souvenir de la République n'était pas pour nous celui de la douceur de
vivre, moins encore celui des combinaisons ministé-
rielles. Pas même celui du romanesque de 1848, du
sursaut de la Commune; c'était pour nous alors
comme pour vous aujourd'hui, comme toujours pour
la France, le souvenir de la Convention, la nostalgie de
la ruée de tout un peuple vers un destin historique. La
fraternité, mais la fraternité dans l'effort et dans
l'espoir[2]. »*

*Avant même que la Résistance ne vienne faire de
cette idée une conviction quasi charnelle, l'écrivain
voit dans la nation un mythe qui tend à surclasser
tous les autres et un chemin sûr pour quiconque
entend changer quelque chose au monde.*

*La métamorphose des mythes religieux et idéolo-
giques, qui ont dû se couler dans le moule national, en
donne une preuve avant que n'éclate la Seconde
Guerre mondiale. Les combats de 1944 renforcent la*

---

1. *Nouvelle frontière,* n° 5, janvier 1964, p. 2.
2. Discours prononcé par André Malraux, place de la République, le 4 septembre 1958. In *Espoir,* n° 2, janvier 1973, p. 48.

conviction d'André Malraux et rendent prévisible son engagement gaulliste. Parti à la recherche de fraternités combattantes, il ne pouvait éviter cette grande force qui s'affirme, à la Libération, détentrice des valeurs nationales de combat. Le gaullisme proclame sa volonté de maintenir vibrante la fraternité française, d'unir tout un peuple pour « refaire la France ». Il s'inscrit pour André Malraux à la suite des grands mythes réunificateurs qui l'ont de tout temps passionné.

Mais, dans la phase ministérielle de son gaullisme, et, de plus en plus, au fur et à mesure que les années s'écoulent, un autre mythe réunificateur apparaît dans l'univers d'André Malraux, un mythe qui transcende semble-t-il tous les autres et qui va jusqu'à briser — ô combien — le cadre national. Progressivement, dans le domaine mythique, le culturel semble prendre le pas sur le politique et sur le religieux. L'ultime fraternité à laquelle doivent tendre les hommes, c'est dans les années soixante et jusqu'à la fin, pour Malraux, une fraternité planétaire révélée à elle-même par la culture. Le mythe culturel serait seul assez fort pour faire de chaque individu vivant sur la terre un citoyen de la communauté mondiale. L'action qui se dessine alors dépasse le gaullisme. Elle s'inscrit pour André Malraux dans un cadre planétaire. Et la réponse qu'il donne le 8 mars 1960, à l'appel du directeur général de l'Unesco, pour la sauvegarde des monuments de Nubie le montre bien.

« Votre appel n'appartient pas à l'histoire de l'esprit parce qu'il veut sauver les temples de

Nubie, mais parce que avec lui, la première civilisation mondiale revendique publiquement
l'art mondial comme son indivisible héritage[1]. »

Ce mythe n'est pas né ex nihilo *dans la dernière partie de la vie de l'écrivain. Il s'est forgé peu à peu, dans
les comparaisons incessantes menées dès sa jeunesse
entre les arts des différentes contrées. Mais en ces
années de grande maturité, il explose littéralement et
semble bien en passe d'apparaître comme le dernier
mythe réunificateur qui ait fasciné André Malraux.*
  *Des mythes ont avec bonheur quitté le seul terrain
des songes, maintenant en éveil les fraternités qu'ils
avaient fait surgir. Mais si celles-ci, par leur combat,
ont permis la création d'un État, la métamorphose
d'un pays, l'accès à la dignité d'hommes jusque-là
opprimés, elles n'ont pas entraîné des bouleversements
par leur seule existence. Car des énergies désordon-
nées, livrées à elles-mêmes ne se transforment pas
nécessairement en une armée, en une communauté
prête à l'action. Il faut, pour coordonner, animer, diriger ces volontés, la présence à leur tête d'une grande
individualité. Les croisés doivent être guidés par un
chef.*
  *Dans l'univers d'André Malraux, les figures d'auto-
rité se pressent bien avant qu'il ne rencontre le général
de Gaulle.*
  Les communautés des fidèles n'attirent pas seules

---

1. André Malraux, *Oraisons funèbres*, Gallimard, Paris, 1971,
p. 58-59. Souligné par André Malraux.

André Malraux : leurs dieux, leurs prophètes, leurs grandes figures le passionnent plus encore. Dès ses plus jeunes années, il s'est interrogé sur les « grandes individualités ». Pas seulement sur ce qu'elles étaient — il les connaissait encore mal —, mais sur la nature de l'attrait qu'elles exerçaient sur les individus et notamment sur les Européens.

Le jeune A.D., qui est dans La Tentation de l'Occident, *le porte-parole d'André Malraux, tente de cerner l'emprise qu'exercent les personnalités exceptionnelles : « La fièvre de puissance dont sont parées les grandes individualités, écrit-il au Chinois Ling, nous touche plus que leurs actes — qui ne sont qu'une préparation pour atteindre leur attitude — et les en détache lorsqu'une inopportune intervention de la vie réelle les met en désaccord avec elle. Qu'importe Sainte-Hélène, et que Julien Sorel meure sur l'échafaud[1] ! »*

Divers types d'hommes sont habités par cette fièvre, mus par une exigence impérieuse : aventuriers, artistes, révolutionnaires, saints, sages, hommes d'État... Tout au long de sa vie, André Malraux va les évoquer, les mettre en scène, dans ses livres, articles et discours. Mais dans cette brillante pléiade, une « race » semble privilégiée : celle des personnalités prestigieuses qui incarnent, aux yeux de tous, un mythe réunificateur auquel elles se sont vouées. Dans sa recherche de la fraternité, il rencontre, presque à chaque étape, une figure d'autorité. Ainsi la Révolution française ne trône pas seule dans son univers. Deux figures se détachent d'emblée. Danton et Saint-Just. Avant même de consacrer, en préface au livre

---

1. André Malraux, *La Tentation de l'Occident, op. cit.,* p. 98.

d'Albert Ollivier, quelques très belles pages à Saint-Just, Malraux le mentionne dans sa geste roma-nesque : lorsque, dans Les Conquérants, *il campe le personnage de Garine, il en fait un disciple de Saint-Just et le montre lisant* Le Mémorial de Sainte-Hélène.

L'imagination du jeune Malraux sera elle-même bien vite occupée par les grandes individualités dont l'action voit le jour entre les deux guerres. Plus encore que la lutte menée en Inde pour l'indépendance, Gandhi et Nehru le fascinent. Garine déclarera à propos de Tcheng-Daï : « On n'a pas tort [...] de parler de Gandhi à son sujet. Son action, quoique plus limitée, est du même ordre que celle du Mahatma. Elle est au-dessus de la politique, elle touche l'âme, elle excelle à déta-cher. Toutes deux agissent par la création d'une légende qui trouble profondément les hommes de leur race[1]. » *À Nehru, qu'il rencontre peu après être revenu d'Espagne, il consacre de longues pages dans ses* Anti-mémoires, *et il se passionna aussi pour Trotski, auprès duquel il passa deux jours près de Royan en 1933. Enfin, à plusieurs reprises, André Malraux ne retiendra d'un mythe que son incarnation aux yeux des foules appelées à devenir une fraternité combat-tante : le colonel Lawrence l'intéressera plus que l'ara-bisme, Vincent Berger plus que le Touran.*

Pour tous ces hommes, un mythe est devenu ce qu'il appelle une « étoile fixe » : « En ce temps encore tout occupé de confondre l'âme de Brutus avec sa statue (et que pourtant César va emplir), les forces de Saint-Just se conjuguent pour découvrir dans la confusion des événements l'étoile fixe qu'il appelle République.

---

1. André Malraux, *Les Conquérants, op. cit.*, p. 121.

Napoléon l'appellera la sienne. Lénine, le prolétariat, Gandhi, l'Inde [...]. Le monde des apparences devient histoire en gravitant autour d'elles[1]. » Différentes à bien des égards, ne serait-ce que par la nature des mythes auxquels elles croient, ces grandes individualités ont en commun l'intensité de leur passion et la fermeté de leur engagement. Les risques encourus au nom de l'« étoile fixe » sont les plus forts : Saint-Just meurt sur l'échafaud, Nehru passe de longues années en prison, Gandhi et Trotski sont assassinés, Mao Tsé-toung, Lawrence, d'autres encore qui hantent l'univers d'André Malraux, combattent aux premières lignes. Tous sont aussi des intellectuels hommes d'action. Rompus à la lutte, ils n'en ont pas moins élaboré leur dessein, réfléchi sur leurs actes, écrit. Saint-Just a esquissé ce que devait être l'« esprit de la révolution », Lawrence a fait de l'épopée arabe Les Sept Piliers de la sagesse, Nehru a rapporté de ses geôles Ma vie et mes prisons. Chacun de ces hommes a lié indissolublement sa pensée et ses actes. Immortalisant par la littérature les gestes faits et refaits au cours des combats, ils ont uni dans leur vie la démarche du créateur et celle du conquérant.

Une fois encore, à travers les personnages qui séduisent Malraux, c'est le couple art-action qui transparaît. Mais cette double réponse, qu'il tente d'opposer à la mort dans sa vie et dans son œuvre, n'est pas donnée de la même manière par les héros de l'histoire qui le passionnent. En effet, s'il appartient à cette race des intellectuels hommes d'action, il n'a pas mené avec le même bonheur les aventures dans lesquelles il s'est

---

1. Préface d'André Malraux à Albert Ollivier, *Saint-Just et la force des choses*, Gallimard, Paris, 1954, p. 21-22.

engagé : jamais il n'a incarné lui-même les mythes qui l'ont mobilisé et jamais, jusqu'en 1945, la victoire n'est venue couronner ses combats. L'aventure indochinoise entreprise par la voie journalistique est restée sans lendemain, la lutte antifasciste ne triomphera guère avant la Libération, la cause espagnole se solde par un échec. André Malraux a été et reste une grande figure de la création artistique, mais l'action dans laquelle il s'est souvent jeté ne l'a pas conduit aux sommets atteints par Nehru, Mao et quelques autres. Ainsi peut s'expliquer l'attrait qu'exercent irrésistiblement sur lui des hommes ayant accompli leur engagement jusqu'à un point ultime : la victoire ou la mort.

Et, lorsqu'en 1945, le colonel Berger rencontre le général de Gaulle, ne découvre-t-il pas alors la grande individualité dont il a toujours rêvé ?

Pour André Malraux, le général de Gaulle incarne alors un mythe réunificateur national. Il a mené jusqu'à la victoire une fraternité combattante. Une figure d'autorité veut que demeure vibrante la communauté des résistants : ainsi apparaît le Général à la Libération. Seul contre tous, il a, dès les premiers jours, appelé à une grande aventure ceux qui n'acceptaient pas que la France disparaisse. Comme Saint-Just, Nehru, Gandhi, il a tout risqué pour une idée, pour une « étoile fixe » : elle s'appelait la France. Aux yeux d'André Malraux, le général de Gaulle est le type même de l'intellectuel homme d'action, ayant conçu puis réalisé un grand dessein. Un lien extrêmement fort lie sa pensée et ses actes : au Fil de l'épée répond le 18 Juin. Malraux devait écrire, pour donner un exemple de « *vérité incarnée* » : « *Nietzsche devenu Zarathoustra* [1]. »

Pour un homme tel que Malraux, cette conviction sans défaillance devait nécessairement revêtir un irrésistible attrait. Qui, sinon le général de Gaulle, pouvait à la Libération entrer dans son panthéon ? Tout se passera désormais comme si, à son tour, André Malraux avait trouvé une « étoile fixe » : le chef de la France libre.

À cet égard, si l'on suit bien, dans ses méandres apparents, l'évolution d'André Malraux, on ne peut conclure à l'existence d'une rupture brutale dans son itinéraire. C'est plutôt la continuité qui marque celui-ci et qui le fait peut-être déboucher sur ce qui pourrait être une sorte d'achèvement, même si celui-ci n'est qu'esquissé par le ministre des Affaires culturelles et par l'auteur des gigantesques écrits sur l'art des toutes dernières années. André Malraux n'a-t-il pas en effet incarné, à certains égards, le mythe culturel ? Il a été le chantre privilégié de cette culture mondiale et s'est dépensé sans compter pour la faire advenir. De New York à Dakar, d'Athènes à Montréal, il l'a défendue, portée, exaltée. Sans doute n'est-il pas interdit de le voir ainsi comme celui qui, plus que d'autres, peut apparaître comme la « grande individualité », incarnant ce mythe qu'il voulait profondément réunificateur et qui l'avait habité de plus en plus, tout au long de sa vie. L'adhésion au gaullisme n'aurait pas marqué la fin de l'engagement d'André Malraux mais un passage vers un mythe susceptible de le mobiliser encore plus. Lui qui déclarait être en art comme on est

---

1. André Malraux, « N'était-ce donc que cela ? », in *Liberté de l'esprit*, n° 5, juin 1949, p. 117.

en religion a écrit jusqu'à la fin, est intervenu pour évoquer la culture — mais aussi les guerres passées — jusqu'à ses derniers jours. Et peut-être n'aurait-il pas été ce héraut premier de la culture mondiale s'il n'avait pas suivi ce cheminement jugé par les uns quelque peu chaotique, mais qui peut être compris par ceux qui liront attentivement les textes d'un acteur d'exception, engagé dans les combats majeurs de son siècle.

Les textes publiés ici (discours, articles, entretiens courant de 1925 à 1975) permettent de suivre cet itinéraire très particulier déroulé au travers des grandes heures de notre époque. On y découvrira le Malraux tribun, le Malraux parfois pamphlétaire qui sut souvent galvaniser les foules par de véritables mises en scène de l'action politique, comme par les harangues prononcées pour la défense de la culture. Il ne s'agit pas d'une présentation exhaustive des interventions de l'écrivain, qui trouvera sa place dans l'édition à venir d'un volume de la Pléiade, *mais d'un choix de textes significatifs de son engagement politique et culturel pendant cinquante années. Certains ont été publiés, notamment par Walter Langlois dans* André Malraux. L'aventure indochinoise, *par* Espoir, *la revue de l'Institut Charles-de-Gaulle, par* L'Herne *dans le cahier consacré à André Malraux en 1982, par Albert Beuret et Pierre Lefranc dans l'ouvrage paru au Club du Livre,* De Gaulle par Malraux. *André Malraux lui-même avait réuni huit discours dans* Oraisons funèbres, *en 1971. Les références indiquées après chacun des textes signalent la première parution (par exemple* Commune *pour certains des discours des années trente ou* Le Rassemblement *pour ceux de l'après-guerre), sauf lorsqu'il s'agit de discours figu-*

Introduction

rant dans Oraisons funèbres *dans la mesure où ils ont été revus par André Malraux pour la publication. C'est donc cette dernière source qui est alors citée. On n'a pas retenu certains textes trop exclusivement consacrés à l'actualité du moment mais figurent ici tous ceux qui peuvent aider à comprendre un homme qui fut un être marquant de ce siècle.*

JANINE MOSSUZ-LAVAU

I

L'éveil à la conscience politique :
l'Indochine des années vingt

L'Indochine et les séjours qu'y fit André Malraux dans les années vingt vont être le cadre de sa prise de conscience politique et de ses premiers combats[1]. *Et pourtant, le périple qu'il entame à l'automne 1923 — il est âgé de vingt-deux ans à peine —, accompagné de sa femme Clara et de son ami Louis Chevasson, n'était pas motivé par des raisons politiques. Les trois compagnons se rendent en effet au temple de Banteaï Srey, dans le but de découvrir les merveilles de l'Orient qui les fascinent depuis longtemps et surtout de desceller quelques statues et de les vendre à de riches amateurs. Ils réussiront à les charger sur le bateau qui doit les ramener à Pnom Penh, mais ils sont stoppés dans leur projet par des inspecteurs de la Sûreté nationale. Louis Chevasson et André Malraux sont inculpés (mais laissés en liberté), subissent un procès en juillet 1924 au*

1. Sur l'expérience indochinoise de l'écrivain, l'ouvrage de référence est celui de Walter Langlois, *André Malraux. L'aventure indochinoise*, Mercure de France, Paris, 1967. Précisons qu'à l'époque l'Indochine comprend les trois protectorats du Laos, du Cambodge et de l'Annam-Tonkin, ainsi qu'une colonie, la Cochinchine.

À l'exception de quelques notes rédigées par les revues où sont parus ces textes ou par André Malraux lui-même, toutes les notes de cet ouvrage sont de Janine Mossuz-Lavau.

terme duquel ils sont condamnés à des peines de prison ferme. Les condamnés font appel et, après une campagne de signatures et témoignages favorables à Malraux conduite en France par Clara, obtiennent une peine avec sursis.

Mais ce n'est pas tout à fait le même homme qui revient dans son pays. Pendant son séjour forcé en Indochine, André Malraux a découvert les mœurs coloniales et la vraie nature d'une administration corrompue et violente. Il a rencontré des Annamites et, pour la première fois, il s'est trouvé face à une injustice sociale portée à l'extrême, celle dont étaient victimes les populations indigènes. Il décide donc, en compagnie de l'avocat Paul Morin, de créer un journal afin de défendre celles-ci.

En février 1925, André Malraux revient donc à Saigon, assure le mouvement Jeune Annam de son appui et, en juin, paraît le premier numéro du quotidien créé à cette intention, L'Indochine. L'objectif était d'obtenir que les Annamites se voient reconnaître les mêmes droits que les Français résidant en territoire indochinois, ni plus ni moins. Ils devaient avoir le droit de circuler librement, de créer des associations, d'élire un représentant à la Chambre des députés de Paris, de disposer d'une presse libre, d'accéder plus facilement à la naturalisation et, pour ceux qui le souhaiteraient, d'aller poursuivre des études en France, afin d'être en mesure, au retour, d'être partie prenante dans l'évolution de leur pays. Il s'agissait aussi de dénoncer la corruption, l'oppression et le chantage qui avaient alors libre cours. Numéro après numéro, André Malraux s'en prend à l'administration et notamment au gouverneur de la Cochinchine, aux dirigeants des journaux conservateurs, aux notables responsables de malversations.

Mais il ne pose pas le problème d'une éventuelle indépendance des territoires sous tutelle française et il fait valoir au contraire qu'en accordant aux Annamites les mêmes libertés qu'aux Français, en mettant fin à cette relation d'exploiteurs à exploités, on aiderait grandement au rapprochement des deux communautés, on éviterait de douloureuses ruptures. Il n'en fallut pas plus, cependant, pour que les élites coloniales crient au scandale et à la subversion, et se mettent à dénoncer en Malraux et Morin de dangereux bolcheviks. Elles ne s'en tinrent d'ailleurs pas là et les bonnes vieilles méthodes furent employées pour mettre fin à l'existence de L'Indochine : intimidation, tentative d'assassinat, vol des exemplaires du journal destinés à la province, puis devant leur insuccès, pressions directes sur les Annamites travaillant au journal. L'Indochine *dut donc cesser sa parution pendant quelques mois. Elle reparut en novembre sous le titre de* L'Indochine enchaînée. *Mais l'acharnement de ses adversaires finit par avoir raison de la croyance de Malraux en la possibilité d'améliorer le sort des Annamites en se battant en Indochine même. Persuadé que, sur place, il n'obtiendrait rien, il décide de rentrer à Paris afin d'agir sur les autorités et sur l'opinion métropolitaine. À la fin de décembre 1925, il reprenait le bateau.*

Aventure lourde de conséquences pour ce lettré qui venait tout juste d'avoir vingt-quatre ans, et qui avait, en Asie, côtoyé jour après jour des êtres que d'autres empêchaient d'accéder à la dignité, à l'autonomie qui permet seule qu'une vie ne soit pas réduite à une survie. L'expérience asiatique qui le voit s'engager politiquement pour la première fois ne sera donc pas sans lendemain politique. Mais elle donnera lieu aussi à un essai (La Tentation de l'Occident) *et à des romans, qui se dérouleront sur le continent même où, pendant près de deux ans, André Malraux s'est trouvé — dans des rôles et des lieux différents — activement à pied d'œuvre :* Les Conquérants *(1928),* La Voie royale *(1930),* La Condition humaine *(1933).*

SUR QUELLES RÉALITÉS
APPUYER UN EFFORT ANNAMITE ?

Monsieur[1],

La pensée qu'exprime la lettre que vous m'avez adressée hier, je la trouve chaque jour, depuis une semaine, dans les lettres que je reçois de mes correspondants annamites inconnus. De Chaudoc à Baclieu, de toutes les provinces, du Sud-Annam même, une même interrogation passionnée est posée par ces jeunes intelligences ardentes que la culture française a formées, et qui, mécontentes de leur état actuel, souffrent, plus que de cet état même, de l'impossibilité de donner à leur énergie une direction et un but.

Car je crois toucher votre pensée à son centre : si telles injustices vous blessent, si certaines attitudes vous paraissent insupportables dans un pays qui prend conscience de lui-même, c'est avant tout parce que vous ne voyez pas comment vous pourrez les faire cesser.

1. André Malraux répond ici à un jeune intellectuel de Cochinchine qui lui a écrit pour lui faire part des injustices qu'il subit et lui demander ce qu'il peut faire pour libérer son pays de la mainmise du gouverneur de Cochinchine, M. Cognacq.

Il faut, Monsieur, que vous compreniez bien ceci :
pour faire de l'Annam une nation libre où deux
peuples vivent sur un pied d'égalité — comme aux
Indes françaises, comme aux Antilles — il est indispensable que la première partie de votre vie soit
sacrifiée. Vous pouvez constituer un Annam véritable, mais ce sont vos enfants qui le verront.

La première nécessité, pour parvenir à une
entente réelle entre Français et Annamites, c'est
pour nous, Français, de supprimer absolument ce
que j'appellerai « la propagande par le bluff ». Les
Français ne sont pas venus ici pour civiliser, mais
pour gagner de l'argent par leur travail. Il n'y a là
rien qui doive être caché.

Il importe que ces droits acquis légitimement
soient sauvegardés. Mais, de là, il ne suit nullement
que les singulières combinaisons qui s'établissent à
l'heure actuelle soient justifiées.

« Les Annamites, me demandez-vous, peuvent-ils
tenter une action politique pour faire connaître en
France leurs revendications et obtenir satisfac-
tion ? »

Cette action aura lieu. Mais, Monsieur, prenez-y
garde : elle sera incertaine. Quiconque demande au
nom de son bon droit risque de n'être exaucé que
pour un temps fort court. Il faut que vous puissiez
parler avec constance — avec plus de constance que
n'en ont les ministères — avec la certitude d'être
écoutés, et de ne pas heurter les droits de ceux qui
sont justement ici, au nom d'une justice que vous
réclamez pour vous-mêmes.

Attaquez d'abord le préjugé de l'administration. Si
les hautes fonctions publiques peuvent, à juste titre,
vous sembler honorables, les emplois subalternes ne

sont d'aucun intérêt. Que chaque famille annamite apprenne qu'être un technicien quelconque est beaucoup mieux qu'être un secrétaire de l'administration. Il n'y a pas de techniciens annamites. Il faut qu'ils soient nombreux dans vingt ans. Faites de vos fils des ingénieurs, des chefs de chantier, des médecins. Faites d'eux, avant tout, des ingénieurs agronomes. Pour cela, envoyez-les en France. Si l'on veut vous en empêcher, nous verrons.

Ensuite, réunissez-les en groupements professionnels. Vous pourrez ainsi remettre entre les mains de moins de cinquante hommes élus par leurs pairs, le sort de l'Annam. Vous n'ignorez pas que les Chambres de Commerce, lorsqu'elles étaient dirigées par des hommes énergiques, ont, à plusieurs reprises, imposé leur volonté à l'administration. Que ne pourrait donc faire un syndicat d'agronomes, le jour où il serait le maître de toute la récolte de riz de la Cochinchine ?

Il pourrait dire :

« Si, systématiquement, la voix des Français libéraux est étouffée; si nos revendications que le Parlement veut bien écouter sont indéfiniment renvoyées *sine die*, grâce à quelques personnages bien choisis; si nous n'avons pas plus d'écoles; si nous n'avons pas la séparation des pouvoirs administratifs et judiciaires; si les moyens de pression administratifs dont nous souffrons continuent à agir; si nous ne pouvons pas aller librement en France;

« Dans les huit jours, tout le mouvement agricole de l'Indochine sera arrêté. »

Ce moyen, qui n'implique aucune violence, vaudrait certainement le Hartal indien; et tous les Français libres seraient d'accord avec vous, car il serait appuyé sur votre travail.

Mais il ne peut être réalisé que par beaucoup de sacrifices, dans un temps assez long — et peut-être, Monsieur, ma réponse vous aurait-elle plu davantage, si je vous avais parlé de choses rapides et impraticables, et montré sur le ciel l'image de grands châteaux pleins de merveilles...

L'Indochine, 4 juillet 1925.

SUR LE RÔLE DE L'ADMINISTRATION

Je reçois d'un de nos lecteurs une lettre fort intéressante dont j'extrais le passage suivant :

« C'est la première fois en Cochinchine qu'un journal de l'importance du vôtre ose attaquer l'administration. Notre hostilité contre elle est faite surtout du regret de la trouver toujours devant nous. Nous aimerions vous voir préciser vos attaques et donner ainsi à notre mécontentement d'ordre général la netteté qui lui manque. Nous vous suivrions plus volontiers si nous sentions plus lucidement jusqu'à quel point nous sommes en communion d'idées, et craindrions moins de vous accompagner lorsque vous attaquez des personnages auxquels, peut-être, vous attachez trop d'importance. »

Nos attaques ne visent pas tel ou tel administrateur, nécessairement irresponsable du caractère général d'actes qu'il accomplit par ordre supérieur. Ils visent la lente évolution grâce à laquelle la force qui, dès la fin de la conquête, s'est trouvée succéder à la force militaire, a continué d'appliquer ses lois *et de manifester son esprit*, alors que rien ne pouvait plus que cet esprit, être nuisible au développement économique du pays. Ce rôle déplorable s'est accentué le jour où, aux commerçants ou négociants venus, eux aussi, à l'époque de la conquête ou à celle qui la suivit immédiatement (et qui avaient un esprit de décision et de violence suffisant pour tenir en échec ceux qui s'opposaient à eux), ont succédé des commerçants beaucoup plus pacifiques, et qui n'ont jamais osé marquer la moindre résistance. La succession des Présidents de la Chambre de Commerce est à ce sujet, bien révélatrice.

Il suffit d'imaginer ce qui se passerait en France si une organisation semblable, animée d'un esprit semblable, tentait de se constituer. Eh ! nous dit-on, nous ne sommes pas en France. Sur ce point, aucune différence n'existe. En face des commerçants *français* de Cochinchine, l'administration cochinchinoise devrait se trouver dans la même situation que celle d'un département quelconque en face des commerçants de ce département. Il n'existe aucune raison valable pour qu'il en soit autrement.

Le résultat est fort simple : c'est la lenteur du développement de tout grand commerce et de toute industrie. Je n'ignore nullement qu'il existe ici quelques maisons puissantes. Mais que sont les deux ou trois cents millions qui représentent leurs affaires annuelles, à côté du chiffre auquel ces mêmes maison pourraient parvenir, dans un pays qui se développerait normalement depuis vingt ans ?

Car il existe en Indochine deux sortes d'hommes d'affaires : ceux qui, par un travail réel, créent quelque chose ; et ceux qui tiennent à un haut fonctionnaire quelconque le discours suivant :

« Mon vieux copain, vous voulez faire un chemin

de fer. C'est un bon sentiment et qui part d'un bon cœur. Comptez sur moi. Je suis tout acquis à cette entreprise hautement française, qui apportera dans ce pays que je suis venu civiliser, avec mon air un peu jocrisse et la grâce naturelle qui me caractérise, l'ordre et la prospérité.

« Vous allez me donner du matériel, car je n'en ai pas. Puis de la main-d'œuvre, car je n'en ai pas non plus. Du reste, comment en ferais-je venir de France ? La recruterai-je ici ? Vous avez des recruteurs si habiles...

« Vous me donnerez donc de la main-d'œuvre.

« De plus, poussé par vos sentiments éminemment patriotiques, vous ne laisserez pas un Français engager une affaire de cette importance sans y participer dans la mesure de vos moyens. Et, comme ils sont plus considérables que les miens, vous souscrirez, par exemple, 90 % des actions, sous forme de subvention. »

À quoi le haut fonctionnaire, distrait, oublie quelquefois de répondre : « Mais cher, très cher ami, si je vous fournis les argents, du matériel en quantités industrielles et force coolies, pourquoi les autres tout petits argents, les intérêts, ne me seraient-ils pas fournis, à moi ? » Il est distrait, dis-je. Il répond par exemple : « Combien aurai-je de parts de fondateur ? » Et l'autre rend grâces du fond de son cœur aux dieux bienveillants qui ont organisé ces lieux bénis pour le plus grand bonheur des mortels.

Mais l'autre commerçant, celui qui veut faire, ou qui a fait quelque chose, s'irrite de ne trouver devant lui que monopoles officiels ou officieux, combinaisons, ententes.

Il lui arrive quelquefois de penser ceci : « Il est

déplorable que, lorsque je veux construire un pont, on me demande d'abord, non mon prix et la preuve de mon habileté, mais bien pour qui j'ai voté aux dernières élections. Et je ne serai pas fâché le jour où je verrai quelqu'un dire aux " Grands Bureaux " : *La Haute Administration est faite pour servir le pays, et non le pays pour servir la Haute Administration.* »

L'Indochine, 16 juillet 1925.

SÉLECTION D'ÉNERGIES

Toute puissance qui sent en elle une volonté d'expansion et cette violence contenue qui font les peuples colonisateurs se fixe, pour première tâche, la recherche de la force. Ceux que Rome envoyait aux marches de l'Empire, ceux que Tai-Tsong envoyait au fond du Gobi, ceux que nos rois envoyaient en Louisiane s'attachaient avant tout à deviner, parmi les forces éparses qui s'opposaient à eux, quelle qualité de résistance, de vigueur et d'énergie pouvait se cacher, afin de les lier à leur cause en leur reconnaissant, sans incertitudes et sans contestations, les droits des maîtres. Jamais un grand roi, jamais un grand homme d'État n'oublia de discerner ce caractère d'indépendance et de loyauté vite révoltées à quoi se reconnaissent les forts.

Notre politique en Cochinchine et en Annam est à l'heure actuelle fort simple : elle dit que les Anna-mites n'ont aucune raison de venir en France, et elle implique immédiatement la coalition, contre nous, des plus hauts caractères et des plus tenaces énergies d'Annam. Il semble que des stupidités politiques de clans ou d'argent s'appliquent avec une rare persévérance à détruire ce que nous avons su faire, et à réveiller dans cette vieille terre semée de grands souvenirs les échos assoupis de plus de six cents révoltes.

Quoi qu'en disent des Annamites cultivés, l'histoire de la domination chinoise en Annam, malgré toutes les réserves qu'il convient de faire, s'est déroulée sous le signe du sang. Je me souviens des vieilles rues de Florence, près de l'Arno : sur chaque palais fauve ou doré, une inscription rappelle un meurtre commis par quelque grande famille, pour obtenir la domination de la cité. *L'Enfer* de *La Divine Comédie* s'inscrit tout entier sur les murs des vieilles demeures princières, mais seule, la gloire de la Ville s'étend aujourd'hui sur le tumulte de ces combats apaisés. L'Annam, lorsqu'on le parcourt des bouches du fleuve Rouge au delta du Mekong, donne une seule impression : le nom de toute ville illustre y est celui d'une révolte ; les plus émouvantes de ses plaines portent des noms de combats. Le tombeau de Lê-Loi est en ruine, mais les chansons qui exaltent la sombre grandeur de sa vie de courage et d'aventures sont encore sur les lèvres de toutes les femmes et dans la mémoire de tous les pêcheurs. À Quang-Ngai, à Thanh-Ho, à Vinh, des réserves d'énergie dont nous avons un si grand besoin en Extrême-Orient attendent de voir se réaliser l'entente que nous avons promise.

Cette entente, nos fonctionnaires la comprennent de la façon la plus singulière : ils créent un état de fait qui correspond à l'interdiction pure et simple, pour un Annamite, d'aller en France. Les papiers nécessaires au voyage, en effet, doivent être visés par un Administrateur qui est seul juge de l'opportunité d'accorder ou refuser le visa demandé. Si le requérant n'a pas fait preuve de loyalisme depuis plusieurs générations, le visa est refusé.

Je ne discuterai pas le principe d'une telle action. Il est en opposition avec la loi comme avec les coutumes de la France; il est détestable, parce que ce que nous appelons une preuve de loyalisme ne peut l'être que de trahison, à cause du caractère matériel de la preuve : enfin, qu'il touche aux régions les plus sereines de la sottise heureuse, nous allons le voir par ses conséquences.

Ou le jeune Annamite accepte le refus qui lui est opposé, et nous pouvons dire avec tranquillité qu'on eût pu le laisser aller en France, où il aurait montré la même aptitude à l'obéissance. Ou bien, il ne l'accepte pas.

Et c'est ce dernier qui doit nous intéresser, si nous délaissons l'Administrateur du coin, qui ne veut « pas d'histoires », et si nous considérons l'intérêt supérieur de l'État. Celui-là a l'âme d'un chef. C'est sur lui que nous devons appuyer notre colonisation. Que va-t-il faire?

S'il est cochinchinois, il se procurera des papiers de boy ou de mécanicien et partira sur le pont ou dans la cale d'un bateau chinois, anglais ou américain, en Chine, en Angleterre ou en Amérique.

S'il est annamite, il ira trouver les missionnaires protestants américains : et il partira pour San Francisco dans un délai de quinze jours.

Dans les deux cas, il reviendra en Annam formé contre nous et sera l'allié certain, sinon le chef de toutes les révoltes.

Depuis le 1er janvier 1924, le nombre d'Annamites partis en Angleterre et en Amérique dans la certitude de se voir refuser l'entrée de France dépasse quatre cents.

Je sais que l'on contestera ce nombre. Mais j'écris pour le public qui, s'il ne sait pas ces choses, fait plus que les soupçonner, et pour le Gouverneur général qui a le moyen de les contrôler. Je ne fais pas ici le procès d'un homme, mais d'une attitude politique.

Non seulement cette attitude est interdite par la loi française, qui ne croit pas que la France représente tant de laideur ou tant de honte qu'on doive la cacher aux Annamites ; non seulement elle est d'une stupidité à faire pleurer de rage, mais encore elle amènera, dans un délai très court, l'attaque la plus dangereuse que puisse subir ici notre colonisation. Je demande que l'accès de la France soit libre à ceux qui veulent la connaître. Si l'on craint pour eux le bolchevisme, on doit moins le craindre à Paris qu'à Londres, à Boston ou à Moscou.

Je demande une circulaire du Gouverneur général ordonnant aux Administrateurs :

Soit de reconnaître aux Annamites le droit — que leur donne la loi — d'aller en France.

Soit de transmettre immédiatement les dossiers des requérants à une commission spéciale, siégeant *à Hanoi* et obligée de motiver le jugement qu'elle rendra.

Ce qui nous permettrait de montrer que nous savons faire autre chose que de dresser contre nous, grâce à un système ingénieux, un des plus beaux, un des plus purs, un des plus parfaits faisceaux d'énergies que puisse diriger contre elle une grande puissance coloniale.

L'Indochine, 14 août 1925.

RÉOUVERTURE

Lorsqu'on est puissant et que l'on a une jolie femme dont l'admiration est assez modérée, il y a un moyen bien connu de n'être pas trompé : c'est de l'enfermer. Ainsi M. Cognacq, pour faire connaître aux diverses populations cochinchinoises son amour de la vérité, s'en assura le monopole.

Eh ! que voulez-vous que fasse, en quelque matière que ce soit, M. Cognacq, sinon un monopole ? Sans doute, sans doute. L'habitude est une seconde nature. Et puis, il est nécessaire de montrer au nouveau Gouverneur général, que l'on qualifiait hier de bolcheviste tout comme un simple journaliste indépendant, que la sympathie, l'affection, la tendresse même qu'on lui porte sont des sentiments hautement désintéressés. À moi ! corps constitués ! Que l'Indochine devienne blanche, telle l'hermine connue pour sa pudeur. Que les Annamites soient heureux ! Qu'ils apportent au bon docteur des bouquets mouillés de larmes — de reconnaissance, cette fois — et que, dans un silence lourd d'admirations, s'élèvent seules les voix éminemment pures de Labaste et de Chavigny[1].

1. M. Labaste était un colon, président de la Chambre d'agriculture, élu dans des conditions illégales et responsable de nom-

Le *Courrier saigonnais*, fontaine des naïvetés gouvernementales pour lesquelles *L'Impartial* demande des prix excessifs, nous informe dans un de ses derniers numéros que : rien n'est tel qu'un scandale pour lancer une colonie. C'était donc cela !

Dévoué docteur ! Ainsi, Camau, les urnes électorales qui s'allongent et se rétrécissent comme des accordéons, les titres honorifiques, le texte de la loi sur la liberté de la presse traduit en Ubu, le barbotage des caractères d'imprimerie, les faillites à ressorts, interchangeables, retournables comme une chemise d'Auvergnat, sont des avions bénévoles dont l'administration se sert, Citroën supérieur, pour inscrire sur le ciel le nom de l'Indochine ? Et nul ne l'avait deviné. L'injustice des hommes est infinie. Retirons-nous dans un monastère, seul lieu où nous permette maintenant de nous réfugier notre pauvreté !...

Vous ne voulez pas ? Non ?

Vous voulez attendre le nouveau Gouverneur général ?

Bien. Alors, écoutez : cet homme demandera quelques explications. Vous les lui donnerez. Vous lui direz par exemple, que les diverses lois françaises gagnent à être appliquées en Indochine suivant l'esprit du code aztèque : que la liberté de la presse consiste à faire chaparder ou boycotter les journaux à la poste, à faire terroriser les typographes par les agents de la Sûreté; que la meilleure façon de faire défricher les terres incultes par les Annamites est de donner aux bons amis celles qu'ils ont défrichées

---

breuses malversations. M. Chavigny était le directeur de *L'Impartial*, quotidien saigonnais ultraconservateur.

déjà ; que les menaces faites aux parents des jeunes Annamites qui trouvent que votre politique indigène n'est pas toute de mansuétude, donnent au prestige français un incontestable empire ; que l'interdiction des journaux comme *L'Œuvre* à la bibliothèque est juste et normale ; que le déplacement des fonctionnaires qui lisent chez eux lesdits journaux, s'impose ; qu'il est bon de donner aux Chavigny et autres Outrey une subvention d'un million par an, subvention portée au budget sous la rubrique « Bienfaisance : Sourds-muets ».

Non ? Vous ne voulez pas lui dire toutes ces choses excellentes ?

C'est donc nous qui les lui dirons. Nous ajouterons :

« Monsieur le Gouverneur général, voici cent onze lettres, dont cinquante-deux signées ; soixante-dix-sept plaintes signées ; deux témoignages ; un constat d'huissier ; un dossier avec annotations signées ; des abonnements administratifs. Nous vous avions fait dire en France que nous vous donnerions ces documents. Les voici. »

Depuis un an, les lois françaises promulguées à la colonie sont constamment violées. Nul ne l'ignore. Ou bien le Gouverneur, seul entre tous les Français établis en Cochinchine, ne le sait pas, et il est tout désigné pour aller prendre le Gouvernement de la Guadeloupe ou de la Martinique, de Saint-Pierre-et-Miquelon ou de toute autre colonie simplette ; ou il le sait et il est alors désigné pour la retraite, tout court.

Toutes les injustices, toutes les exactions, toutes les fariboles qui ont transformé les provinces en royaumes moïs ou empapahoutas ont la même ori-

gine; certains groupes financiers et commerçants
d'Indochine sont devenus plus puissants que le Gouvernement local. Celui-ci, au lieu d'être un média-
teur entre ces groupes et la population, fait cause
commune avec les premiers. Leur politique est fort
simple : gagner le plus d'argent possible dans le
temps le plus court; et ils répondraient à quiconque
les attaquerait qu'ils sont là pour faire leurs affaires
et non pour faire celles de l'État ou faciliter l'existence des hommes qui le composent. Ce qui serait
exact.

Ce que devient leur politique lorsqu'elle est politique d'État, nous l'avons vu, nous le voyons tous les
jours. Mais nous commençons, Français et Annamites, à l'avoir assez vu.

Cela, vous le savez. Mais il importe que le nouveau
Gouverneur général, lorsqu'il arrivera, l'ignore.

Vous allez donc lui jouer la petite comédie dite
« des corps constitués ». Vous lui montrerez une
petite Chambre d'Agriculture présidée par
M. Labaste, pour qui vous êtes allés jusqu'à
l'héroïsme : « Debout ! les morts ! et tous aux
urnes ! » Une petite Chambre de Commerce présidée
par M. de La Pommeraye[1], qui ne vous doit pas la
moindre combine; un petit Conseil colonial présidé
par Chavigny. Puis, ces trois représentants de l'honneur public viendront, au nom de la population,
déclarer au Gouverneur général que vous êtes le plus
brillant Gouverneur qu'ait jamais connu la
Cochinchine. Et je ne dis rien de Luid Quam Trinh,

---

1. M. de La Pommeraye est le propriétaire du *Courrier*, favorable à M. Cognacq. Il est président de la Chambre de commerce et
directeur de la Société des grands hôtels subventionnés par le gouvernement et de la Société des distilleries de l'Indochine.

qui les suivra à distance respectueuse et viendra —
suprême ironie — chanter vos louanges au nom de
la population annamite.

Ce n'est pas trop mal combiné. Mais je vous
affirme que cela ne réussira pas. Et je vous dirai
pourquoi le jour de l'arrivée de M. Varenne[1]. Car cet
article aura une suite, bon docteur, comme un
simple roman-feuilleton.

L'Indochine enchaînée, 1925, n° 1.

QUESTIONS ANNAMITES :
LE GOUVERNEMENT PAR LES TRAÎTRES

Après avoir constaté que l'administration de la
Cochinchine s'applique, pour ne pas diminuer le
prestige des chefs de province, à refuser l'entrée de
la France aux Annamites et prépare ainsi à nous
combattre les plus énergiques d'entre eux qui
partent sans passeports pour des pays qui ne mon-
treront pas de sévérité pour un état civil assez
vague : Amérique, Allemagne ou Russie, nous
sommes amenés à chercher quels sont les hommes
que cette administration choisit au nom de la France
pour les mettre à la tête de leurs compatriotes; à
quelles mains est confiée la tâche délicate entre
toutes de servir d'intermédiaire entre la France et
l'Annam et de faire comprendre l'utilité d'une al-

---

1. M. Varenne est le nouveau gouverneur général, dont l'arrivée
est imminente au moment où André Malraux écrit.

liance à de jeunes intelligences avides d'une liberté plus grande que celle qu'elles trouvent en naissant.

Nous touchons ici au centre même de la question de la colonisation ; entre tous nos associés, lesquels choisirons-nous pour en faire des chefs ? Lorsque la question est sérieusement posée, le Gouvernement s'est trouvé en face de deux catégories d'hommes : les descendants des anciennes grandes familles d'Annam d'une part ; et d'autre part ceux que l'on pourrait appeler les nouveaux venus, ceux qui viennent du peuple ou de la petite bourgeoisie et qui doivent à leur valeur le prestige qu'ils ont acquis auprès de leurs compatriotes.

Les premiers ont été choisis en assez grand nombre. Ils pourraient être fort utiles au Gouvernement si celui-ci les laissait parler en toute liberté. Car il les consulte souvent. Mais la consultation a généralement lieu de la façon suivante :

« Eh bien ! Monsieur X, que pensez-vous de la situation des indigènes ? »

Si M. X répond que les indigènes sont ravis, le Gouverneur est content ; si un inspecteur assiste à l'entrevue, le Gouverneur est enchanté et M. X qui — est-il besoin de le dire ? — est fonctionnaire, a de l'avancement ; mais s'il insinue que dans les provinces de Cochinchine, les pauvres ont un roi qui n'est ni le Gouverneur ni l'administrateur, mais le gendarme ; mais s'il insinue que, depuis un mois, à Rachgia, les Nhaqués mangent des racines, ce qui est excellent, Monsieur Cognacq, mais en petite quantité seulement, et peut-être un peu désagréable comme nourriture ordinaire (c'est du moins l'avis du cimetière), adieu, avancement !

Et à nous, les dossiers annotés ; un administrateur

ou un gouverneur, ou un manitou quelconque demande que cet individu (la première punition de l'Annamite qui n'approuve pas les racines est de devenir un sieur ou un individu) soit envoyé dans le plus mauvais poste possible...

Voilà pour les premiers.

Quant aux seconds, c'est un peu différent. On peut les faire chanter en menaçant leur famille, sans doute ; certains d'entre eux, cependant, sont décidés à parler, et parleront. Il ne reste donc qu'une ressource : opposer à leurs témoignages d'autres témoignages, en parfaite contradiction avec eux, et créer le doute qui profite toujours à l'administration, qui a le temps pour elle ; car, si les Annamites qui souffrent sont nombreux, ceux qui parlent sont rares...

Ces témoins qui doivent être opposés à ceux qui parlent réellement au nom d'un million d'hommes, où les trouver ?

Il ne s'agit plus de présenter des objections à une politique, ni d'en proposer une autre ; il ne s'agit plus seulement des secrétaires bien vêtus de Saigon, mais de tous leurs frères de douleurs qui, dans les provinces pauvres, n'ont ni médecins, ni écoles, ni riz, à l'heure où l'on gave ses amis de quatre-vingt mille piastres, car il convient de se distraire... « C'est là une opposition facile », me disait hier un Français que j'entretenais de ce sujet ennuyeux. Littérairement sans doute. Mais pratiquement, les paysans de Rachgia déplorent, figurez-vous, cette facilité même, et cependant ils ne font pas de politique.

Donc, qui trouver ?

Quelqu'un ayant servi ses frères ; ayant fait de l'opposition. Ayant montré, si possible, la haine de la

France, présentant des garanties de sincérité, et prêt à les vendre... En un mot, un traître.

C'est pourquoi les Annamites, qui ne savent rien de ces histoires, vont être censés avoir désigné, pour les représenter auprès du Gouverneur général Varenne, un homme sur le passage de qui ils crachent.

De plus, tout Annamite a sa « clientèle » au sens ancien du mot, c'est-à-dire un ensemble de parents et d'amis qui suivent sa fortune. Ils sont placés avec leur maître.

Ils deviennent nôtres; toutes les haines qu'ils inspirent, et elles sont nombreuses, c'est sur la France, qui les emploie sans les connaître, qu'elles vont converger.

Je dis à tous les Français : Cette rumeur qui monte de tous les points de la terre d'Annam, cette angoisse qui depuis quelques années réunit les rancunes et les haines dispersées, peut devenir, si vous n'y prenez garde, le chant d'une terrible moisson... Je demande à ceux qui me liront de tenter de savoir ce qui se passe ici, et quand ils le sauront, d'oser dire à un homme qui vient en Indochine pour demander où est la justice, et, au besoin, pour la faire, qu'ils ne sont pas, qu'ils n'ont jamais été solidaires de celui qui, pour garder sa place, n'a pu élever, au nom de la France et de l'Annam, que le double masque du pitre et du valet, du mouchardage et de la trahison.

L'Indochine enchaînée, 1925, n° 1.

CONSIDÉRATIONS SUR LE LIVRE VERT

Le livre vert, c'est le rapport du Conseil colonial, établi sur les indications de notre excellent confrère Maurice Cognacq. C'est là que nous pouvons lire, avec l'admiration émerveillée que nous inspirent tous ses actes lorsqu'il en explique lui-même la haute valeur, la liste complète de ses bienfaits, la profondeur de sa pensée, la grandeur de sa justice.

Oserai-je le dire, cependant? Lorsque je lis ses œuvres, notre excellent confrère Maurice Cognacq me fait l'effet d'un petit farceur. Tout le long de 500 pages, il raconte des blagues aux conseillers coloniaux.

Voyons tout d'abord le « coup d'œil d'ensemble sur la situation politique ». On y lit que la presse d'opposition n'intéresse personne, que la population admire sans réserves l'éminent Gouverneur qui la dirige. Passons. Mais on y lit aussi que la cause de sa prospérité est dans son indifférence à la politique, que « des Annamites, des Chinois et des Français » veulent introduire ici.

Pardon.

La politique dont nous souffrons tous, la politique odieuse et ridicule qui à l'heure actuelle crée en Cochinchine un mécontentement visible et qui, si nous n'y prenons garde, amènera quelque jour de tragiques résultats, ce ne sont ni les Annamites, ni les Chinois, ni les Français qui l'ont apportée ici : c'est le gouverneur Cognacq, qui, l'ayant admirée aux Antilles, l'a trouvée si intéressante pour un gouverneur qu'il s'est hâté, dès qu'il a pu, de l'instituer ici.

Cette politique consiste tout entière à grouper autour de soi les éléments de sa propre puissance, afin de lui donner quelque stabilité, et, cela fait, à tenir l'Indochine et ceux qui l'habitent pour la propriété des copains. Je fais exception pour les banques qui, elles, servent peu Cognacq mais se servent beaucoup de lui. Ceux qui s'opposent à cette façon de faire ne sont en aucune façon des politiciens, ce sont, beaucoup plus simplement, des gens qui réclament justice.

Notre confrère Maurice Cognacq nous explique ensuite qu'il représente l'ordre. Cette affirmation ressortit à un autre genre de fantaisies. Un vieil ami de Maurice Cognacq vient-il barboter les rizières d'un paysan? Conséquence de l'ordre. Le paysan refuse-t-il de se laisser dépouiller? Désordre, désordre affreux! Rébellion, danger public. Il fallait vraiment être certain de voir un Chavigny président, pour oser proposer comme arguments aux conseillers coloniaux d'aussi amères plaisanteries.

Vient ensuite une phrase particulièrement heureuse. Je ne saurais résister au plaisir de la copier.

« La politique du Gouvernement de la Cochinchine pendant l'année qui vient de s'écouler est restée la même que celle pratiquée durant les trois années précédentes. Caractérisée par la bienveillance, elle a visé au maintien de l'ordre, qui est le facteur essentiel de la paix et de la prospérité d'un pays, mais maintien prudent, obtenu par la conviction plutôt que par la contrainte. »

Cela est parfaitement exact. Je l'affirme. Je le certifie, et mon témoignage, auquel M. Cognacq accorde tant de prix lorsqu'il s'agit de le supprimer, le réjouira sans nul doute. Il a bienveillamment récompensé, couvert de croix et autres médailles — en forme de piastres, comme par hasard —, ses bons amis annamites qui venaient bienveillamment de trahir leurs frères. Il a bienveillamment menacé d'envoyer au diable, à Hatien ou à Poulo Condor, les gens qui se permettaient de se promener en compagnie de ceux qui n'approuvent pas sa politique. Il a bienveillamment mis derrière nous, munis de délicates missions, de pauvres agents de la Sûreté, qui avaient besoin de manger. Quant aux paysans de Camau, ils ont eu droit à sa sollicitude particulière. Il est allé lui-même, en personne, voir l'état de leurs rizières, afin de pouvoir, au besoin, les en déposséder bienveillamment.

Lui, employer la contrainte ? Allons donc ! Il en est incapable. Il se donne la peine de nous en informer, et de nous faire garantir par Chavigny (voui) qu'il dit vrai. Il ne procède que par conviction. Un administrateur de ses amis fait appeler, par exemple, un de nos lecteurs : « Le Gouverneur croit qu'il serait de votre intérêt bien compris de refuser ce journal que vous avez demandé vous-même. » Ou bien un conseiller se donne la peine de se déranger, et explique aux paysans « qu'il ne serait pas sage de leur part de s'opposer à la mise en vente de leurs terres ».

Tout cela ne manque pas d'un certain humour féroce, et nous fait songer à ce que serait Ubu gouverneur :

« Après avoir bienveillamment tenté, par tous les moyens, de disqualifier ceux qui ne nous approuvent pas, nous les avons amenés à la conviction qu'ils devaient eux-mêmes demander leur condamnation à mort. Poussés par quelque mauvais démon, ils s'y sont opposés. Nous avons donc prononcé nous-même leur condamnation, avec tout l'intérêt dont nous sommes capable, et les avons fait exécuter bienveillamment. Les excellentes sources d'informations, dont nous disposons et que nous censurons nous-même, nous permettent d'affirmer qu'ils se sont repentis après leur mort, et nous admirent aujourd'hui sans réserves. »

Non, Monsieur Cognacq. Cette contrainte que vous désavouez a été le seul moyen d'action de votre politique, qui, quoi que vous en disiez, ne tend pas à assurer l'ordre mais bien à donner des ordres, ce qui est assez différent. Vous ne gouvernez la Cochinchine que par la crainte, l'argent et la Sûreté. Et c'est parce que vous n'ignorez pas que toute votre méthode tient en deux mots : « Pourboire et délation » ; parce que vous commencez à sentir la haine qui, des rizières les plus éloignées de Cochinchine, s'avance aujourd'hui jusqu'à vous, que vous prenez un tel soin de vous défendre et de faire savoir à tous qu'au fond, tout au fond de votre poche, se trouvent des sentiments de bienveillance que personne n'a jamais vus parce que les piastres amoncelées les cachent comme le mur d'une forteresse.

L'Indochine enchaînée, 1925, n° 3.

BARDEZ[1]

Nous ne saurions trop le répéter : les divers codes, avant d'être promulgués aux colonies, devraient être remaniés. J'aimerais assez, par exemple, un code qui s'appuierait sur les principes suivants :

1. Tout accusé aura la tête tranchée.
2. Il sera ensuite défendu par un avocat.
3. L'avocat aura la tête tranchée.
4. Et ainsi de suite.

À quoi l'on pourrait ajouter :

5. Toute sténographe employée par un avocat verra le peu de bien qu'elle a confisqué et son contrat résilié.
6. Si elle a des enfants, elle versera au pauvre M. de La Pommeraye, à titre de dommages et intérêts, la somme de mille piastres par enfant.
7. Son mari aura la tête tranchée.

Et nous revenons au n°1 (voir plus haut).

L'Indochine enchaînée, 1925, n° 13.

---

1. M. Bardez, résident provincial, s'était rendu dans un village pour exhorter les habitants à payer un impôt spécial et avait été tué par les villageois après avoir pris l'un des leurs en otage et avoir refusé de le libérer. Au terme d'un procès jugé inique par André Malraux (et entaché d'irrégularités de toutes sortes), un Cambodgien avait été condamné à mort. Sur ce point, cf. Jean Lacouture, *André Malraux. Une vie dans le siècle*, Le Seuil, Paris, 1973, p. 107.

II

*Le temps de l'antifascisme :
les années trente*

*En terre européenne (tout particulièrement en Alle-
magne, en Italie, puis en Espagne), les années trente
sont marquées par l'avènement du fascisme. Le 30
janvier 1933, Berlin tombe aux mains du Parti natio-
nal-socialiste. Une longue traque commence alors
pour tous ceux que leur race ou leur engagement rend
indignes de vivre aux yeux des nazis. Fausses accusa-
tions, procès truqués, emprisonnements arbitraires,
tortures, exécutions se multiplient. Ainsi, dès la fin du
mois de février 1933, on arrête George Dimitrov (bul-
gare, secrétaire de la IIIᵉ Internationale), puis, quelques jours après, Ernst Thaelmann (secrétaire général
du parti communiste allemand), tous deux accusés
d'avoir incendié le Reichstag. En France, sans qu'on
soupçonne pour autant l'horreur à laquelle — en une
dizaine d'années — on saura parvenir, des voix
s'élèvent pour dénoncer le système qui se met en place
et prendre la défense des premières victimes. André
Malraux est d'emblée l'un de ceux dont les protestations et les actes expriment une condamnation sans
défaillance. Il participe notamment aux actions enga-
gées par l'Association des écrivains et artistes révolutionnaires (AEAR, fondée en 1932). Le 21 mars 1933,*

il prend part à une des premières grandes manifestations contre le fascisme. En novembre, il préside avec André Gide le premier meeting pour la libération de Thaelmann. Le 4 janvier 1934, toujours en compagnie de Gide et à la demande du PCF, il porte à Berlin une pétition réclamant la libération de Dimitrov (celui-ci a en effet été acquitté en décembre mais demeure incarcéré; il sera libéré en février). Le 31 janvier, le Comité international pour la libération de Thaelmann et des antifascistes emprisonnés est constitué : Gide et Malraux en deviennent les présidents. En mai, se tiennent divers meetings.

Dans la lutte qui s'engage, André Malraux va se trouver, pendant plusieurs années, au coude à coude avec les communistes, présents avec eux sur nombre de tribunes. S'il est loin de se situer sur leurs positions et formule quelquefois des déclarations iconoclastes (ou fait des rencontres peu orthodoxes, comme celle de Trotski qu'il va visiter en 1933 à Royan), il n'en apparaît pas moins lié au « parti de la classe ouvrière » et jugé digne d'intervenir en Union soviétique même. Le 3 août 1934, il prend la parole à Moscou, au Ier Congrès des écrivains soviétiques. Et, fait particulièrement intéressant, il attire l'attention du public sur la liberté de l'artiste, déclarant notamment que « l'art n'est pas une soumission, c'est une conquête ». Il participe à Paris, à la Mutualité, à une session de « compte rendu » du Congrès de Moscou. Sans cesse il va défendre la liberté de l'esprit, et les éléments de sa rupture avec les communistes sont déjà présents dans les interventions de cette période.

Pendant toute l'année 1935, l'effort ne sera pas relâché. Congrès et assises destinés à défendre la culture, meeting organisé par le Comité Thaelmann à l'occa-

sion du deuxième anniversaire de l'acquittement de Dimitrov, viendront réaffirmer avec obstination la volonté d'un certain nombre de Français, dont Malraux qui prend régulièrement la parole dans ces manifestations, de barrer la route à la « bête immonde ». Cinq de ses discours prononcés entre 1934 et 1936 paraîtront dans Commune[1]. L'écrivain paie par ailleurs à la cause un tribut tout personnel : il publie Le Temps du mépris *(1935) qui raconte l'emprisonnement d'un militant communiste arrêté par la Gestapo en Allemagne en 1934. Dans le même temps, il n'oublie pas l'Indochine. À la suite de procès particulièrement iniques tenus à Hanoi et à Saigon, il publie dans* Marianne, *le 11 octobre 1933, un long article intitulé « SOS » et, un peu plus tard, il écrira une préface pour le livre d'Andrée Viollis,* Indochine SOS *(1935). Mais en 1936, le mode d'action change. L'existence d'André Malraux bascule dans la lutte armée. La guerre civile a éclaté en Espagne en juillet. André Malraux, qui s'est rendu à Madrid dès le 21 juillet, se fait l'intermédiaire entre le gouvernement républicain et la France afin de fournir des avions au premier. Il crée et dirige l'escadrille* España *qui, avec une dizaine d'avions, dont certains ne sont pas loin d'avoir été achetés au marché aux puces, va rendre des services considérables. Elle prendra notamment une part active à la première bataille de Teruel en décembre 1936. Elle fera sa dernière sortie en février 1937. Les hommes comme les appareils sont épuisés et le combat, pris en main par les Soviétiques, doit attirer*

---

1. Sur ce point, cf. Nicole Racine, « Malraux et la revue *Commune* (1932-1936) », *Europe*, nº spécial André Malraux, novembre-décembre 1989, p. 29-42.

d'autres soutiens. À cette fin, André Malraux va entre-prendre, aux États-Unis, une tournée destinée à recueillir des fonds pour les républicains. Il écrit aussi un roman, L'Espoir, *qui paraît en novembre 1937 et tourne un film en 1938,* Sierra de Teruel, *rebaptisé* Espoir *à la Libération.*

Discours prononcé le 21 mars 1933
à la réunion organisée à Paris
par l'Association des écrivains
et artistes révolutionnaires

[...] Depuis dix ans le fascisme étend sur la moitié de l'Europe ses grandes ailes noires. Si nous exceptons la France et l'Angleterre, nous pouvons dire qu'il tient à peu près la totalité du monde sauf la Russie...

André Gide a fait allusion tout à l'heure à la comparaison qui peut être faite entre la terreur rouge et la terreur hitlérienne. Oui! Nous devons agir et avant qu'il soit longtemps mener une action sang contre sang.

Il faudrait tout de même savoir quelle réponse concrète nous pouvons apporter ici. Elle me paraît avoir deux aspects. Je voudrais que nos protestations portent avant tout l'hommage fraternel des écrivains français aux écrivains allemands qui non seulement sont venus, mais nous ont fait le grand honneur de compter suffisamment sur nous pour savoir qu'ils seraient, ici, requis.

Je voudrais dire encore que tous ceux qui sont persécutés aujourd'hui en Allemagne ne le sont pas tellement comme marxistes, et que, marxistes ou non, ce que ces écrivains ressentent avant tout, c'est la volonté de dignité.

Tout artiste doit choisir entre deux possibilités, c'est d'être de ceux qu'on paie ou de ceux qu'on appelle, et ceux qui sont ici ont choisi d'être appelés et non payés.

Avant tout le fascisme allemand nous montre que nous sommes peut-être en face de la guerre; n'oublions pas que nous devons faire les uns et les autres tout notre possible pour que la guerre n'ait pas lieu. Néanmoins, si une guerre éclate — et c'est là que nous devons prendre notre responsabilité — nous savons comment elle éclatera, nous savons pourquoi; comme l'a dit Guéhenno, nous avons affaire à un gouvernement de sourds, tout ce que nous disons pour protester, nous le disons en vain et nous le savons. À un état de choses qui n'est lui-même qu'une menace, nous ne pouvons répondre que par une menace : quel que soit notre désir d'unité ouvrière, nous saurons toujours trouver ceux qui servent véritablement le prolétariat; en cas de guerre, même si la Russie n'y est pas engagée, nous nous tournerons par la pensée vers Moscou, nous nous tournerons vers l'Armée rouge.

In Henri Barbusse, André Gide, Romain Rolland, *Ceux qui ont choisi. Contre le fascisme en Allemagne. Contre l'impérialisme français*, préface de Paul Vaillant-Couturier, brochure de l'AEAR, s.d.

SOS[1]

Le 29 mai 1931. Chaque jour, la longue pluie tropicale recouvre le Centre-Annam où deux mille indigènes viennent d'être exécutés sans jugement. « Tuez neuf prisonniers sur dix », disent les ordres reçus par les légionnaires. Écrasées, les provinces centrales dorment ou haïssent autour de leurs cadavres lavés et relavés par la pluie sans fin.

Devant un de ces marchés criards même aux pires époques — poissons, poteries bleues et torses nus vernis par l'éternelle averse —, une dizaine d'indigènes s'engueulent. Passe à bicyclette le sergent Perrier. Il descend et rétablit l'ordre à coups de cravache[2]. Jusqu'au moment où les indigènes se jettent sur lui, le tuent et s'enfuient.

Le corps mutilé reste là.

Quelques heures plus tôt, d'un poste quelconque, les légionnaires Layon et Guttmann avaient été envoyés à Nam-Dan pour en ramener dix autres légionnaires.

---

1. Voulant rétablir l'ordre dans un village annamite où des indigènes se disputaient, le sergent Perrier, de la Légion étrangère, se mit à distribuer des coups de cravache. Les Annamites — dont nombre de congénères avaient été exécutés sommairement dans la période récente — tuèrent Perrier. Apprenant la nouvelle, des légionnaires d'un poste voisin torturèrent et assassinèrent des Annamites qu'ils venaient de faire prisonniers au motif qu'ils auraient été communistes. Au terme du procès, les légionnaires furent acquittés. Cf. Walter Langlois, *op. cit.*, p. 248-253.

2. À l'exception de ce seul fait (mais ce n'est pas par la douceur que Perrier, qui ne savait pas l'annamite, put tenter de rétablir l'ordre), tous les faits et paroles relatés dans cet article sont extraits des actes d'accusation officiels. [Note d'André Malraux.]

Au poste de Daï-Dinh, ils apprennent le meurtre de Perrier. C'est le petit poste tropical, toujours le même avec son toit débordant, sa chaleur, sa pluie et ses hauts aréquiers en tête de loup. Seulement, à l'arbre isolé planté en face du poste comme un mât, un Annamite vivant est ligoté, la tête coupée d'un ami entre les mains. Il a été arrêté le matin, des heures avant l'assassinat de Perrier ; il dirigeait des contribuables qui avaient attaqué en vain le garde indigène en recouvrement d'impôt. Des communistes, sûrement. Les deux légionnaires l'interrogent. Imaginons cet interrogatoire d'un homme attaché, une tête coupée serrée entre ses mains, par deux légionnaires dont l'un reconnaîtra au procès qu'il était complètement saoul, au centre de paillotes fermées, où derrière chaque fissure, des yeux sont fixés... Il ne répond pas. Il s'effondre donc, une ou deux balles dans le crâne, et la tête qu'il tenait va rebondir un peu plus loin. Bien qu'ils fussent, paraît-il, dans la légalité en tuant cet interrogé récalcitrant, les légionnaires prévoyants détachent le corps, n'oublient pas par terre la tête coupée — le goût de l'ordre — et vont jeter l'un et l'autre dans le fleuve voisin.

Là-dessus, départ pour Nam-Dan. Ils rencontrent sur la route le légionnaire Von Bargen, l'emmènent avec eux, le mettent au courant du meurtre de Perrier. Ils arrivent enfin. La camionnette a besoin de réparations. Le poste est plein de prisonniers ; huit Annamites venus ravitailler le poste et dénoncés pour communisme, naturellement. Ils étaient incarcérés depuis trois jours ; leur lien avec le meurtre de Perrier, exécuté le jour même, était donc mince. Et

80

ils étaient si bien communistes que le procès établit qu'ils allaient être relâchés le lendemain. Ils ne le furent pas. Le Destin grimaçant des tragédies chinoises va piétiner à cœur joie ces malheureux coupables d'ahurissement, et qui n'ont rien compris à leur arrestation. Les légionnaires se dirigent vers leur cellule.

Ça s'annonce bien.

Layon ressort, secouant un prisonnier par le bras ; ce dernier, comme tous les paysans anna-mites, porte un chignon. Layon donne l'ordre de lui couper les cheveux. Avec une scie. C'est assez diffi-cile. Aussi, pendant que Von Bargen cogne sur le prisonnier et l'invective, un astucieux légionnaire arrive avec une paire de ciseaux, s'attaque aux che-veux, et, la rossée de Von Bargen ne permettant pas une coupe parfaite, enlève un morceau de l'oreille droite. Le prisonnier tombe : l'expérience ne s'acquiert pas du premier coup. Von Bargen tire plusieurs balles dans sa hanche gauche et le ramène dans sa cellule pour faire réfléchir ses com-pagnons ; et, toujours pour le développement de la faculté de réflexion, les autres légionnaires se préci-pitent sur les prisonniers à coups de nerf de bœuf et de manches de pioches. Mais tout à coup, ils s'arrêtent : la soupe sonne. On rêve de ce que res-sentent à cette seconde les prisonniers qui voient ces brutes armées dont les silhouettes, tout près de la porte, se détachent confusément sur le ciel du soir, hésiter entre la soupe et la sauvagerie. Enfin, la soupe l'emporte. Et « on servit trois quarts de vin par homme ».

Qui, on ?

Pendant qu'on sert ces quarts de vin, d'ailleurs, des coups de feu sont tirés au-dehors. Et nos joyeux convives voient en sortant Von Bargen qui rejette en cellule un indigène ensanglanté, tire au hasard et donne l'ordre de refermer la porte. Puis il va retrouver Layon dans sa chambre.

La nuit tombe.

Neuf heures du soir. La camionnette est réparée : on ne peut pas cogner tout le temps sur les prisonniers. Ceux-ci, tous plus ou moins blessés, y montent. « On vous emmène à l'hôpital pour y être soignés. »

Mais, comme on ne peut tout de même pas tout le temps être bon, un coup de revolver est tiré au hasard dans le camion.

Mais arrive le cuisinier, traînant un marchand d'œufs : « Lui frapper moi bon boy, lui voulait délivrer prisonniers, sûr lui y en avoir beaucoup communiste. » Parbleu, il réclamait des œufs non payés. Mais il a vu les prisonniers blessés monter dans le camion. On entend dans la nuit : « Ma baïonnette, ma baïonnette ! » Et le marchand d'œufs, agonisant, est expédié à côté des autres blessés.

La camionnette peut enfin partir : si on attendait encore, il finirait par ne plus y avoir de place. Couchés à l'arrière, en vrac, les blessés. À l'avant, Layon, le chauffeur, cinq légionnaires et la congaï de l'un d'eux : la guerre et l'amour. L'auto file dans l'épaisse chaleur des nuits annamites.

Halte. On les tue un à un — l'hôpital, quoi ! Et, le revolver s'étant enrayé, on tuera à la fin celui qu'on a mis à part, avec un autre revolver. Les corps sont lancés aux buissons.

Le camion est lavé à grande eau, après un tir à

volonté dessus. Car ce sont les Annamites qui ont attaqué.

Le lapin colonial est très méchant, et c'est toujours lui qui commence.

Les légionnaires sont acquittés.

Voyons comment.

Dans l'atmosphère haineusement cordiale des dépositions, le légionnaire Lenormand, témoin, déclare :

« J'ai reçu l'ordre de couper les cheveux aux prisonniers avec la scie. Layon a dit : " Vas-y, moi, j'ai coupé plus d'un cou d'Annamite avec une scie! " »

À quoi Layon répond :

« Quoi! Lui, à Tam-Tuang, il en a coupé deux de têtes, avec une scie. »

Mais, enfin, ce n'est pas uniquement pour ça qu'on les a acquittés. Et peut-être n'y avait-il pas de couteaux? Erreur :

« Non seulement, dit Von Bargen, terminant sa déposition, j'ai voulu venger Perrier, mais encore je me suis borné à imiter mes supérieurs qui s'amusaient à couper des têtes avec le simple couteau réglementaire. »

On passe. Pourtant, il serait temps de s'arrêter; d'insister. Sinon sur les couteaux, du moins autour. C'est ce que va faire la défense : si réellement la Légion a été lâchée sur la population, s'attendait-on à ce qu'elle y fondât des couvents?

Il ne s'agit donc plus maintenant d'une histoire atroce parmi d'autres; il s'agit de l'organisation de la répression.

« En principe, dit Layon, on ne devait conserver des groupes de prisonniers qu'un seul individu, qui devait être ensuite interrogé. Ces ordres ont été donnés exactement le 31 décembre. Les détachements militaires avaient reçu des ordres formels leur enjoignant de tuer, même en plein jour, les communistes arrêtés et dont la compromission dans le mouvement révolutionnaire était apparente, soit parce qu'ils étaient pris dans une manifestation, soit parce qu'ils étaient porteurs d'armes. »

Admirable confusion entre les indigènes armés et les manifestants. Quand on a vu, comme moi, la moitié d'un village dénoncer l'autre moitié, soit de communisme, soit de fabriquer de l'alcool (selon la loi du moment), à cause d'un champ en litige depuis cent vingt ans, on devine ce que peut donner le gouvernement de vingt millions d'hommes par la perspicacité des Von Bargen, dans un pays dont, de plus, ils ignorent la langue.

« Nous devions en tuer neuf sur dix », dit Von Bargen, confirmant la déposition de Layon ; à quoi le président répond :

« Vous avez même trouvé le moyen d'en tuer onze sur dix, puisque vous avez fait tuer un témoin. »

Il y a les ordres et il y a la façon de les donner. Le légionnaire Dorberg, qui vient de reconnaître qu'un détachement a tiré dans un marché, ajoute :

« J'ai entendu le Résident de Vinh dire qu'au besoin il valait mieux tuer cinq mille individus pour en garder cinq cents bons. Sûr que si une armée ennemie parvenait à tuer trente-cinq millions de Français, les cinq millions restants seraient très bons. À manger, sans doute. »

Et Layon, enfin :

« L'ordre était de tuer tous ceux qui n'avaient pas de cartes d'impôt. »

Au fait ! Si on supprimait en France tous ceux qui n'ont pas acquitté leurs impôts ?

C'est pourquoi le commandant Lambert pourra dire à la barre :

« Peut-être certains représentants de l'autorité civile ont-ils formulé des blâmes contre les auteurs de ces faits. Ce sont eux pourtant qui avaient donné l'ordre de tuer les prisonniers. Les responsabilités incombent à l'autorité civile qui paraît se dérober aujourd'hui. »

C'est parfaitement juste.

On acquitte donc les légionnaires.

Les « autorités civiles » aussi, naturellement.

Il n'y a que les morts qu'on n'acquitte pas.

Voyons ce qu'elles font, les autorités civiles, quand on les abandonne à leur seul génie.

Désireuse sans doute de lutter de vitesse avec la Cour d'Hanoi qui acquitte à tour de bras les légionnaires, la Cour de Saigon, en cinq jours, juge cent vingt Annamites impliqués dans six affaires différentes et distribue huit condamnations à mort, dix-neuf aux travaux forcés à perpétuité, plus neuf cent soixante-dix années de prison à soixante-dix-neuf indigènes.

Car les scies, les retraites aux flambeaux chargées à la baïonnette, les primes de trente à cent piastres pour le meurtre des révoltés et des autres ne suffisent pas. Il fallait frapper un grand coup.

À côté, naturellement.

71 *Nguyen-van-Ut : affilié au Cong-sang-Dang, a assisté aux différentes manifestations du parti (pillage, etc.). Faisait partie du tribunal révolu-*

85

tionnaire *où a été décidée la mort des notables de Huu-Thanh. Il a accompagné son chef Huyn-van-Binh qui a assassiné le notable May.* Condamné à mort.

72 *Huyh-van-Vo : affilié au Cong-sang-Dang, a assisté aux différentes manifestations du parti. Faisait partie du tribunal révolutionnaire qui a condamné à mort les notables de Huu-Thang et du groupe chargé d'exécuter le notable May.* Acquitté.

Ce n'est pas mal, mais voici mieux. Cette fois, l'acquitté est plus coupable que le condamné :

22 *Nguyen-van-Do : affilié au Cong-sang-Dang, était chef de cellules à Binh-tri-Dong.* Condamné à quinze ans de détention.

26 *Cao-van-Luc : affilié au Cong-sang-Dang, était chef de cellules du village de Huy-Hanh, faisait partie de la section d'exécuteurs et, à ce titre, a pris part à des manifestations et à des vols.* Acquitté.

Et, enfin, le texte même de l'acte d'accusation insistant sur l'identité :

109 *Vo-van-Lo : affilié au Cong-sang-Dang, a assisté à la manifestation du 23 mars 1931 sur l'ordre de son chef de cellules. Il a frappé à coups de bâton le bêp Giac.* Condamné à vingt ans de prison.

110 *Vo-an-Ky : mêmes charges que sur le précédent* : cinq ans de prison.

Je pourrais continuer.

Pourquoi continuer...

Si. Parce que :

Pour comble, l'instruction de ce procès n'a pas été faite par la justice mais par la *police* ; la Cour de Cassation va donc devoir se prononcer. Elle juge en droit ? N'exagérons rien : depuis cinquante ans, plusieurs procès nous ont instruits. La preuve qu'il est bon qu'on sache tout cela, qu'on lise ces jugements idiots, ces tortures, qu'on connaisse la puissance d'une si totale et si surprenante bêtise, c'est précisément qu'aucun des grands journaux n'en parle. Je ne crois pas trop à l'opinion publique ; mais enfin, si elle était tellement inefficace, si elle ne valait absolument rien, les intéressés ne dépenseraient pas tant de millions par an pour lui bourrer le crâne.

Pour supprimer toute équivoque, que ceci soit bien entendu : personnellement, ayant vécu en Indochine, je ne conçois pas qu'un Annamite courageux soit autre chose que révolutionnaire. Mais je ne veux pas développer ici mon opinion, je veux faire sauter aux yeux un ordre de sottises menaçant et demander qui l'accepte. Le fascisme est une doctrine qu'on approuve ou combat ; la bêtise n'en est pas une.

L'administration coloniale peut avoir à l'égard de l'Indochine trois attitudes.

L'attitude démocratique est celle qu'elle prétend avoir. Il faudrait pourtant un minimum de logique.

Si l'on est le plus fort, on peut passer son temps à gifler les gens; c'est une question de goût; mais avec les mains nues : pas à coup de Déclaration des droits de l'homme. Or, non seulement les Annamites ne votent pas, mais ceux qu'ils voient voter sous leur nez pour le gouvernement de leur pays sont, en aussi grand nombre que des Français, des Indiens et des Noirs d'Afrique. Car l'Indochine est une colonisation à deux degrés : l'Annamite, colonisé économiquement par le Chinois, administrativement par l'Indien ou le Noir de nos anciennes colonies, ne l'est qu'ensuite par le Blanc. L'Annamite cultivé, qui accepte amèrement ce vote du Blanc comme le droit du conquérant, n'accepte pas du tout celui de son laitier indien transformé pour la circonstance en citoyen français parce qu'il est né dans une colonie liée à la France avant la Révolution. La logique de l'attitude démocratique serait de reprendre ce que fit précisément cette Révolution, et, comme elle, de naturaliser en masse les indigènes. La création d'un « empire démocratique français » de cent millions d'habitants est une hypothèse audacieuse. Moins que le bolchevisme. Moins que le fascisme. Moins même que le plan Roosevelt.

Seconde attitude : le maintien du système civil, tempéré par des commissions de contrôle françaises et la représentation indigène au Parlement. À voir le rôle des députés du Sénégal ou des Antilles, on se dit que ceux d'Indochine ne détruiraient pas la Constitution. Ce qui supprimerait l'un des principaux facteurs de haine des Annamites cultivés : l'humiliation. Provisoirement.

Enfin l'attitude fasciste : ou c'est l'attitude actuelle, et l'union des classes en Indochine sera faite avant dix ans contre la France ; ou c'est la naturalisation (sous une forme ou sous une autre) de la bourgeoisie annamite, son alliance avec l'administration coloniale contre les paysans. Nous avons entrevu déjà cette politique : dès que les indigènes crachent sur l'un des leurs parce qu'il les a trahis, on le couvre de Légion d'honneur pour que ça ne se voie pas. Seulement, il ne faudra pas s'étonner si les paysans — dix-neuf vingtièmes de la population — deviennent communistes. Tout communisme qui échoue appelle son fascisme, mais tout fascisme qui échoue appelle son communisme. Encore est-ce une attitude pensable. Ce qui a lieu en ce moment n'est pas une attitude pensable, c'est un fou qui tire sur les passants en hurlant : « Je suis l'Ordre. »

Certes, le ministre qui, selon les Cabinets, cavalait alors de la porte d'entrée à la porte de sortie du ministère des Colonies comme le capucin du baromètre, savait aussi bien que moi que le mot communisme couvre tout, et qu'à son ombre la Bêtise se roule sur l'Indochine comme un bœuf enragé ; qu'on appelle ainsi tout désir de révolte, et que c'est excellent pour les plates-formes électorales. Dormons tranquilles. Seulement, attention : les vrais communistes finiront par comprendre qu'il n'est pas très efficace de gueuler dans des meetings que « le prolétariat ne tolérera pas plus longtemps » ce que le prolétariat tolère si bien ; qu'à ce moment même, comme un sinistre écho du discours, on fusille les condamnés ; que ces révoltes vaines, ces descentes d'indigènes armés de triques contre les mitrailleuses de la Légion ne sont bonnes qu'à faire tuer les meilleurs militants annamites. Ils commenceront à faire non de la révolte, mais de l'organisation clandestine, car couper la tête des gens n'est pas un moyen durable de les empêcher de s'en servir. Même avec une scie.

Et ils attendront que la guerre éclate en Europe.

Jeunes gens, hommes de moins de quarante ans, vous savez que la guerre est là. L'Europe présente la porte en elle, comme tout corps vivant porte la mort ; vous mourrez peut-être de l'avoir faite ; vous ne mourrez pas sans l'avoir faite. Avec quelque force que vous fermiez les yeux, le monde tout entier vous la crie aux oreilles. Vous qui savez, pour l'avoir entendu hurler ou gémir à côté de vous pendant toute votre adolescence, combien il est difficile de tuer et de mourir, même d'accord avec sa conscience, — à l'heure où, dans quelques rangs que vous soyez, se jouera en France le sens même de votre vie, ce sont peut-être ces hommes-ci que l'on vous enverra combattre. Vous dans l'ombre de qui rôdent les guerres comme des sorcières accroupies pour vous dire : « Tu seras mort », on vous prépare une autre guerre du Riff.

Car, nationalistes, communistes, libéraux, il est une chose que vous savez tous : c'est qu'un peuple se lasse de tout à la longue — même d'être assassiné pour rien.

Les dossiers viennent d'arriver à la Cour de cassation.

Marianne, 11 octobre 1933.

TROTZKY[1]

Le moteur s'arrêta devant une porte à claire-voie et aussitôt le battement de la mer toute proche emplit le silence. Enfin, peu à peu, avançant dans le rayon de nos phares, derrière un jeune camarade prudent qui portait une torche électrique, montèrent des souliers blancs, un pantalon blanc, une veste de pyjama jusqu'au col... La tête demeurait dans l'ombre nocturne. J'ai vu quelques-uns des visages où devraient s'exprimer des vies capitales : presque tous sont des visages absents. J'attendais avec plus que de la curiosité ce masque marqué par l'un des derniers grands destins du monde et qui s'arrêtait, ébloui, au bord du phare.

Dès que se précisa cet éblouissant fantôme à lunettes, je sentis que toute la force de ses traits était dans sa bouche aux lèvres plates, tendues, extrêmement dessinées, de statue asiatique. Il riait pour mettre à l'aise un camarade, d'un rire de tête, qui ne ressemblait pas à sa voix, un rire qui montrait des dents très petites et très écartées, des dents extraordinairement jeunes dans ce fin visage à la chevelure blanche, à la fois obligeant et contraint et qui signifiait : « Faisons vite la part de la cordialité, et passons aux choses sérieuses. »

---

1. André Malraux a publié cet article au moment où Trotski, en exil, vient d'être expulsé de France par le gouvernement Doumergue. Nous conservons l'orthographe du nom « Trotzky » telle que Malraux l'a adoptée dans cet article.

*

Les choses sérieuses, à cette époque dont, par le séjour en France, l'activité directe se trouvait exclue, c'était, en somme, l'exercice de l'intelligence. Dans le grand bureau où un revolver servait de presse-papiers, la présence de Trotzky posait à la pensée l'une des plus fortes questions : le rapport du caractère et du destin.

On prête aux aveugles un jugement très sûr : je crois que c'est parce qu'ils jugent des hommes par leur voix. Certes, rien, ni visage, ni rire, ni démarche, *n'exprime* un homme parce que l'homme n'est pas exprimable : mais de tous ces masques troués, c'est assurément le ton de la voix qui livre le plus de chair véritable. Trotzky ne parlait pas sa langue, mais, même en français, le caractère principal de sa voix est la domination totale de ce qu'il dit — l'absence de l'insistance par quoi tant d'hommes laissent deviner qu'ils veulent en convaincre un autre pour se convaincre eux-mêmes, l'absence de volonté de séduction. Les hommes supérieurs ont presque tous en commun, quelle que soit la maladresse de certains à s'exprimer, cette densité, ce centre mystérieux de l'esprit qui semble venir de la doctrine et qui la dépasse de toutes parts, et que donne l'habitude de considérer la pensée comme chose à conquérir et non à répéter. Dans le domaine de l'esprit, cet homme s'était fait son propre monde et il y vivait. Je me souviens de la façon dont il me dit de Pasternak :

— Presque tous les jeunes Russes le suivent, en ce moment, mais je ne le goûte pas beaucoup. Je ne goûte pas beaucoup l'art des techniciens, l'art pour spécialiste.

— L'art est d'abord pour moi, répondis-je, l'expression la plus haute ou la plus intense d'une expérience humaine valable.

— Je pense que cet art-là va renaître sur toute l'Europe... En Russie, la littérature révolutionnaire n'a pas encore donné une très grande œuvre.

— La véritable expression de l'art communiste, n'est-ce pas la littérature mais le cinéma ? Il y a le cinéma avant et après *Potemkine*, avant et après *La Mère*.

— Lénine pensait que le communisme s'exprimerait artistiquement par le cinéma. Pour le *Potemkine*, *La Mère*, on m'a beaucoup parlé comme vous. Mais je vais vous dire : ces films, je ne les ai jamais vus. Quand on les a projetés au début, j'étais au front. Plus tard, on en a projeté d'autres ; et, quand on les a repris, j'étais en exil...

Cet art des débuts du cinéma révolutionnaire, cet art qui par tant de points correspond à sa vie et fait presque partie de sa légende, il ne l'a jamais vu...

— Pourquoi, dis-je, la littérature ne disparaîtrait-elle pas au bénéfice d'un autre art, comme la danse qui exprimait l'art des tribus primitives a été remplacée par nos arts ? Le cinéma, nous le faisions partir de la peinture, mais c'est ce qu'il a, je crois, de moins significatif. Ce qui a tué la danse, c'est l'écriture ; et il y a dans le cinéma une autre façon d'écrire, une façon d'écrire avec autre chose que des mots, qui pourrait bien tuer l'écriture même : le mot tuant la danse, l'image tuant le mot.

Il sourit.

— Sur la danse, il m'est difficile de vous répondre exactement ; vous pensez bien que je connais peu cette chose techniquement. Mais il me semble que la

danse s'est conservée et qu'elle a seulement évolué.
Et qu'elle pourrait bien renaître, même avec tout ce
qu'elle possédait autrefois mais enrichie... *L'humanité n'abandonne pas ce qu'elle a conquis une fois.*

— Elle abandonne huit cents ans au moins des
valeurs antiques, et je crois bien que l'homme de l'an
700 aurait eu un sacré mal à comprendre quoi que
ce fut à Périclès — et réciproquement. Et la vie spirituelle de l'Égypte antique lui échappe passablement.

— Pour l'Égypte...

Il l'écarta de la main : il la connaissait manifestement mal.

— Mais pour le christianisme, reprit Trotzky,
voyez-vous, je me méfie, je pense que nous avons
idéalisé beaucoup les premiers temps du christianisme. Il y avait sans doute une grande foule qui ne
comprenait pas grand-chose, des mystiques qui
étaient moines, et des gens habiles et intéressés qui
formaient la majorité de l'Église.

Recréait-il le christianisme primitif à travers la
Russie de sa jeunesse ? Il continua :

— Quand le pape, vous savez, était malade, il se
faisait soigner par les médecins et non par les
prières... Et puis les valeurs antiques ont disparu,
mais elles sont revenues.

— Vous me disiez que l'humanité n'abandonnait
pas ce qu'elle avait acquis. Il ne vous est donc pas
impossible d'admettre la persistance de l'individualisme dans le communisme ; d'un individualisme
communiste aussi différent de l'individualisme
bourgeois, par exemple, que celui-ci l'était de l'individualisme chrétien ?

— Voyons, là encore, il faudrait partir de l'économique. Les chrétiens ont pu vivre en fonction de la

vie éternelle et ne pas attacher une grande importance à l'individualisme, parce qu'ils étaient très pauvres. Les communistes du plan quinquennal sont un peu dans la même situation, pour d'autres raisons. Les périodes des plans, en Russie, sont nécessairement défavorables à tout individualisme, même communiste...

— Les périodes de guerre sont défavorables de la même façon à l'individualisme bourgeois.

— ... mais après les plans, ou entre les plans, le communisme va appliquer à lui-même l'énergie qu'il applique aujourd'hui à la construction. Je crois que l'esprit du christianisme primitif est inséparable d'une bien grande pauvreté.

Il est fatigué : son français, plus rapide, devient moins pur, se marque davantage d'un vocabulaire inattendu, auquel « bien » pour « très » donne une inflexion singulière.

— Une idéologie purement collective, uniquement collective, est inconciliable avec le minimum de liberté matérielle qu'impliquent le monde moderne et le communisme, à brève échéance. À très brève échéance.

Accompagné de son fils, je regagnais la ville, abandonnant la villa nocturne où ses disciples se débattaient dans sa pensée ou s'y abandonnaient, obsédés par sa vérité, tandis qu'au-dessus d'eux, il commençait à reposer d'un sommeil de Vieux de la Montagne...

*

Le lendemain, nous parlâmes de la campagne de Pologne.

— Des spécialistes, en France, prétendent que Toukhatchevsky fut battu parce que la tactique de Weygand consista à changer l'axe de bataille pendant le combat, tactique qu'ignorait le général russe. Je me méfie toujours des spécialistes en ces matières...

— Toukhatchevsky savait que l'axe de bataille peut être changé. La question n'est pas là. Il y eut deux causes à la défaite : premièrement l'arrivée des Français...

— On l'a dit en France d'une façon qui donnait grande envie de n'en rien croire sans plus ample informé.

— Non : c'est vrai. L'état-major français est arrivé dans ce désordre, ce... désordre n'est pas assez dire (il fait avec la main le geste de mêler). Ce n'était pas leur pays, ils n'avaient pas été bousculés depuis le début de la campagne. Ils ont été bien lucides, ils ont examiné les choses à froid. Deuxièmement : l'armée de Lemberg ne s'est pas dirigée sur Varsovie quand elle devait le faire. Et là est l'essentiel.

Je sais que Staline était à l'armée de Lemberg...

— Mais, de toute façon, c'était une aventure. J'étais opposé à cela. Nous l'avons fait, en définitive, parce que Lénine a insisté, surtout à cause du prolétariat polonais qu'il était difficile de bien évaluer à cette époque. Ajoutez qu'une armée révolutionnaire est toujours bien nerveuse ; quand elle est éloignée de sa base, elle peut être démoralisée par l'échec, surtout après une série de victoires.

— C'est à cela que vous attribuez la défaite de l'Armée rouge après ses succès dans la guerre d'occupation ?

— Oui. Dans la guerre d'occupation (il écarta les

doigts comme pour figurer des rayons) nous étions plus forts parce que nos forces rayonnaient du centre, Moscou.

— L'Armée rouge, actuellement, peut-elle tenir contre une armée européenne ou japonaise industriellement ou chimiquement ?

— Elle peut se trouver très vite au niveau de n'importe laquelle. Mais l'armée japonaise n'est pas du tout ce que l'on croit en Europe. Vous croyez que c'est l'armée allemande de 1913 ; c'est plutôt l'armée d'une nation européenne de second ordre. C'est une armée qui n'a nullement donné sa mesure, qui n'a jamais combattu une véritable armée d'Occident.

— J'entends bien que, pour la Russie, la guerre russo-japonaise fut une guerre coloniale alors qu'elle était pour le Japon une guerre nationale. Mais le transsibérien n'en est pas moins un chemin de fer à voie unique aujourd'hui encore. Sans doute la Russie essaierait-elle de mettre le Japon dans la même situation qu'elle, en ne combattant pas en Mandchourie ?

— Je pense que nous combattrions sur le Baïkal.

Pour la première fois, il disait : « nous ». Le visage était plus intense, comme si son attention s'était ramassée ; il venait de perdre ce minimum de distraction qu'il y a dans toute conversation, même attentive. Peut-être n'y avait-il là que la pensée, l'intensité des choses, longuement, souvent méditées. Je me méfiais de ce Kremlin, de cette Armée rouge qui venaient d'envahir la pièce ouverte sur les pins parasols et les arbres brûlés par la seule puissance de ce qu'une vie historique traîne après elle, alors même qu'elle ne s'y complaît pas. Je pensais à Dupleix mourant dans sa petite chambre de Paris, ruiné et humilié, transformé en perpétuel solliciteur mais mourant sur l'oreiller bourré de ses cartes des Indes.

— Pourtant, reprit-il, il serait dangereux pour un gouvernement aussi autoritaire que celui-là (il veut dire le russe) de se retirer si loin...

— Bessedovsky, dans ses *Mémoires* — qui m'inspirent évidemment une confiance relative —, affirme que Staline abandonnerait jusqu'à Irkoutsk pour avoir les mains libres dans la révolution chinoise.

— Je ne le crois pas. À des discours d'un quelconque Bessedovsky, l'autre, exaspéré, a pu répondre cela (l'autre c'est Staline); mais c'était une façon de parler. Et puis, il ne s'agit pas de faire la guerre en Sibérie avec l'Armée rouge seulement. De plus, le premier ennemi du Japon n'est pas l'URSS. Que Roosevelt réussisse ou échoue, il va être contraint à trouver de nouveaux débouchés.

— Il y a l'Amérique latine.

— C'est déjà fait et ça ne suffira pas. *Les Américains abandonnent de plus en plus le principe de la porte ouverte en Chine.* Ils vont être amenés à prendre la Chine purement et simplement. Ils diront : « Les autres nations ont toutes les colonies, la plus grande nation économique du monde doit en avoir aussi. » Qui les en empêchera ? L'Europe sera assez occupée. La Chine colonie américaine, la guerre avec le Japon est inévitable.

Après le dîner, tandis que les autres mangeaient, nous marchâmes dans le jardin. Le soir tombait, le même beau soir qu'hier; la chaux des maisons éparses dans la campagne ou dans les trous de la forêt déjà noire, était d'un blanc bleuâtre, à vague aspect de phosphorescence mate. La conversation fut moins tendue, moins rigoureuse. Il me parla du *Lénine* auquel il allait travailler, un ouvrage de l'importance de *Ma vie* — qu'il n'aime pas —, où il reprendrait tous les thèmes de philosophie et de tactique sur lesquels il ne s'est pas encore expliqué. Passa un chat qui fila aussitôt; l'un des grands chiens-loups de Trotzky se baladait avec nous.

— Est-ce vrai que Lénine aimait beaucoup les petits chats? Vous savez que Richelieu en avait toujours sur sa table une corbeille pleine...

— Pas spécialement les chats : tout ce qui était petit, surtout les enfants. Peut-être parce qu'il n'en avait pas. Il adorait vraiment les enfants. En art, ses goûts étaient nettement tournés vers le passé. Mais il disait des artistes : « Il faut les laisser faire. »

— Attendait-il du communisme un nouveau type humain, ou prévoyait-il dans ce domaine une certaine continuité?

Trotzky réfléchit. Nous marchions en face de la mer, qui tapait tranquillement sur les rochers, dans une paix absolue.

— Un homme nouveau, répondit-il, certainement. Pour lui, les perspectives du communisme étaient *infinies*.

Il réfléchit de nouveau. Je pensais à ce qu'il me disait le matin et lui aussi, sans doute.

— Mais, dis-je, il me semble que pour vous...

— Non, au fond, je pense comme lui.

Ce n'était nullement par orthodoxie. Il me semble que, malgré la préparation de la révolution, la guerre civile et le pouvoir, il ne s'était jamais posé la question sous cette forme. Sans doute voulait-il dire qu'il croyait d'abord à une continuité entre les types

humains, *puis* à une séparation de plus en plus tendue. Ce qui passa tout à coup sous ses paroles, et ce
que je crus sentir de Lénine à travers lui, ce fut la
volonté d'expérimenter dès qu'il se trouvait dans un
domaine que le marxisme ne régissait pas. En
somme, chez lui, le désir de connaissance menait à
l'acte. C'est ici, plus que dans les conversations politiques, que je sentis le plus vivement l'homme
d'action.

La mer frappait toujours les rochers dans la nuit
qui commençait.

— Voyez-vous, dit-il, l'important est : voir clair.
Ce qu'on peut attendre du communisme, c'est
d'abord plus de clarté. Il faut délivrer l'homme de
tout ce qui l'empêche de voir. Le délivrer des faits
économiques qui l'empêchent de se penser. Et des
faits sexuels qui l'en empêchent aussi. Là, je crois
que la doctrine de Freud peut être bien utile.

— Je vois à la fois dans Freud un détective de génie,
l'homme qui a ouvert un des plus grands domaines de
la psychologie, et un philosophe désastreux. Mais
croyez-vous que, lorsque l'humanité échappe à la
mobilisation — religieuse, nationale ou sociale — qui
lui permet d'agir au lieu de se penser, la présence de la
mort retrouve nécessairement sa force ?

— Je crois que la mort est surtout un décalage
d'usure. D'une part l'usure du corps, d'autre part
celle de l'esprit. Si les deux se rejoignaient, ou se faisaient en même temps, la mort serait simple... Il n'y
aurait pas de résistance.

Il avait soixante ans, il était gravement malade. « Il
n'y aurait pas de résistance... »

*

J'écris ceci au retour d'une salle populaire, où l'on

100

projetait un documentaire sur les dernières fêtes de Moscou. À travers la place Rouge, bras dressés sous des avirons ou des lances de walkyries, des jeunes filles viriles passaient devant la tribune où tous les dirigeants de l'URSS les regardaient, écrasés par de gigantesques portraits de Lénine et de Staline. La foule a applaudi comme le font les foules : moins pour marquer un enthousiasme qu'une approbation. Combien parmi elles, en ce jour où vous appartient cette actualité dérisoire par qui vous êtes le sujet de conversation du bien-pensant après avoir été le fantôme opiniâtre de sa peur, combien ici pensaient à vous ? À coup sûr, beaucoup. Avant le film, il y avait eu des discours, pour Thaelmann en particulier : l'orateur qui eût osé parler de vous, le premier moment d'inquiétude passé, eût écrasé bien vite, à la fois l'hostilité bourgeoise et les prudences orthodoxes : cette multitude qui vous tait, vous l'habitez comme un remords. Je la connais, je l'ai rencontrée à tous les meetings ; j'entends encore sa sourde *Internationale* qui montait de la vaste salle en contrebas de Luna Park, lorsque à la sortie elle voyait s'élever en s'approchant à la hauteur du trottoir, comme au cinéma, les pattes des chevaux, le poitrail, les têtes hostiles des mobiles presque perdus dans la nuit, le reflet parallèle des lumières électriques sur leurs casques... Ce sont les mêmes qui viennent inlassablement écouter les orateurs, qu'ils parlent au nom de Sacco et Vanzetti, de Törgler ou de Thaelmann, parce qu'ils parlent au nom de prisonniers ; les mêmes qui cachent leur générosité comme s'il suffisait d'être une brute pour être intellectuel, et qui,

101

venus trois cents pour écouter expliquer Marx, viennent trente mille pour apporter à Dimitrov le seul hommage dont ils disposent, celui d'une soirée de cinéma sacrifiée. Contre le gouvernement qui vous chasse, tous sont avec vous, vous êtes de ces proscrits dont on ne parvient pas à faire des émigrés.

Malgré tout ce qui sera dit, imprimé, crié, la révolution russe est pour eux un bloc, et quelque chose de l'héroïsme qui secoue le Palais d'Hiver s'en va, humilié, avec votre solitude.

Une fois de plus, le destin vous prend entre ses doigts sanglants. Quelques jours après le sursaut sans espoir des ouvriers autrichiens, un gouvernement français vous retire l'hospitalité qu'un autre vous avait donnée. Vous ne valez plus assez cher pour que soient tenus les engagements pris avec vous ; vous valez encore assez cher pour que, comme disent les indicateurs, on vous donne. Mais on pouvait vous expulser sans recours à la morale et à la vertu. Car c'est vous qui n'avez pas tenu vos engagements. Vous avez fondé la IVe Internationale. Elle compte aujourd'hui dans le monde quelques centaines de membres, bien plus dangereuse par là que la IIIe, qui n'en compte que deux cents millions, ou que la IIe, sans compter que les bourgeois français feraient mieux, en ce moment de laisser les Internationales pour craindre les Nationalismes. Vous écrivez dans *La Vérité*, ce que vous n'avez jamais cessé de faire. Vous avez trahi la France vis-à-vis de qui vous n'aviez aucun engagement, ce qui n'est pas le cas des grands-ducs de la Riviera. Et on vous a découvert (vous dont la villa ne peut pas ne pas avoir été gardée par la Sûreté) grâce au flair surprenant d'un policier lecteur de Simenon. Cet abus de grotesque pourrait être épargné : pour livrer les otages, il n'est pas nécessaire de cracher sur eux, encore que ce soit en effet l'usage. Un Anonyme, dans *Le Matin*, s'explique en langage clair, quoique de cette particulière surdité qui affecte le ton militaire : « Trotzky, nous l'avons eu. » Comme ce qu'il voulait « avoir » en vous, c'était le révolutionnaire russe, rappelons-lui tout de même qu'il en reste cent soixante millions à « avoir ». Mais ce qu'il faut que nous disions, nous, à ces cent soixante millions-là, c'est que quelles que soient entre le gouvernement de l'URSS et vous les divergences de doctrine, nous devons reconnaître un des nôtres en chaque révolutionnaire menacé, que ce qu'on chasse en vous au nom du nationalisme, au moment où il n'y a pas assez de respects pour les rois d'Espagne protecteurs des sous-marins allemands, c'est la révolution. Il y aura cet été à Deauville de quoi refaire le parterre des rois de Voltaire ; mais il y a, hélas ! dans les bastions et les hôtels misérables de quoi faire une armée de révolutionnaires vaincus. Je sais, Trotzky, que votre pensée n'attend que de la destinée implacable du monde son propre triomphe. Puisse votre ombre clandestine, qui depuis presque dix ans s'en va d'exil en exil, faire comprendre aux ouvriers de France et à tous ceux qu'anime cette obscure volonté de liberté rendue assez claire par les expulsions, que s'unir dans un camp de concentration est s'unir un peu tard ! Il y a trop de cercles communistes où être suspect de sympathie pour vous est aussi grave que de l'être pour le fascisme. Votre départ, les insultes des journaux montrent assez que la révolution est une. Que faudra-t-il encore pour que sachent combattre ensemble ceux qui vous regardent partir en silence, tandis que les guette avec un amer sourire une absurde fatalité qui sait — pas plus qu'eux-mêmes ! — combien les mêleront les mêmes ennemis, au fond fraternel de la mort...

Marianne, 25 avril 1934.

L'ART EST UNE CONQUÊTE

Discours prononcé
au Ier Congrès des écrivains
soviétiques tenu à Moscou
du 17 au 31 août 1934

On vous a tant de fois salués que vous devez être fatigués de répondre.

Si nous n'étions pas liés à l'Union soviétique, nous ne serions pas ici.

Je commencerai donc immédiatement, et vous parlerai comme un homme qui parle à des hommes, sur ce qui les unit et ce qui les divise. Vous pouvez déjà travailler pour le prolétariat ; nous, écrivains révolutionnaires d'Occident, travaillons contre la bourgeoisie.

Psychologiquement, quel est, pour nous, le caractère fondamental de la civilisation communiste ?

Vous avez pris les femmes opprimées du tsarisme et vous leur avez fait confiance, et, de cette douleur et de cette misère, vous avez fait la femme soviétique. Vous avez pris les enfants et vous leur avez fait confiance, même aux *besprizorny*[1], et vous en avez fait des pionniers. Vous avez pris des saboteurs, des assassins et des voleurs, et vous leur avez fait confiance, vous en avez sauvé et, avec eux, vous avez construit le canal de la mer Blanche.

Et l'on dira : « À travers tous les obstacles, à travers la guerre civile et la famine, pour la première fois depuis des millénaires, ceux-là ont fait confiance à l'homme. »

L'image de l'URSS que nous en donne sa littérature, l'exprime-t-elle ?

Dans les faits extérieurs, oui.

Dans l'éthique et la psychologie, non.

Parce que la confiance que vous faites à tous, vous ne la faites pas toujours assez aux écrivains.

Pourquoi ?

Pour un malentendu, me semble-t-il, sur la culture.

Toutes les délégations qui sont venues ici apporter, avec leurs présents, cette chaleur humaine, cette amitié unique dans lesquelles croît votre littérature, que vous disent-elles ?

« Exprimez-nous, montrez-nous. »

Il faudrait savoir comment.

Oui, il faut que l'Union soviétique soit exprimée ; oui, il faut que soit fait cet immense inventaire de sacrifices, d'héroïsme et de ténacité. Mais prenez garde, camarades, l'Amérique nous le montre du reste, qu'à exprimer une puissante civilisation on ne fait pas nécessairement une puissante littérature, et

---

1. André Malraux désigne ici les enfants abandonnés et vagabonds de l'URSS des années vingt, orphelins à la suite de la guerre mondiale et de la guerre civile, et qui vivaient de rapines.

qu'il ne suffira pas ici de photographier une grande époque pour que naisse une grande littérature.

À l'une des usines de Moscou, un ouvrier à qui je demandais : « Pourquoi lisez-vous ? » m'a répondu : « Pour apprendre à vivre. » La culture, c'est toujours : apprendre. Mais, camarades, ceux auprès de qui nous apprenons, où ont-ils appris eux-mêmes ? Nous lisons Tolstoï, mais il n'avait pas, lui, de Tolstoï à lire. Ce qu'il nous apporte, il fallut qu'il le découvrît. Si « les écrivains sont les ingénieurs des âmes », n'oubliez pas que la plus haute fonction d'un ingénieur, c'est d'inventer.

L'art n'est pas une soumission, c'est une conquête.

La conquête de quoi ?

Des sentiments et des moyens de les exprimer.

Sur quoi ? Sur l'inconscient, presque toujours ; sur la logique, très souvent.

Le marxisme, c'est la conscience du social ; la culture, c'est la conscience du psychologique.

À la bourgeoisie qui disait : *l'individu*, le communisme répondra : l'homme. Et le mot d'ordre culturel que le communisme opposera à ceux des plus grandes époques individualistes, le mot d'ordre qui, chez Marx, relie les premières pages de *L'Idéologie allemande* aux derniers brouillons du *Capital*, c'est : « Plus de conscience. »

Il serait trop long de définir ce que fut la conscience pour les romanciers classiques russes. Leur approfondissement de l'homme consista presque toujours à en montrer les éléments contradictoires et imprévisibles. Lorsqu'un héros de Tolstoï qui marche dans la nuit glacée découvre que le froid détruit son amour, lorsque Raskolnikov découvre que le meurtre dont il attend la puissance lui apporte la solitude, que font les deux romanciers? Ils substituent un fait empirique à un fait logique; et comme il n'y a pas de vraie logique en psychologie, mais simplement l'imitation, ils substituent une découverte à une imitation.

Si vous aimez tant vos classiques, c'est d'abord qu'ils sont admirables; mais n'est-ce pas aussi parce qu'ils vous donnent de la vie psychologique une notion plus riche et plus contradictoire que les romans soviétiques, n'est-ce pas parce que, psychologiquement, vous trouvez parfois Léon Tolstoï plus *actuel* que nombre d'entre nous? *Car tout homme s'efforce de penser sa vie, qu'il le veuille ou non*; et le refus du psychologique signifie concrètement que celui qui aura le mieux pensé sa vie, au lieu de transmettre son expérience aux autres, la gardera pour lui.

Il en est tellement ainsi que les œuvres que vous admirez le plus, celles de Maxime Gorki, n'ont jamais cessé, tout en demeurant accessibles à tous, de présenter ce caractère de découverte psychologique ou poétique que je réclame ici. J'appelle découverte poétique le spectacle des nuages dont le prince André Bolkonski, blessé et couché sur le dos à Austerlitz, découvre la sérénité au-dessus de la douleur et de l'agitation des hommes.

Les camarades ouvriers qui, dans les cercles littéraires des usines, suivent de très près la littérature, aimeront dans dix ans des œuvres que n'aimeront pas ceux de leurs camarades qui n'auront poursuivi que leur culture technique. Et sans doute aimeront-ils *aussi* les mêmes, celles qui touchent ce qu'il y a de fondamental en l'homme. Mais sachez bien que ces œuvres nouvelles maintiendront à l'étranger le prestige culturel de l'URSS comme le maintiennent aujourd'hui celles de Pasternak après celles de Maïakovski.

Ducs et crocheteurs écoutaient ensemble Shakespeare. À l'heure où les Occidentaux ne peuvent plus s'assembler tous que pour rire amèrement d'eux-mêmes devant la figure de Chaplin, à l'heure où tant de nos meilleurs artistes écrivent pour des fantômes ou pour des hommes à naître, vous, semblables et pourtant différents comme les deux mains d'un même corps, vous faites surgir ici la civilisation dont sortent les Shakespeare. Qu'ils n'étouffent pas sous les photographies, si belles soient-elles. Le monde n'attend pas seulement de vous l'image de ce que vous êtes, mais aussi de ce qui vous dépasse, et bientôt vous seuls pourrez la lui donner.

Commune, septembre-octobre 1934.

L'ATTITUDE DE L'ARTISTE[1]

*Discours prononcé à Paris
à la réunion de compte rendu
du Congrès des écrivains
soviétiques le 23 octobre 1934*

Il est d'abord indispensable de préciser deux notions qui vont rôder au-dessous de tout ce que je dirai, comme elles rôdaient déjà au-dessous de ce qui a été dit jusqu'ici.

La première est celle des rapports entre le marxisme et la littérature soviétique.

Concevoir une littérature comme l'application d'une doctrine ne correspond jamais à une réalité. L'Évangile a fait la Chrétienté qui a fait à son tour la littérature chrétienne. Les doctrines grecques ont fait la cité hellénique qui a fait à son tour la littérature grecque. Le marxisme a fait la société soviétique qui s'exprime dans la littérature de l'URSS. Entre une littérature et une doctrine, il y a toujours une civilisation, des hommes vivants.

Le second problème est celui de la liberté de l'artiste. Tout ce qui a été dit ici me semble juste, mais peut-être faudrait-il envisager maintenant un élément plus complexe.

---

1. Le discours qu'André Malraux prononça à la réunion de compte rendu du Congrès des écrivains soviétiques n'ayant pas été entièrement sténographié, nous n'en publions que les passages qui l'ont été, revus par l'auteur, tels qu'ils ont paru dans la revue *Monde*. [Note de *Commune*.]

Prétendre que la liberté de l'écrivain bourgeois se définit par la possibilité qu'il a toujours d'exprimer la classe bourgeoise, est juste socialement, beaucoup moins juste artistiquement.

Je crois que la bourgeoisie ne s'est jamais exprimée directement. Elle ne se justifie pas en tant que bourgeoisie. Elle essaie toujours de le faire soit en tant qu'aristocratie, soit en tant que culture, soit en tant que nationalisme, soit en tant que religion. Alors que la civilisation chrétienne, elle, se justifiait comme telle, la bourgeoisie, depuis sa grande époque du xviiie siècle, se justifie toujours par une voie détournée.

Ce n'est ni Claudel, ni Proust qui *signifient* la bourgeoisie, c'est Henry Bordeaux.

L'artiste, en tant que tel, est si peu libre du choix de son sujet, qu'il nous est impossible de concevoir actuellement le meilleur d'entre les écrivains bourgeois décidant de consacrer un livre au président Doumergue et parvenant à créer une œuvre de talent. C'est que *c'est seulement dans l'élément positif d'une civilisation que l'œuvre d'art trouve sa force*, et là est le point sur lequel je voulais attirer votre attention.

La liberté qui compte pour l'artiste n'est pas la liberté de faire n'importe quoi : c'est la liberté de faire ce qu'il veut faire, et l'artiste soviétique sait bien qu'en tant qu'artiste ce n'est pas dans son désaccord avec la civilisation qui l'entoure mais au contraire dans son accord avec elle qu'il trouvera la force de son génie.

Nous avons pris l'habitude de vivre et de penser à l'intérieur d'une civilisation à laquelle l'esprit s'oppose par sa nature même. Je ne voudrais pas faire ici d'idéologie compliquée, je voudrais au contraire mettre en lumière un fait très simple : quelles que soient leurs forces et leurs faiblesses, les institutions présentes de l'Europe occidentale sont inséparables d'une certaine hypocrisie. Beaucoup d'entre ceux qui m'écoutent ont vécu la guerre. Leur irritation ne reposait pas sur une doctrine, elle reposait sur la conscience du décalage, entre la réalité sanglante et tragique qui les entourait, même s'ils lui trouvaient, par ailleurs, de la grandeur, avec la façon dont cette réalité était exprimée dans la presse et dans les livres. Dans ce domaine, le monde n'a pas beaucoup changé depuis la guerre.

Mais n'opposons pas ce que l'art soviétique a de meilleur à ce que l'art de la bourgeoisie a de plus bas. Envisageons ce que celui-là eut de plus haut et voyons en quoi les deux arts diffèrent essentiellement.

Depuis plus de soixante ans, les grandes œuvres de l'art occidental se sont développées selon une ligne constante. Il ne s'agit plus, comme on le disait de Balzac, de peindre un monde, mais d'exprimer à travers des images le développement d'un problème personnel. *Les Possédés* ne sont pas la peinture, même hostile, d'un milieu révolutionnaire russe : c'est le développement de la pensée éthique de Dostoïevski à travers une succession de personnages vivants. Comme Nietzsche dans le *Zarathoustra*, Dostoïevski est un penseur qui s'exprime par paraboles.

Le problème de la peinture est le même. Si Cézanne diminue de plus en plus la valeur du sujet, ce n'est ni par goût de la peinture « bien peinte » au sens hollandais, ni par amour de la nature morte.

C'est que Cézanne a ainsi place libre pour s'exprimer lui-même ; et cette disparition du sujet qui aboutira à la peinture abstraite n'est nullement, comme on le prétend, un respect de plus en plus grand de l'élément graphique, mais en vérité un respect de plus en plus grand du peintre. Le peintre abstrait moderne crée son mythe tout comme Dostoïevski, et, au sens où Goethe disait : tout écrivain écrit ses œuvres complètes, on peut dire que Picasso n'a presque pas cessé de peindre ses œuvres complètes [...].

L'artiste travaillant essentiellement à créer son propre mythe, il reste à expliquer comment ce mythe se transmet et comment vit l'œuvre d'art.

J'en prendrai deux exemples : Baudelaire et Fromentin. Il s'agit dans les deux cas d'artistes d'une sensibilité très particulière en qui un certain nombre de lecteurs trouvent leur sensibilité propre exprimée sur un plan supérieur, et par là justifiée. Il faudrait évidemment nuancer cette pensée ; mais, en gros, je crois qu'on peut dire que le lecteur rend en admiration à l'artiste ce que celui-ci donne en justification.

Je ne crois pas à quelque mystérieuse beauté platonicienne qu'à travers les temps quelques artistes privilégiés parviennent à atteindre, mais à un rapport qui s'établit entre des sensibilités et le besoin qu'elles ont d'être exprimées et par là justifiées.

Ce problème est au centre de toute la pensée artistique occidentale et on peut dire que l'art de la civilisation bourgeoise tourne à peu près autour de lui [...].

C'est que l'artiste et la société moderne sont, par leur nature même, opposés. Dans un pays comme la France, indépendamment de toute division en classes ou en collectivités d'un tel ordre, une autre séparation s'est faite entre ceux qui s'accordent à leur civilisation et ceux qui ne s'y accordent pas. Instituteurs, professeurs, femmes, ouvriers, bourgeois, en quantité très différente, peuvent se trouver englobés dans cette collectivité nouvelle qu'on a appelée : Intelligentzia, et ils trouvent entre eux, en ce qui concerne l'art, des points communs essentiels. (Qu'on m'entende bien, je considère cette collectivité telle qu'elle est construite comme une collectivité provisoire et qu'une crise très profonde dissocierait certainement, mais je prends ici le fait littéraire tel qu'il m'est donné en ce moment présent.)

Dans notre civilisation, un désaccord fondamental s'établit entre l'esprit, d'une part, et les institutions sociales, d'autre part. L'élément d'hypocrisie dont je parlais tout à l'heure joue à l'égard de l'esprit un rôle capital, et si nous voulons nous représenter l'attitude de l'ouvrier russe à l'égard de sa civilisation, la meilleure comparaison que nous puissions faire est celle des masses occidentales au moment de la mobilisation, quand elles acceptaient encore la guerre. Nous pouvons imaginer ce qu'eût été un art de l'époque de la guerre, si celle-ci avait conservé pour tout le pays son sens humain, comme elle l'eût pour la Nation pendant les mobilisations de la première République. L'art soviétique est un art de cette nature. On a dit, et je le reprends, que la civilisation soviétique était une civilisation totalitaire ; j'entends par là une civilisation à laquelle les hommes participent, à laquelle ils s'accordent consciemment, dans laquelle le travail n'est pas la partie morte de la vie. On l'a dit aussi du fascisme. Je doute que ce soit vrai. Car le fascisme, dans la mesure où il laisse à l'argent un rôle prépondérant, retrouve dans le domaine éthique toutes les contradictions de la bourgeoisie, et si l'on nous dit que la littérature fasciste allemande est trop jeune pour que nous puissions porter sur elle un jugement (mais certaines des meilleures œuvres soviétiques datent du communisme de guerre), réfléchissons aux longues années de fascisme italien dont la littérature nous permet de beaucoup douter d'une civilisation totalitaire italienne.

Il y a bien chez nous un art totalitaire, il y a bien un artiste qui, s'il était dans cette salle, pourrait, comme n'importe quel artiste soviétique à Moscou, dire : « Vous me connaissez, et vous m'admirez tous, chacun à sa façon », c'est Charlot. L'accord des hommes devant une œuvre d'art ne se fait plus en Occident que dans le comique et nous ne retrouverons de communion réelle que pour rire de nous-mêmes [...].

À l'intérieur de la civilisation soviétique, le premier fait capital est l'affaiblissement de l'artiste comme objet d'intérêt à ses propres yeux.

Le monde lui semble plus intéressant que lui-même, tout d'abord parce que, là, le monde est à découvrir. Considérons bien que le monde bourgeois, assez ancien déjà, est un monde relativement connu, que la découverte de Zola par rapport au monde de Balzac est très faible, et que, pour un artiste occidental, regarder le monde social c'est ou le recopier ou le transformer à travers lui-même. On peut dire que l'inventaire du monde bourgeois est terminé. Au contraire, l'inventaire du monde soviétique est entièrement à faire.

D'abord, les faits. *Le goût du secret ayant disparu*, une documentation illimitée est apportée en tous lieux à l'écrivain et il se trouve en face du monde dans une phase de perpétuelle découverte comme celui où se trouverait chez nous le psychologue à qui un ordre nouveau de recherches viendrait d'ouvrir un domaine inconnu. Par sa position en face de l'univers, l'artiste soviétique ressemble beaucoup plus à Freud débutant qu'à un écrivain français.

Une conséquence de ce fait est la recherche du type, très importante dans la littérature russe. Le lecteur prend conscience du monde nouveau à travers les types. Je crois que l'arrivée d'une collectivité ou d'une classe nouvelle dans la vie d'un pays implique immédiatement la possibilité ou la nécessité pour un grand artiste de s'exprimer à travers des types : *Car presque tout ce que je viens de dire de l'artiste soviétique pourrait être dit de Balzac*, qui se trouvait, socialement, en face du même problème.

Second point : l'inventaire de l'homme.

On a beaucoup parlé de l'homme soviétique et cherché à établir sa psychologie. Il me semble que les théories ici sont assez faibles et que d'autres voies seraient beaucoup plus fécondes. Depuis un certain temps, les *tchistkas* (épurations du parti) ont jugé des centaines de milliers de cas. Ces jugements nous montrent en action cet homme soviétique qui n'est encore en aucune façon codifié. Plutôt que de chercher la théorie de l'homme nouveau, il serait infiniment plus profitable de réunir cette documentation immense et souvent pathétique et d'en tirer des conséquences.

On a souvent insisté sur la méfiance que la société russe en construction et si souvent menacée était obligée de faire peser sur l'homme. Mais, prenons-y garde, cette méfiance ne porte que sur l'individu. Pour l'homme, au contraire, la confiance faite par

115

les Soviets est peut-être la plus grande qu'il ait rencontrée. C'est à force de faire confiance aux gosses qu'ils en ont fait des pionniers, c'est en prenant la femme du tsarisme, c'est-à-dire la femme de l'Europe dont la condition était la plus basse et la plus douloureuse, qu'ils ont fait la femme soviétique, c'est-à-dire celle qui aujourd'hui représente le plus de volonté et le plus de conscience. C'est avec les assassins et les voleurs qu'ils ont fait le canal de la mer Blanche. C'est avec les enfants abandonnés, voleurs aussi presque tous, qu'ils ont fait les communes de rééducation. À l'une des fêtes, j'ai vu arriver sur la place Rouge une délégation des anciens enfants abandonnés. J'ai vu la foule acclamer cette délégation d'hommes sauvés par elle comme elle n'en acclamait aucune autre.

Enfin, le héros. Par la suppression de l'importance donnée à l'argent, l'URSS trouve le héros positif, c'est-à-dire ce que fut toujours le héros vivant : celui qui engage sa vie pour d'autres hommes. L'absence d'argent interposé rend au fait héroïque toute sa force primitive, celle qu'il aurait dans la guerre si le marchand de canons n'existait pas et si la guerre ne profitait à personne — celle de Prométhée [...].

Le problème fondamental de l'art soviétique est donc à mes yeux celui de l'objectivité retrouvée. Qu'y devient, nous dira-t-on, la personnalité de l'artiste ? Je ne crois pas qu'elle en soit diminuée, mais je crois que ses moyens sont différents. Au lieu de procéder par affirmation, il procède par choix.

Pozner vous a dit tout à l'heure que la méthode présente de l'art russe était le réalisme socialiste. Il vous a dit ce qu'il fallait entendre par là, je crois cette méthode valable et puissante. Mais je voudrais insister sur ceci : que la volonté de réalisme vaut pour l'URSS essentiellement parce qu'elle porte sur une réalité romantique. Guerre civile, communisme de guerre, plan quinquennal, constructions, gardes de frontières, républiques autonomes, tout cela crée une réalité tragique ou pittoresque qui donne à un réalisme tout ce dont il a besoin pour être dépassé [...].

Je crois enfin que la conséquence fondamentale de la société soviétique est la possibilité de recréer un humanisme ; que l'humanisme peut être l'attitude fondamentale de l'homme à l'égard de la civilisation qu'il accepte, comme l'individualisme est son attitude fondamentale à l'égard de la civilisation qu'il refuse, que l'important ne sera plus sur la particularité de chaque homme, mais sur sa densité et qu'il défendra non pas ce qui le sépare des autres hommes, mais ce qui lui permet de les rejoindre au-delà d'eux-mêmes.

Il est grand temps de montrer que l'union des hommes est autre chose qu'une image de première communion. Je crois que de même que Nietzsche reprit ce qu'on appelait alors l'attitude de la brute et l'éleva jusqu'à Zarathoustra, nous reprendrons bien au-delà de toute sentimentalité dérisoire, les valeurs pour lesquelles les hommes s'unissent, et redonneront son sens à la fraternité virile.

Commune, novembre 1934.

POUR THAELMANN

*Discours prononcé
le 23 décembre 1935
à l'occasion
du deuxième anniversaire
de l'acquittement de Dimitrov*

Camarades,

Ceux d'entre vous qui ont entendu Thaelmann, lorsqu'il est venu parler à Bullier, se souviennent sans doute de ses paroles : « Je suis avec la France révolutionnaire qui m'écoute ; et sachez bien que je resterai avec elle. »

Je crois que nous pouvons nous rendre cette justice que cette France-là, depuis bientôt deux ans, n'a pas cessé non plus d'être avec lui. [...]

On nous dit inlassablement : à quoi servent des réunions comme celles-ci ? Inlassablement nous répondrons : c'est la présence de ces foules volontaires qui permet de vivre à ceux qui sont en prison pour elles. Le peuple sait que si une action comme celle du Comité de libération était vaine, le capitalisme ne déploierait pas tant de forces pour sa propagande, et que nous faisons ici avec notre volonté ce que nos ennemis, partout, font avec leur argent.

Je n'aurais pas pris la parole ce soir, si je ne voulais ajouter un nom à tout ce martyrologe qui a été cité devant vous, un nom que vous ne connaissez pas encore assez et que je voudrais vous faire connaître mieux : celui de Ludwig Renn.

Il doit être libéré cette année ; et nous entendons faire tout ce que nous pouvons pour que cette libération soit effectuée.

Renn est un des plus grands écrivains allemands. Il était officier. Sa participation au mouvement communiste était tenue pour particulièrement dangereuse en raison de sa connaissance des organisations de combat.

Inutile d'insister ici sur ces rapports du prolétariat et des intellectuels : ceux qui combattent côte à côte n'ont pas à discuter pourquoi ils sont ensemble. Je tiens pourtant à dire que Renn était avec vous, non pas parce qu'il voyait en vous l'avenir, mais parce qu'il est de ces quelques intellectuels qui entendent redonner son sens profond au mot vilipendé de dignité.

Camarades, que la chance vous garde des intellectuels qui ne viendront à vous qu'à la veille de votre triomphe...

Nous sommes avec lui parce qu'il est noble et qu'il a choisi d'être communiste ; parce qu'il était officier et qu'il a choisi d'écrire contre la guerre ; parce qu'il était écrivain et que pouvant s'enfuir, il a choisi de porter le poids singulièrement lourd de tout ce qu'il avait dit et de tout ce qu'il avait pensé, qu'à l'heure où il attendait sa condamnation, il a dit :

« J'appartiens au parti communiste et lui appartiendrai jusqu'à ma mort. Vous êtes aujourd'hui victorieux et vous nous frappez. C'est dans l'ordre. Mais sachez bien que je prends en ce moment la pleine responsabilité de ma pensée et que le jour où l'on me ferait dire autre chose que ce que je dis maintenant, c'est que j'aurais cessé d'être homme. »

Camarades, les jugements à huis clos demandent deux fois plus de courage. Maintenant est retombé sur Renn le grand silence fasciste. Cet homme qui disait qu'il venait à nous parce qu'il voulait la fraternité virile, cette fraternité qu'il avait cherchée sans la trouver dans la guerre, qu'il attendait de la révolte et qu'il eût trouvée dans la Révolution, cet homme disait : « Si un jour je suis condamné, puissent ceux pour qui j'ai combattu être avec moi... » Ce soir, dans cette salle où entre mes phrases nous entendons le bruit des autos, dans cette atmosphère de veille de fête, dans ce lieu où pas un d'entre vous ne peut bouger sans rencontrer le coude d'un camarade, dans cette salle si pleine de présences fraternelles et de lumières, puissent les pauvres paroles humaines dépasser ce que je veux dire lorsque je dis en votre nom à Thaelmann, à Renn et à tous nos emprisonnés : « Camarades, nous sommes avec vous dans votre solitude et dans votre obscurité... »

Renn, vous avez dit : « Tant que je serai un homme » ; vous avez été un Homme, cette foule est ici pour l'attester. Pas seulement celle qui nous entoure ; une autre, inconnue, qui depuis le dernier soviet des Asturies jusqu'au premier soviet chinois monte autour des prisons en silence la garde que vous attendiez d'elle. Une foule qui entend faire de son silence action, de ses martyrs des chefs, et pour qui votre place est aux côtés de Dimitrov, au Komintern.

In Me Jean de Moro-Giafferi, André Gide,
André Malraux, Pasteur Nick,
Pour Thaelmann, 23 décembre 1935,
Éditions universelles, s.d.

L'ŒUVRE D'ART

*Discours prononcé
au Congrès international
des écrivains pour la défense
de la culture, tenu à Paris
du 21 au 25 juin 1935*

Nous avons fait ce Congrès dans les pires conditions. Avec quelques volontés. Presque sans argent. Allez voir les coupures de presse collées sur les panneaux à côté de l'entrée. À certaines colères, et surtout à tant de silences, nous savons désormais que ce Congrès existe.

Et n'en retiendrions-nous que la possibilité de donner la plus grande audience possible aux livres qui ont perdu celle de leur pays ; n'en retiendrions-nous que la solidarité qui dans les résolutions nous rassemble autour de tant de camarades émigrés, ce Congrès n'aurait peut-être pas été vain...

Mais son sens est ailleurs aussi. Vous avez lu, hier, les discours des fascistes français. Que chacun de nous, en tant qu'homme, sache combattre au lieu de son combat. Mais ne sous-estimons pas, par une absurde monomanie militaire, cette force de la pensée qui permet aujourd'hui à nos camarades balkaniques, interdits chez eux, d'y rentrer, qu'on le veuille ou non, en langue française ou anglaise parce que ce Congrès va les faire traduire. Il est dans la nature du fascisme d'être la nation et dans la nôtre d'être le monde.

On a beaucoup parlé ici de maintenir la culture. Mais ce qu'il y a peut-être de plus fort dans ce Congrès, c'est qu'il nous fasse comprendre que ce n'est pas ainsi que la question doit être posée.

Je m'explique.

Lorsqu'un artiste du Moyen Âge sculptait un crucifix, lorsqu'un sculpteur égyptien sculptait les figures des doubles funéraires, ils créaient des objets que nous pouvons appeler des fétiches ou des figures sacrées, ils ne pensaient pas à des objets d'art. Ils n'eussent pas même conçu que cela pût exister. Un crucifix était là pour le Christ, un double était là pour un mort ; et l'idée qu'on pût un jour les réunir dans un même musée pour considérer leurs volumes ou leurs lignes, ils n'eussent pu le concevoir autrement que comme une profanation. Au musée du Caire, dans une armoire fermée, il y a quelques statuettes. Ce sont les premières figures des hommes. Jusqu'alors on n'avait connu que le double, notion beaucoup plus claire, le double qui abandonne l'homme dans le sommeil avant de le quitter dans la mort. Lorsque je passais par là, devant moi un visiteur mesurait leurs formes et je pensais au vertige qui eût saisi celui qui les avait sculptées, s'il eût pu deviner que finirait dans un problème artistique, le moment où, quelque part vers le Nil, aux environs du troisième millénaire, un sculpteur inconnu avait pour la première fois figuré l'âme humaine.

Toute œuvre d'art se crée pour satisfaire un besoin, mais un besoin assez passionné pour lui donner naissance. Puis le besoin se retire de l'œuvre comme le sang d'un corps, et l'œuvre commence sa mystérieuse transfiguration. Elle entre au domaine des ombres. Seul notre besoin à nous, notre passion à nous l'en feront sortir. Jusque-là elle restera comme une grande statue aux yeux blancs devant qui défile un long cortège d'aveugles. Et la même nécessité qui dirigera vers la statue l'un des aveugles leur fait à tous deux ouvrir les yeux en même temps. Il suffit de reculer de cent ans pour que tant d'œuvres parmi celles qui nous sont le plus nécessaires soient les plus ignorées ; de deux cents, pour que la définition même de la grimace soit le sourire radieux et crispé du gothique. Une œuvre d'art, c'est un objet, mais c'est aussi une rencontre avec le temps. Et je sais bien que nous avons découvert l'histoire. Les œuvres qui passaient de l'amour au grenier peuvent passer de l'amour au musée, mais ça ne vaudra pas mieux. Toute œuvre est morte quand l'amour s'en retire.

Et pourtant, il y a un sens à ce grand mouvement. Art, pensées, poèmes, tous les vieux rêves humains, si nous avons besoin d'eux pour vivre, ils ont besoin de nous pour revivre. Besoin de notre passion, besoin de nos désirs — *besoin de notre volonté*. Ils ne sont pas là comme les meubles d'un inventaire après décès, mais comme ces ombres qui attendent avidement les vivants dans les enfers antiques. Que nous le veuillons ou non, nous les créons en même temps que nous nous créons nous-mêmes. Par le mouvement même qui le fait créer, Ronsard ressuscite la Grèce ; Racine, Rome ; Hugo, Rabelais ; Corot, Vermeer et il n'est pas une seule grande création individuelle qui ne soit engluée de siècles, qui ne tire avec elle des grandeurs endormies. L'héritage ne se transmet pas, il se conquiert.

Écrivains d'Occident, nous sommes engagés dans un âpre combat avec le nôtre. Camarades soviétiques, vous avez placé votre Congrès de Moscou sous les portraits des plus vieilles gloires, mais ce que nous attendons de votre civilisation qui les a sauvegardées dans le sang, dans le typhus et dans la famine, ce n'est pas qu'elle les respecte, c'est que grâce à vous, leur nouvelle figure leur soit une fois de plus arrachée.

Mille différences jouent sous notre volonté commune. Mais cette volonté est, et lorsque nous ne serons plus qu'un des aspects de notre temps, lorsque toutes ces différences seront conciliées au fond fraternel de la mort, nous voulons que ce soit ce qui nous a réunis ici, malgré toutes les faiblesses et les combats de notre réunion, qui impose une fois de plus à la figure du passé sa nouvelle métamorphose.

Car toute œuvre devient symbole et signe, mais pas toujours de la même chose. Une œuvre d'art, c'est une possibilité de réincarnation. Et le monde séculaire ne peut perdre son sens que dans la volonté présente des hommes.

Et il s'agit pour chacun de nous de recréer dans son domaine propre, par sa propre recherche, pour tous ceux qui cherchent eux-mêmes, l'héritage de fantômes qui nous environne — d'ouvrir les yeux de toutes les statues aveugles — et de faire, d'espoirs en volonté et de jacqueries en révolutions, la conscience humaine avec la douleur millénaire des hommes.

Commune, juillet 1935.

RÉPONSE AUX 64 [1]

Discours prononcé
aux premières assises
de l'Association internationale des écrivains
pour la défense de la culture
le 4 novembre 1935
à Paris

Je n'insisterai pas sur des notions comme celles des « puissances de désordre et d'anarchie », qui opposent sans doute au consternant désordre des plans quinquennaux l'ordre rayonnant des caveaux caucasiens.

Intellectuels réactionnaires, vous dites : « quelques tribus sauvages coalisées pour d'obscurs intérêts » : assurément ceux que poussent des intérêts, ici, ce sont les Éthiopiens ; encore un peu et ils vont vouloir civiliser les Italiens. À peine insisterai-je sur l'ironie, l'injure ou la calomnie de ceux qui vous suivent, à l'égard de gens qui n'appliquent pas d'autres principes que les vôtres en se défendant, goût qui doit donner aux Éthiopiens une belle envie de planter des écriteaux : *Tuez sans cracher*. Ce qui serait d'autant plus profitable que vous êtes toujours obligés

---

1. Cette « Réponse » s'adresse aux intellectuels de droite qui ont signé un manifeste « Pour la défense de l'Occident », appelé aussi « Manifeste des 64 » et qui, à la suite de l'invasion de l'Éthiopie par les troupes de Mussolini, protestent contre les menaces de sanction susceptibles d'être appliquées à l'Italie en vertu du Pacte de la SDN.

d'annexer les martyrs après avoir exalté les bourreaux, car les hommes ne parviennent jamais à
renier leur cœur, et vous revendiquez par ailleurs
toutes leurs Jeanne d'Arc, que vous auriez brûlées
avec le roi d'Angleterre et laissé brûler avec le roi de
France.

J'insisterai davantage sur votre idée d'une Europe
groupée autour d'un ordre latin. Depuis plusieurs
années déjà, vous voyez là le salut de l'Occident.
Mais, cet ordre latin à qui vous voulez inlassablement confier le destin de l'Europe, c'est lui qui l'a
inlassablement perdu ! À Shanghai, à Singapour, à
Manille, qui signifie l'Occident ? D'un côté, l'Angleterre, les États-Unis : les protestants. De l'autre, les
Soviets. Et toute votre idéologie ne va pas à autre
chose qu'à nous promettre qu'une Italie triomphante
finira peut-être par devenir ce qu'est depuis cent cinquante ans l'Angleterre que vous attaquez.

La culture occidentale dont vous entendez maintenir le prestige dans le monde, le monde l'ignore.
L'Occident, pour lui, c'est tout ce qui n'est pas vous.
Le Japon était fasciste avant vous. Et pour tous les
autres, vous savez bien que la France ce n'est pas
Racine, c'est Molière ; ce n'est pas Joseph de Maistre,
c'est Stendhal ; ce ne sont pas les poètes fascistes de
Napoléon III, c'est Victor Hugo ; ce n'est aucun de
vos onze académiciens signataires, c'est André Gide
et Romain Rolland.

Car la mesure dans laquelle vous pouvez employer
ce mot de civilisation, vous la devez à tout ce que
vous niez : c'est parce que la conquête apporte
aujourd'hui avec elle une ombre des volontés démocratiques qui ont triomphé dans les métropoles que
vous pouvez parler de civilisation. On sait comment
le régime espagnol civilisait les Péruviens.

Les conquêtes de la technique occidentale sont évidentes. Mais si supériorité technique implique droit de conquête, les États-Unis doivent commencer par coloniser l'Europe. Et ces conquêtes techniques, dans la mesure où elles sont réellement utiles à un pays, y sont souvent mieux appliquées par des spécialistes occidentaux payés, que par des fonctionnaires à qui leur race ne donne guère l'occasion de travailler mieux ; et beaucoup le droit de travailler plus mal.

La colonisation, en fait, n'est pas aussi simple qu'il y paraît d'abord. On prend généralement un pays asiatique ou africain à l'époque de sa conquête, on le compare à ce qu'il est devenu beaucoup plus tard. Mais il ne s'agit pas de comparer la Cochinchine de Napoléon III à celle d'aujourd'hui, mais bien l'Indochine et le Siam, le Maroc et la Turquie, le Béluchistan et la Perse. Sans parler d'un pays qui, vers 1860, avait, paraît-il, un impérieux besoin d'être civilisé : le Japon...

Il est clair que, en fonction de votre idéologie même, ce que vous appelez se civiliser, c'est s'européaniser. Ne discutons pas là-dessus. Mais quels peuples s'européanisent aujourd'hui le plus vite ? Précisément ceux que vous ne contrôlez pas. Les femmes musulmanes marocaines, tunisiennes, tripolitaines, de l'Inde, sont voilées. Les Persanes ne le sont plus guère. Les Turques ne le sont plus du tout. Quel est le seul pays où le mandarinat existe encore ? Ni la Chine ni le Japon. L'Annam. Ce que le Siam libre tente d'abolir, c'est ce que le Cambodge et la Birmanie conservent. Et les hôpitaux siamois, dirigés en partie par des Blancs payés, valent les hôpitaux cambodgiens, mais il n'y a pas dans les hôpitaux cambodgiens un dixième des malheureux qui devraient y être, parce que nous développons à travers les bonzes tout ce qui empêche les malades d'y aller. Dans l'ordre des techniques, le monde s'européanise ; mais pas plus aux colonies que dans les pays libres : moins...

C'est précisément au moment où l'Abyssinie demande des spécialistes qu'on lui envoie des canons. Si elle triomphe, elle ne sera ni plus ni moins européanisée que si elle est vaincue.

Tuer d'abord des multitudes est un moyen de les faire entrer dans les hôpitaux : il n'est pas sûr que ce soit le meilleur. Ah ! Quel paradis seraient les colonies si l'Occident devait y faire des hôpitaux pour tous ceux qu'il a tués, des jardins pour tous ceux qu'il a déportés !

Il faut choisir, ou bien le travail ne confère aucun droit *politique*, et la technique occidentale donne droit à des salaires, et c'est tout. Ou bien le travail confère le droit politique, et vous devez dès maintenant faire en France des soviets, du spécialiste à l'ouvrier.

Voilà pour le fait. Passons à l'idéologie. Vous opposez ce que vous appelez les traditions occidentales de Rome à ce que nous défendons et que vous appelez des fictions.

Fictions : soit. Ce qu'ont donné à l'humanité les deux Rome dont vous vous prévalez, ce sont des fictions aussi. C'est en réunissant dans une cathédrale deux mille déchéances, qu'on a fini par en faire deux mille hommes vivants. Il n'est pas sûr que la confiance arrache toujours les hommes à la terre, mais il est certain que la défiance les y couche à jamais. Nulle civilisation — et même nulle barbarie

— n'est assez forte pour arracher aux hommes les mythes qui sont la plus vieille puissance humaine ; mais la barbarie est ce qui sacrifie les hommes aux mythes, et nous voulons une civilisation qui soumette les mythes aux hommes.

La civilisation, c'est de mettre le plus efficacement possible la force des hommes au service de leurs rêves, ce n'est pas de mettre leurs rêves au service de leur force.

Ces sanctions économiques que la France a accepté d'appliquer, est-ce au nom de ce que la Rome antique a fait de la civilisation occidentale que vous les combattez ? Ce que Rome a légué à la culture occidentale, ce n'est pas son empire décomposé, ce n'est pas l'inépuisable suite des guerres locales qui firent de tout l'Occident une terre de solitude, mais bien le droit romain qui les a arrêtées. Pas la guerre : la réglementation de la guerre. La voix qui dans ce débat couvre sourdement les vôtres, c'est précisément celle de la Rome antique. Le droit romain, vous savez comment ça se définissait : la fidélité aux pactes.

Venons enfin à votre idée capitale, à cette « *notion même de l'homme — à quoi l'Occident a dû sa grandeur historique avec ses vertus créatrices* ».

Il faudrait d'abord préciser ce dont nous parlons. La grandeur historique de l'Occident n'a de sens que pour un nombre de siècles limité. Charlemagne est un assez mince empereur à côté de Gengis Khan, à côté de Timour qui posséda la moitié de l'Asie, et dont les troupes devaient écraser en deux jours l'armée turque, qui pourtant venait à Nicopolis de battre les chrétiens comme plâtre. Lorsque Marco Polo trouve en Chine une ville de plus d'un million d'habitants, il n'a plus une très haute idée de Venise. Au xvie siècle, qu'est-ce que la cour des Valois en comparaison de celle des rois de Perse, des empereurs de Chine et du Japon? Paris est encore une confusion de ruelles quand les architectes persans tracent les grandes avenues d'Ispahan à quatre rangées d'arbres, dessinent la place Royale aussi grande que celle de la Concorde. Versailles même est un assez petit travail en face de la ville interdite de Pékin. Seulement, en cent ans, tout change. Pourquoi?

Parce que l'Occident a découvert que la fonction la plus efficace de l'intelligence n'était pas de conquérir les hommes, mais de conquérir les choses.

Nulle civilisation, blanche, noire, jaune, ne commençait avec le guerrier; elle commençait quand le légiste ou le prêtre s'occupait de civiliser le guerrier; elle commençait quand l'argument avait droit contre le fait. Toute civilisation impliquait la conscience et le respect de *l'autre*; ce qui était nouveau, c'était non certes que l'homme fût délivré — il ne l'est pas encore! — mais qu'il pût l'être. Et, parallèlement, à ce qu'il y eût plus d'avantages à transmettre les connaissances acquises qu'à les cacher. Les vertus créatrices de l'Occident, intellectuels réactionnaires, elles sont nées de la mort de ce que vous défendez. De l'affaiblissement de la hiérarchie; de la fin de l'ancienne société, tellement moins « occidentale » que la nôtre, tellement plus proche de l'Asie! Votre volonté de hiérarchie, ce n'est pas l'Occident, ce n'est même pas Rome : c'est l'Inde.

Le combat de l'Occident contre l'Asie, à quelque époque que ce soit, c'est celui de la hiérarchie la moins constituée contre la hiérarchie la plus rigoureuse. Pour l'ordre, même antérieur, l'Asie n'avait

rien à apprendre de nous : avant d'arriver à la structure de la société chinoise, l'Italie en a pour deux
cents ans. Ce ne sont pas les jésuites qui ont ouvert
les portes des empires jaunes, ce sont les machines.
L'Occident n'a pas inventé la valeur de l'ordre, il a
inventé la valeur fondamentale de l'acte qui inlassablement le modifie. Ce que vous appelez sa grandeur historique, c'est à cela qu'il le doit : à ce que
l'objet du combat pour l'homme a cessé d'être seulement l'homme, à ce qu'il a mis l'ingénieur au-dessus
du soldat, à ce que, de Descartes à Marx, il a regardé
avec l'œil du Mage antique le monde infini des
choses vivantes et mortes, et qu'il a résolu de les
réduire à sa taille, de les transmettre, de les jeter à la
disposition de tous ceux qui pouvaient les atteindre.
L'Occident a inventé la civilisation de quantité
contre le monde qui n'avait connu que celle de qualité. Et notre tâche est maintenant de donner la qualité aux hommes, comme elle fut, après le sang et la
famine, de rouvrir à Moscou les bibliothèques qu'on
brûlait à Berlin.

Peu m'importent les traditions. Mais les vertus
créatrices de l'Occident, elles, préparent sourdement
l'homme libre. L'homme et non la caste, l'homme et
non la création. Un univers qui se crée par la fusion
de ses éléments, comme la France par celle de ses
provinces, et non par leur hiérarchie. Au-delà de la
transformation même du monde, ces vertus
entendent rejoindre l'homme nourri d'elles comme il
le fut jadis de sa douleur, mais plus grand que tout
ce qui le forme, l'homme qui n'est pas un privilège,
l'homme fait de tout ce qui vous récuse et de tout ce
qui vous nie.

Commune, décembre 1935.

SUR L'HÉRITAGE CULTUREL

*Discours prononcé à Londres
le 21 juin 1936,
au secrétariat général élargi
de l'Association des écrivains
pour la défense de la culture*

J'ai reçu un jour la visite d'un homme qui venait de passer plusieurs années en prison. Il avait donné asile à des anarchistes poursuivis. C'était un intellectuel et il me parla de ses lectures. « Voilà, me dit-il, il n'y a que trois livres qui supportent d'être lus en prison : *L'Idiot, Don Quichotte* et *Robinson.* »

Je notais après son départ cette phrase qui m'avait intrigué et j'essayais de comprendre les raisons de ce choix. Et je m'aperçus que, des trois écrivains dont il s'agissait, deux, Dostoïevski et Cervantès, étaient allés au bagne, le troisième, Daniel De Foe, au pilori. Tous trois ont écrit le livre de la solitude, le livre de l'homme qui retrouve les hommes vivants et absurdes, les hommes qui peuvent vivre en oubliant que quelque part existent le bagne et le pilori. Et tous trois ont écrit la revanche de la solitude, la reconquête du monde par celui qui revient de l'enfer. La force terrible de l'humilité, disait Dostoïevski. Et la force terrible du rêve et la force terrible du travail... Mais l'important était de posséder le monde de la solitude, de transformer en une conquête, pour l'artiste, en l'illusion d'une conquête, pour le spectateur, ce qui avait été *subi.*

La tragédie posait là, avec une extrême brutalité, le problème que chacun de nous se pose confusément. L'art vit de sa fonction qui est de permettre aux hommes d'échapper à leur condition d'hommes, non par une évasion, mais par une possession. Tout art est un moyen de possession du destin. Et l'héritage culturel n'est pas l'ensemble des œuvres que les hommes doivent respecter, mais de celles qui peuvent les aider à vivre.

Notre héritage, c'est l'ensemble des voix qui répondent à nos questions. Et les civilisations prisonnières ou libres réordonnent, comme les hommes prisonniers ou libres, tout le passé qui leur est soumis.

La tradition artistique d'une nation est un fait. Mais la soumission des œuvres à l'idée d'une tradition repose sur un malentendu. La force convaincante d'une œuvre n'est nullement dans sa totalité, elle est dans la différence entre elle et les œuvres qui l'ont précédée. Giotto est pour nous un primitif, mais pour ses contemporains, ses peintures étaient « plus vraies que la vie ». Elles étaient plus vraies que la vie, non par leur totalité, mais par ce que Giotto avait conquis sur la peinture byzantine. Le langage décisif de l'œuvre d'art, c'est sa différence significative ; toute œuvre naît comme différence et devient peu à peu totalité. Juger d'une œuvre par rapport à une tradition est donc toujours juger d'une différence par rapport à une suite de totalités ; et que cette suite de totalités existe ne laisse en rien préjuger de la façon dont les conquêtes qui font la vie de l'art contemporain qui nous entoure s'ordonneront par rapport à elles.

Les hommes sont bien moins à la mesure de leur

héritage que l'héritage n'est à la mesure des hommes. L'ordre de tout héritage repose sur la volonté de transformer le présent, mais encore cette volonté est-elle limitée par une certaine futilité. La phtisie de Watteau le contraignait à abandonner Rubens pour le rêve de ses Fêtes galantes, mais la phtisie de Chopin le contraignait à sa musique déchirée. Joie ou malheur, c'est bien le destin de l'artiste qui le fait crier, mais c'est le destin du monde qui choisit le langage de ces cris.

Je voudrais donc d'abord tenter de préciser ici à l'intérieur de quelle fatalité peut s'insérer notre volonté.

Sous le mot art, nous envisageons deux activités assez différentes : l'une, que j'appellerai rhétorique — celle de l'artiste hellénistique, renaissant ou moderne — où l'œuvre compte moins que l'artiste, compte pour ce que l'artiste ajoute à ce qu'il figure. L'autre — celle du Moyen Âge, de l'Égypte et de Babylone — où l'artiste compte moins que ce qu'il figure. Dans la première, l'importance est dans la présence de l'artiste; dans la seconde, dans la chose représentée. Ce qui tient d'ordinaire à la valeur capitale donnée à cette chose représentée : comment se sentir artiste, au sens moderne du mot, en sculptant un crucifix, si l'on croit que le Christ est mort *pour soi*? La douleur de Niobé ne concerne qu'elle, et l'artiste s'y introduit sans peine; la douleur de la Vierge concerne tous les hommes. Quand le sculpteur antique doit paraître, le sculpteur chrétien doit disparaître.

Pour disparaître, il n'en est pas moins grand. Et nous plaçons aussi haut que l'autre l'artiste qui ne se concevait pas comme tel. Peu importe comment l'artiste se conçoit. Ce qui importe seulement — et depuis quelques millénaires — c'est qu'il ne s'accorde pas au monde de formes qui lui est imposé, qu'il exige de le modifier, qu'il veuille conquérir sur lui sa vérité. À Athènes, à Chartres, ou à Lincoln. Mais depuis des siècles (bien que l'acte créateur dans son essence, à mon avis, soit demeuré le même), l'art a perdu sa volonté de vérité au bénéfice de la volonté de présence personnelle de l'artiste. En art, nous ne croyons pas au Christ présent dans le bois, mais à l'objet d'art qui s'appelle crucifix. Ce qui comptait dans une statue de saint, c'était le saint ; ce qui compte dans un Cézanne, c'est Cézanne. Or, l'art des masses est toujours un art de vérité. Peu à peu, les masses ont cessé d'aller à l'art, de le rencontrer au flanc des cathédrales ; mais aujourd'hui, il se trouve que, si les masses ne vont pas à l'art, la fatalité des techniques fait que l'art va aux masses.

Cela est vrai des pays démocratiques comme des pays fascistes ou communistes, quoique pas de la même façon. Depuis trente ans, chaque art a inventé son imprimerie : radio, cinéma, photographie. Le destin de l'art va du chef-d'œuvre unique, irremplaçable, souillé par sa reproduction, non seulement au chef-d'œuvre reproduit, mais à l'œuvre faite pour sa reproduction à tel point que son original n'existe plus : le film. Et c'est le film qui rencontre la totalité d'une civilisation, comique avec Chaplin dans les pays capitalistes, tragique avec Eisenstein dans les pays communistes, guerrier bientôt dans les pays fascistes.

Soulignerai-je l'importance de la photo dans l'histoire des arts plastiques, où, les seules photos valables étant en noir, les peintures essentiellement dessinées, comme l'italienne, ont été puissamment valorisées, les peintures où la couleur est tout (les vitraux) négligées, les peintures à dessin puissant mais fixé, et dont l'évolution est celle de leurs couleurs (la peinture byzantine) à la fois exaltées et inconnues? L'héritage culturel des arts plastiques est impérieusement lié à sa faculté de reproduction. Soulignerai-je, comme l'a fait W. Benjamin, la transformation de nature de l'émotion artistique lorsqu'elle va de la contemplation de l'objet unique à l'abandon distrait ou violent devant un spectacle indéfiniment renouvelable? Nul ne croit que la lecture d'une chanson de geste soit analogue à l'audition d'un aède. Les moyens de l'aède sont d'ailleurs avant tout ceux de l'éloquence, et c'est l'impression qui contraint le poète à la littérature.

Or, une fois de plus, la conscience qu'a l'artiste de son acte créateur est en train de se modifier. J'accepte, pour ma part, volontiers, de voir renaître en tous les hommes la communion dans le domaine fondamental des émotions humaines. L'humanité a toujours cherché dans l'art son langage inconnu, et je me réjouis que notre fonction soit parfois de donner conscience aux êtres de la grandeur ou de la dignité qu'ils ignorent en eux; je me réjouis que, par notre art ou par des transpositions futures de notre art, nous puissions donner cette conscience à un nombre de plus en plus grand d'hommes. La photo de Rembrandt mène à Rembrandt, et la mauvaise peinture n'y mène pas.

Mais peu importe que nous nous en réjouissions ou nous en attristions : ce qui importe, c'est que ce fait nouveau est la condition même de la transmission de notre héritage culturel qui, par cette transmission même, change de nature.

Qu'on m'entende bien : je ne défends pas ici la vieille chimère d'un art dirigé et soumis aux masses. Comme cette idée ne consiste qu'à vulgariser l'art d'une civilisation individualiste et bourgeoise pour faire l'art d'une civilisation nouvelle, elle équivaut à peu près à l'idée qu'on fait l'art gothique en vulgarisant les modèles romains. L'art obéit à sa logique particulière, d'autant plus imprévisible que la découvrir est très précisément la fonction du génie. Le xixᵉ siècle plastique finit au grand baroque Renoir, et les gratte-ciel commencent à Cézanne, mais nulle logique ne pouvait faire prévoir le style de Cézanne.

La transformation de l'héritage culturel européen au xixᵉ siècle repose sur la découverte de la multiplicité des arts, et la volonté d'attendre d'une œuvre d'art son caractère positif. Le xviiiᵉ siècle occidental dédaignait la sculpture gothique parce qu'il voyait en elle, non sa puissance d'expression, mais l'absence d'une expression classique. Nous sommes loin d'être pleinement dégagés de cette vision négative d'une partie de notre héritage, il est clair qu'aimer tout équivaut à n'aimer rien. Du moins savons-nous qu'un art qui ne nous aide pas à vivre aidera peut-être à vivre d'autres hommes, et avons-nous appris à respecter dans les musées la présence endormie de ces passions futures.

Grossièrement, nous pourrions dire qu'en art le xviᵉ siècle a découvert l'histoire, le xixᵉ la géographie ; à ces annexions en surface, va s'ajouter une annexion en profondeur. Les Anglais sont d'abord allés à Athènes ; puis les statues du Parthénon sont venues à Londres ; et aujourd'hui, Athènes et le Parthénon, par l'hebdomadaire et le cinéma, pénètrent chez chaque Anglais. Même si le rapport présent entre l'artiste et le monde devait demeurer intangible (ce dont je doute), le développement même de toutes les cultures, non seulement en Occident, mais dans le monde entier, ajouterait à l'art un nouveau langage. C'est ici qu'intervient notre volonté.

Les techniques qui de plus en plus poussent vers les masses les arts occidentaux ne les poussent pas au hasard, mais dans le sens de l'idéologie même de ces masses, qu'elle soit précise ou confuse. Et non dans le sens de ce que cette idéologie peut avoir de bas, mais toujours dans le sens de ce qu'elle a de meilleur. Je ne dis pas qu'une action gouvernementale ne puisse s'exercer dans le sens des éléments négatifs ou misérables des masses, mais je dis que l'artiste *ne fait œuvre d'art que quand il a rencontré, lui, l'élément positif et créateur d'exaltation.* Comme toutes les transformations capitales, celle de notre civilisation inquiète l'artiste parce qu'elle lui demande des découvertes totales, parce qu'elle le contraint au génie. Mais je crois que la foule peut être féconde pour l'artiste, parce que l'artiste ne reçoit d'elle que sa puissance de communion. On a trop dit qu'elle appelait sa propre folie, et pas assez qu'elle appelait aussi sa propre grandeur : ce que comprenaient les foules qui écoutaient les archevêques de Cantorbéry, combien de ceux qui les composaient l'eussent compris s'ils eussent été seuls ? La masse porte en elle sa fécondité comme sa stérilité, *et c'est une de nos tâches de la réduire à la fécondité.*

Quel est l'élément positif des fascismes ? L'exaltation des différences essentielles, irréductibles et constantes : la race ou la nation. Dans *national-*

socialisme, il y a *national* et il y a *socialisme*; nous savons du reste que le meilleur moyen de faire le socialisme n'est pas de fusiller les socialistes, et que le mot sérieux, ici, c'est le mot *national*. C'est sur lui que le fascisme fonde sa pensée véritable, sur lui qu'il est obligé de fonder son héritage culturel, sur lui qu'il est obligé de fonder le développement de son art.

Mais les idéologies fascistes, par leur nature même, sont des idéologies *permanentes* et *particulières*. Libéralisme et communisme s'opposent sur la question de la dictature du prolétariat; mais non sur leurs valeurs, puisque la dictature du prolétariat est aux yeux des marxistes le moyen concret d'obtenir la démocratie réelle — toute démocratie politique étant un leurre tant qu'elle ne repose pas sur une démocratie économique. Notre première ligne de démarcation, quant aux valeurs, c'est-à-dire quant à ce qui nous réunit ici, me paraît donc celle-ci : dans le mouvement qui porte vers un nombre de plus en plus grand d'hommes les œuvres d'art et les connaissances, nous entendons maintenir ou recréer, non des valeurs permanentes et particulières, mais des valeurs dialectiques et humanistes. Humanistes parce que universalistes. Parce que, mythe pour mythe, nous ne voulons ni l'Allemand, ni le Germain, ni l'Italien, ni le Romain, mais l'homme.

J'ai toujours été frappé de l'impuissance où sont les arts fascistes de représenter autre chose que le combat de l'homme contre l'homme. Où est, en pays fascistes, l'équivalent des films soviétiques, les romans de la nation d'un monde nouveau? C'est qu'une civilisation communiste, qui remet à la collectivité les moyens du travail, peut passer de la vie civile à la vie militaire, et qu'une civilisation fasciste, qui maintient la structure capitaliste de l'économie, ne le permet pas : entre un kolkhozien et un soldat de l'Armée rouge, il n'y a pas de différence de nature ; ils sont, pour l'artiste et pour eux-mêmes, dans le même ordre vital. Chacun d'eux peut passer de l'une à l'autre fonction. Mais entre un soldat des Sections d'assaut et un fermier allemand, il y a une différence de nature. L'un est à l'intérieur du capitalisme, l'autre à l'extérieur. La communion réelle, désintéressée, authentiquement fasciste, n'existe que dans l'ordre militaire. Si bien que la civilisation fasciste, à son point extrême, aboutit à la militarisation totale de la nation. Et l'art du fascisme, quand il existe, à l'esthétisation de la guerre. Or, l'ennemi du soldat c'est un autre soldat, c'est l'homme. Alors que du libéralisme au communisme, l'adversaire de l'homme n'est pas l'homme, c'est la terre. C'est dans le combat contre la terre, dans l'exaltation de la conquête des choses par l'homme que s'établit, de *Robinson Crusoé* au film soviétique, une des plus fortes traditions de l'Occident. Résolus à combattre si le combat est la seule garantie du sens que nous voulons donner à notre vie, nous nous refusons à faire de lui une valeur fondamentale ; nous voulons une pensée, une structure de l'État, un héritage et un espoir qui débouchent sur la paix et non sur la guerre. Il reste dans la plus sereine des paix assez de combats, de tragédies et d'exaltation pour des siècles d'art.

Telles sont les raisons premières au nom desquelles la section française se rallie au projet qui vous a été présenté. Maintenir l'héritage humain est une de nos tâches les plus hautes, et il est clair qu'un tel projet n'y saurait suffire. Mais il est à la fois dans le sens d'une diffusion des connaissances et d'une *confrontation*. Il est donc le sens de notre activité. Car ce que l'Occident appelle culture, c'est avant tout, depuis près de cinq cents ans, la possibilité de confrontation.

J'ai dit que tout héritage aboutissait à notre volonté. Mais notre volonté, comme celle de l'artiste créateur à l'instant qui précède sa création, est à la fois intense et confuse. C'est par une volonté de chaque jour qu'une civilisation donne au passé sa forme particulière, comme, par chaque touche nouvelle, le peintre modifie tout son tableau. Et rien ne serait plus dangereux — très spécialement pour ceux d'entre nous qui sont des écrivains révolutionnaires — que de vouloir substituer à l'héritage présent et mortel un héritage prévu par une logique abstraite. Une civilisation est devant le passé comme l'artiste devant les œuvres d'art qui l'ont précédé. Celui-ci s'accroche à telle ou telle œuvre parmi les grandes, au musée ou à la bibliothèque, dans la mesure où elle lui permet de réaliser davantage son œuvre propre. Les objets que l'on appelle beaux changent, *mais les hommes et les artistes appellent toujours beauté tout ce qui leur permet de s'exprimer davantage, de se dépasser eux-mêmes*. L'homme n'est pas soumis à son héritage, c'est son héritage qui lui est soumis : ce n'est pas l'Antiquité qui a fait la Renaissance, c'est la Renaissance qui a fait l'Antiquité. Chaque fois que l'homme se réconcilie avec Dieu, à Reims ou à Bamberg, chaque fois que la dualité chrétienne s'atténue, au xiie siècle, au xiiie et au xive, en France, en Italie, en Allemagne, l'antique reparaît. Dès que Nicolas de Cuse voit dans le Christ l'homme parfait, la résurrection des figures antiques est prête. Pas d'antique là où l'enfer demeure : la Renaissance espagnole va directement du gothique au baroque. Mais là où l'enfer disparaît, l'antique apparaît. À Reims comme à Assise, il fallait, pour que revînt le visage de Vénus, que sur la première statue gothique reparût le premier sourire.

Toute civilisation est en cela semblable à la Renaissance et fait son propre héritage de tout ce qui, dans le passé, lui permet de se dépasser. *L'héritage ne se transmet pas, il se conquiert.* Mais il se conquiert lentement, imprévisiblement. Ne demandons pas plus à une civilisation sur commande que des chefs-d'œuvre sur commande. Mais demandons à chacun de nous de prendre conscience que le choix qu'il fait dans le passé — dans ce qui fut l'espoir illimité des hommes — est à la mesure de son avidité de grandeur et de sa volonté.

Tout le destin de l'art, tout le destin de ce que les hommes ont mis sous le mot de culture, tient en une seule idée : transformer le destin en conscience : fatalités biologiques, économiques, sociales, psychologiques, fatalités de toutes sortes, les concevoir d'abord pour les posséder ensuite. Non pas changer un inventaire en un autre inventaire, mais étendre jusqu'aux limites des connaissances humaines la matière dans laquelle l'homme puise pour devenir davantage un homme, la possibilité infinie des réponses à ses questions vitales.

C'est de jour en jour et de pensée en pensée que les hommes recréent le monde à l'image de leur plus grand destin. La révolution ne leur donne que la possibilité de leur dignité ; à chacun de faire de cette possibilité une possession. Mais pour cela, nous, intellectuels — chrétiens, libéraux, socialistes, communistes —, malgré les idéologies qui nous divisent, cherchons les *volontés* qui nous unissent. Car toute haute pensée, toute œuvre d'art est une possibilité infinie de réincarnations. Et le monde séculaire ne peut prendre son sens que dans la volonté présente des hommes.

Commune, septembre 1936.

III

Le premier gaullisme : 1945-1958

Le 3 septembre 1939, l'Angleterre et la France entrent en guerre contre l'Allemagne. André Malraux, qui a été réformé, décide de s'engager. Il est fait prisonnier en juin 1940 et demeurera jusqu'en août dans un camp proche de la cathédrale de Sens. Il parvient à s'évader et se rend dans le midi de la France où il oppose un refus aux premiers résistants qui le pressent de les rejoindre. Il pense que les États-Unis vont entrer assez rapidement en guerre et qu'il faut attendre leur intervention, compte sur leur aviation puis sur les tanks russes. Il écrit Les Noyers de l'Altenburg qui sont publiés à Lausanne en 1943. À l'automne 1942, il s'installe en Corrèze et en 1943 entre en contact avec des résistants. En 1944, il est devenu le « colonel Berger » qui coordonne des groupes appartenant aux Forces françaises de l'intérieur du Lot, de la Dordogne et de la Corrèze, et réussit à freiner l'avance de la division allemande Das Reich. Il est fait prisonnier et interné à Toulouse. Mais la ville est libérée et il reprend le combat. Il devient le chef de la brigade Alsace-Lorraine qui traversera la France pour participer à la libération de l'Alsace. La brigade sera la première unité de la première armée française à entrer dans Strasbourg. *Pour la première fois, le combat de l'écrivain ne se solde pas par un échec.*

Il assiste en janvier 1945 au congrès du Mouvement de libération nationale où il fait échouer la tentative du parti communiste de transformer le mouvement de la Résistance en une force qu'il contrôlerait. La guerre d'Espagne et les exactions commises alors à l'encontre des trotskistes par les staliniens l'ont éloigné de ses compagnons des années trente et le Pacte germano-soviétique a sans doute consommé la rupture. Il rejoint ensuite les rangs militaires et va jusqu'en Allemagne. C'est dans cette guerre qu'il découvre la dimension charnelle de la France, entrevue tant au camp de Sens que dans la Résistance.

En août 1945, il rencontre le général de Gaulle et un coup de foudre réciproque marque le début d'une relation sans doute unique dans la vie de l'un comme de l'autre[1]. *Le même mois, il entre au cabinet de l'homme du 18 Juin. Le 21 novembre, il devient ministre de l'Information. Il forme alors le projet de faire construire dans chaque département une Maison de la culture et de créer dans les villes de province un musée où l'on pourrait admirer les reproductions des plus grands chefs-d'œuvre de la peinture française. Mais le 20 janvier 1946, de Gaulle démissionne, excédé par la réapparition du « régime exclusif des partis » et André Malraux quitte aussitôt son poste.*

Il se consacre alors à sa Psychologie de l'art *mais ne se désintéresse pas de la vie publique. Se méfiant des hommes politiques, jugeant le PCF — et l'URSS —*

---

1. Sur l'engagement gaulliste d'André Malraux, cf. Janine Mossuz-Lavau, *André Malraux et le gaullisme*, Presses de la Fondation nationale des sciences politiques, Paris, 1982.

extrêmement dangereux notamment pour les droits de l'homme, très inquiet pour l'avenir du pays, il n'aura de cesse d'œuvrer au retour du général de Gaulle au pouvoir. Aussi, quand le 7 avril 1947 celui-ci annonce à Strasbourg la création du RPF (Rassemblement du peuple français), est-il à ses côtés. Il devient le délégué général à la propagande du nouveau mouvement, crée sa presse, en 1948 Le Rassemblement (hebdomadaire), en 1949 Liberté de l'esprit (mensuel). Il est l'orateur vedette du Rassemblement, harangue les foules pour les persuader que la France se meurt mais qu'elle renaîtra si revient au pouvoir « l'homme qui, sur le terrible sommeil de ce pays, en maintint l'honneur comme un invincible songe » (Le Rassemblement, 24 avril 1948). Il restera très actif jusqu'en 1949, date à laquelle il prend ses distances, déçu par l'orientation parlementaire de l'entreprise, affecté peut-être par une évolution plus droitière que prévue et par l'absence d'une aura d'artistes et d'intellectuels comparable à celle qui illuminait les grandes manifestations antifascistes des années trente. Il va désormais se consacrer entièrement à ses écrits sur l'art qu'il n'avait d'ailleurs jamais abandonnés. En 1951, il reprendra l'ensemble pour offrir au lecteur Les Voix du silence. Puis il publiera les divers tomes du Musée imaginaire de la sculpture mondiale. Entre-temps, à la suite de plusieurs échecs électoraux, le général de Gaulle met en sommeil le RPF (6 mai 1953).

André Malraux voyage. La politique semble s'être éloignée pour un temps. Il ne se manifeste guère que pour saluer la brève expérience tentée entre juin 1954 et février 1955 par Pierre Mendès France en qui il admire un homme d'énergie.

L'Algérie le ramène sous les projecteurs. Au début de

1958, le livre d'Henri Alleg, La Question, *est saisi, ce qui entraîne de vives protestations dans les milieux de gauche : André Malraux accepte alors de signer, avec Roger Martin du Gard, François Mauriac et Jean-Paul Sartre, une adresse au président de la République (17 avril 1958), sommant les pouvoirs publics de condamner l'usage de la torture. La guerre d'Algérie allait également provoquer le retour au pouvoir du général de Gaulle et celui sur la scène publique d'André Malraux.*

L'HOMME ET LA CULTURE

*Conférence donnée
à la Sorbonne
le 4 novembre 1946,
sous l'égide de l'Unesco*

À travers les dialogues qui se sont établis d'un bout à l'autre de l'Europe, passe, à l'heure actuelle, la question obsédante, permanente, qui se pose à l'Europe entière si fortement que ne pas commencer par la poser consisterait à parler pour ne rien dire.

À la fin du xixᵉ siècle, la voix de Nietzsche reprit la phrase antique entendue sur l'archipel : « Dieu est mort !... » et redonna à cette phrase tout son accent tragique. On savait très bien ce que cela voulait dire : cela voulait dire qu'on attendait la royauté de l'homme.

Le problème qui se pose pour nous, aujourd'hui, c'est de savoir si, sur cette vieille terre d'Europe, oui ou non, l'homme est mort.

Si la question se pose maintenant, nous en voyons au moins les premières raisons.

Tout d'abord, le xixᵉ siècle a eu un espoir immense, en la science, en la paix, en la recherche de la dignité.

Il était entendu, il y a cent ans, que tout l'espoir que portait en lui l'humanité d'alors aboutirait inévitablement à un ensemble de découvertes qui serviraient les hommes, à un ensemble de pensées qui serviraient la paix, à un ensemble de sentiments qui serviraient la dignité.

En ce qui concerne la paix, je crois qu'il est vraiment inutile d'insister.

En ce qui concerne les sciences, Bikini répond. En ce qui concerne la dignité...

Le problème du mal n'est pas toujours absent au XIXe siècle. Mais quand il reparaît devant nous, ce n'est plus seulement par ces obscures et tragiques marionnettes au bout des bras des psychanalystes, c'est le grand et sombre archange dostoïevskien qui reparaît sur le monde et qui vient redire : « Je refuse mon billet si le supplice d'un enfant innocent par une brute doit être la rançon du monde. »

Au-dessus de tout ce que nous voyons, au-dessus de ces villes-spectres et de ces villes en ruine, s'étend sur l'Europe une présence plus terrible encore : car l'Europe ravagée et sanglante n'est pas plus ravagée, n'est pas plus sanglante que la figure de l'homme qu'elle avait espéré faire.

La torture a signifié pour nous beaucoup plus que la douleur. Il serait vain d'y insister : il y a trop d'hommes et de femmes dans cette salle, qui savent ce que je veux dire... Il y a eu sur le monde une souffrance d'une telle nature qu'elle demeure en face de nous, non seulement avec son caractère dramatique, mais encore avec son caractère métaphysique ; et que l'homme est aujourd'hui contraint à répondre non seulement de ce qu'il a voulu faire, non seulement sur ce qu'il voudra faire, mais encore de ce qu'il croit qu'il est.

Et pourtant, cette idée de civilisation que, pendant cent ans, on confondit si facilement avec l'idée de raffinement, un exemple connu aurait dû nous en écarter. La Chine était depuis longtemps considérée comme le pays du raffinement le plus pur peut-être qu'ait connu le monde. Mais il n'y avait pas que les sinologues pour savoir que les lois les plus atroces que le monde ait connues, celles qui impliquaient la torture la plus précisément distribuée, avaient été faites par des hommes personnellement doux et conciliants, par les plus grands sages de leur temps.

Il n'est nullement évident que l'idée de raffinement corresponde à l'idée de civilisation. Celle-ci était déjà obscure avant cette guerre. Elle n'était plus réductible ni à la civilisation des sentiments ni à la volonté de connaissance du passé, et se dirigeait plutôt vers l'espoir en l'avenir. Depuis vingt-cinq ans, le pluralisme était né ; et à l'idée ancienne de civilisation — qui était celle de progrès dans les sentiments, dans les mœurs, dans les coutumes et dans les arts — s'était substituée l'idée nouvelle des cultures, c'est-à-dire l'idée que chaque civilisation particulièrement avait créé son système de valeurs, que ces systèmes de valeurs n'étaient pas les mêmes, qu'ils ne se continuaient pas nécessairement, et qu'il y avait entre la culture égyptienne, par exemple, et la nôtre, une séparation décisive, qui coupait ce que les Égyptiens avaient pensé d'essentiel de ce que nous pensons aujourd'hui.

Cette idée des cultures, considérées comme mondes clos, a été acceptée dans la majorité de l'Europe entre les deux guerres. On sait qu'elle est née en Allemagne. Si vulnérable qu'elle fût, elle avait confusément remplacé l'ancienne idée linéaire et impérieuse que les hommes s'étaient faite de la civilisation.

Prenons garde à ne pas concevoir les cultures disparues uniquement comme des formes, c'est-à-dire des hypothèses. Il est possible que nous ne sachions rien de ce qu'était la réalité psychique d'un Égyptien ; mais ce que nous savons, c'est qu'un certain nombre de valeurs transmissibles ont passé à travers ces cultures qu'on nous avait données comme closes, et que ce sont ces valeurs qui sont arrivées dans notre pensée ; que c'est d'elles que nous essayons de faire un tout. J'en donnerai un exemple extrême, mais clair, qui est l'œuvre d'art :

Nul d'entre nous ne sait dans quel esprit un fellah regardait une statue égyptienne, au IIIe millénaire. Peut-être n'y a-t-il rien de commun entre la façon dont nous regardons cette œuvre au Louvre, et la façon dont elle fut regardée, quand elle fut sculptée ; mais il est certain que nous voyons quelque chose, que ce quelque chose porte en soi une valeur de suggestion que nous essayons d'intégrer dans ce que nous appelons notre culture.

De même en morale. Ce qui est d'abord arrivé à nous de la culture juive, c'est la Bible qui a apporté au monde l'idée, jusque-là informulée, de justice.

Il en est de même de toutes les notions de qualité. Ce qui me fait attirer votre attention sur ce point capital : le vrai problème n'est pas celui de la transmission des cultures dans leur spécificité, mais de savoir comment la qualité d'humanité que portait chaque culture est arrivée jusqu'à nous, et ce qu'elle est devenue pour nous.

Nous devons donc séparer le problème spécifique du problème de forme ; le problème de savoir ce que c'était qu'un juif quelconque à Jérusalem, sous David, du problème de la découverte de la justice ; le problème de savoir ce que fut la découverte de la vie dans l'art grec, du problème de savoir ce qu'était un navigateur grec quelconque. Alors, nous nous apercevons que le problème de l'homme, en ce qui concerne le passé, est celui-ci : quelle que soit la forme particulière d'une culture, si loin qu'elle soit de nous, elle nous atteint exclusivement par sa forme suprême.

Sa structure n'a qu'une importance subordonnée. Et l'Église n'a aucune importance ici, parce que toute l'importance dans ce domaine appartient aux saints ; l'armée n'a aucune importance, parce que toute l'importance appartient aux héros ; et il est profondément indifférent, pour qui que ce soit d'entre vous, étudiants, d'être communiste, anticommuniste, libéral ou quoi que ce soit, parce que le seul problème véritable est de savoir, au-dessus de ces structures, sous quelle forme nous pouvons recréer l'homme.

Nous sommes en face de l'héritage d'un humanisme européen. Cet héritage nous apparaît comment ? D'abord, comme le lieu d'un rationalisme permanent, avec une idée de progrès. Il s'agit donc de savoir si nous revendiquons ces deux idées, ou si nous pensons que le problème européen n'est nullement là, que la culture de l'Europe est entièrement autre chose.

J'entends bien que, quelque humanisme que nous cherchions, il est douteux qu'il nous épargne la guerre. Mais il était également douteux que le monde de la charité la plus profonde, qu'il s'appelât le christianisme ou le bouddhisme, supprimât la guerre, car il ne l'a pas supprimée. Les cultures n'ont jamais été maîtresses de toute la nature humaine, qu'elles n'ont atteinte que d'une façon extrêmement lente et craintive, mais elles ont été des moyens de permettre à l'homme de parvenir à son accord avec lui-même, et, cet accord obtenu, de tenter d'approfondir son destin. Le christianisme n'a pas supprimé la guerre, mais il a créé une figure de l'homme, devant la guerre, que l'homme pouvait regarder en face.

Et nous n'irons peut-être pas plus loin, mais nous irons déjà bien loin et nous aurons changé beaucoup si nous pouvons faire que l'Europe, en face de ses problèmes sociaux, de ses problèmes militaires et de ses problèmes tragiques, se fasse enfin une idée de l'homme qu'elle puisse regarder en face.

En somme, cette idée de l'homme, lorsqu'elle a surgi, a surgi contre quoi? Contre les dieux et contre le démon. C'était l'idée de l'homme seul, capable d'échapper à la condition humaine en tirant de lui-même les forces profondes qu'il avait été jadis chercher hors de lui. Il ne peut exister contre le poids énorme du destin qu'en s'ordonnant sur une part choisie de lui-même. Il n'y a pas dans l'idée de culture, de structure plus profonde que celle qui naît de cette nécessité, pour l'homme, de s'ordonner en fonction de ce qu'il reconnaît comme sa part divine.

L'Europe, que le monde entier pensa en mots de liberté, ne se pense plus qu'en termes de destin. Mais ce qu'on oublie vraiment un peu trop, c'est que ce n'est pas la première fois.

Tout de même, cela n'allait pas sensiblement mieux au temps des grandes invasions! Je me souviens du général de Gaulle regardant l'horizon immense de Colombey, d'où l'on ne voit plus que la forêt et disant : « Ceci, jadis, était couvert de fermes et, dans ce pays, il y avait une filiation de noms jusqu'au IVe siècle et, du IVe au IXe siècle, il n'y a pas un nom qui ait continué... La France avait une vingtaine de millions d'habitants, et il en est resté quatre. » Et il ajoutait : « Et pourtant... il y a encore la France... »

Sérieusement, lorsque l'armée mongole de Gengis Khan marchait sur Vienne, le sort de l'Europe était-il bon ? Était-il tellement bon au lendemain de Nicopolis, même au lendemain de Mohács ? Et il s'agissait du domaine de la vie et de la mort, non de rivalités culturelles ni d'héritage de l'esprit. Et au moment même de la bataille de Londres, est-ce que cela allait tellement bien ? Or, tout de même, au moment de la bataille de Londres, qui donc en Angleterre et même en France, mettait en question l'essentiel des valeurs occidentales ?

C'est bien moins notre défaite qui nous fait penser à la mort de l'Europe que ce qui l'a suivie.

Il n'est pas du tout certain que l'Européen soit mort, mais il est certain qu'il est abandonné, qu'il abandonne lui-même ses valeurs, et qu'il se prépare à mourir de la même façon que n'importe quelle classe dirigeante ou n'importe quel ancien empire se décide à mourir, à partir du moment où il n'est plus décidé à vivre.

À l'heure actuelle, l'homme est rongé par les masses comme il l'a été par l'individu. L'individu et les masses posent de la même façon les problèmes là où ils ne sont pas, écartent le problème fondamental parce que le problème fondamental, il faudrait l'assumer. Il n'appartient peut-être pas à l'individu d'être lui-même mais il appartient à chacun de nous de faire l'homme avec les moyens qu'il a... et le premier, c'est d'essayer de le concevoir.

À l'heure actuelle, que sont les valeurs de l'Occident ? Nous en avons assez vu pour savoir que ce n'est certainement ni le rationalisme ni le progrès. La première valeur européenne, c'est la volonté de conscience. La seconde, c'est la volonté de découverte. C'est cette succession des formes que nous avons vues tout à l'heure dans la peinture. C'est cette lutte permanente de la psychologie contre la logique que nous voyons dans les formes de l'esprit. C'est le refus d'accepter comme un dogme une forme imposée, parce que après tout, il est tout de même arrivé que des navigateurs aient découvert des perroquets, mais il n'est pas encore arrivé que ces perroquets aient découvert des navigateurs.

La force occidentale, c'est l'acceptation de l'individu. Il y a un humanisme possible, mais il faut bien nous dire, et clairement, que c'est un humanisme tragique. Nous sommes en face d'un monde inconnu ; nous l'affrontons avec conscience. Et ceci, nous sommes seuls à le vouloir. Ne nous y méprenons pas : les volontés de conscience et de découverte, comme valeurs fondamentales, appartiennent à l'Europe et à l'Europe seule. Vous les avez vues à l'œuvre d'une façon quotidienne dans le domaine des sciences. Les formes de l'esprit se définissent, à l'heure actuelle, par leur point de départ et la nature de leur recherche. Colomb savait mieux d'où il parlait qu'où il irait. Et nous ne pouvons fonder une attitude humaine que sur le tragique parce que l'homme ne sait pas où il va, et sur l'humanisme parce qu'il sait d'où il part et où est sa volonté.

L'art de l'Europe n'est pas un héritage, c'est un système de volonté ; et l'Europe ne sera pas un héritage mais volonté ou mort.

Sommes-nous mourants ? Je parlais tout à l'heure de la bataille de Londres. Nous nous souvenons de l'impression que nous avons eue, tous, lorsque Churchill disait : « Jamais, depuis les Thermopyles, un si petit nombre d'hommes n'aura sauvé la liberté du monde. » Eh bien ! même si — ce que je ne crois pas — l'Empire britannique devait mourir, souhaitons à tous les empires qui ont combattu avec nous d'avoir une aussi belle mort ! Le jour où l'on parle sans ridicule de Thermopyles n'est pas tellement le moment de croire à la mort : dans ces moments-là, on ne meurt généralement pas.

La civilisation européenne voit ses valeurs où elles ne sont pas. Nommément, l'optimisme sur le progrès (ce dont nous nous méfions le plus) non seulement n'est pas à l'heure actuelle — vous le savez tous — une valeur européenne, mais encore c'est une valeur fondamentalement américaine et une valeur fondamentalement russe.

Nous ne sommes pas sur un terrain de mort. Nous sommes au point crucial où la volonté européenne doit se souvenir que tout grand héritier ignore ou dilapide les objets de son héritage, et n'hérite vraiment que l'intelligence et la force. L'héritier du christianisme heureux, c'est Pascal. L'héritage de l'Europe, c'est l'humanisme tragique.

Depuis la Grèce, il s'est exercé contre ce qu'on appelait les dieux. Pas les Vénus et les Apollons : les vrais, les figures du destin. La tragédie grecque nous trompe : elle surgit comme une ombre ardente de l'immensité des sables d'Égypte, de l'écrasement de l'homme par les dieux babyloniens. Elle est la mise en question du destin de l'homme, l'homme commence et le destin finit. Et quant au Dieu de l'Ancien Testament — qu'au jour de la Résurrection, il fasse renaître d'un côté les foules humaines, et que de l'autre il tire du fond des ruines les figures sculptées! Ce qui sera vraiment le visage chrétien du Moyen Âge, le Christ incarné, ce ne sera pas le peuple de chair et de sang qui priait dans la nef, ce sera le peuple des statues.

Tout art est une leçon par ses dieux. Car l'homme crée ses dieux avec tout lui-même, mais il crée son art le plus haut avec le monde réduit à l'image de son secret toujours le même : faire éclater la condition humaine par des moyens humains.

Nous avons fait un certain nombre d'images qui valent qu'on en parle, non seulement dans les arts, mais dans l'immense domaine de ce que l'homme tire de lui-même pour s'accuser, se nier, se grandir ou tenter de s'éterniser. De plus hautes solitudes, même celle en Dieu, nous avons fait des moissons : qui donc sur la terre, sinon nous, a inventé la fertilité du saint et du héros? Le héros assyrien est seul sur ses cadavres, le Bouddha seul sur sa charité, Michel-Ange, Rembrandt, est-ce que ce sont seulement des rapports de volumes et de couleurs ou aussi des hommes jetés en pâture à leur faculté divine, au bénéfice de tous ceux qui en seront dignes? La justice de la Bible, la vieille liberté des cités, qui les a imposées au monde? Mais la justice et la liberté seules, nous venons de le voir du reste, sont vite menacées. Et ce qui les dépasse, c'est l'Europe seule qui l'a cherché.

Je dis qu'elle le cherche encore. Et que, jusqu'à

nouvel ordre, elle est seule à le chercher. En face de l'inconnu — inconnu —, et la torture pas encore oubliée. Bien entendu, de siècle en siècle, un même destin de mort courbe à jamais les hommes ; mais de siècle en siècle aussi, en ce lieu qui s'appelle l'Europe — et en ce lieu seul — des hommes courbés sous ce destin se sont révélés pour partir inlassablement vers la nuit, pour rendre intelligible l'immense confusion du monde et transmettre leurs découvertes au lieu d'en faire des secrets, pour tenter de fonder en qualité victorieuse de la mort le monde éphémère, pour comprendre que l'homme ne naît pas de sa propre affirmation, mais de la mise en question de l'univers. Comme de l'Angleterre de la bataille de Londres, disons : « Si ceci doit mourir, puissent toutes les cultures mourantes avoir une aussi belle mort ! »

Mais crions aussi que, malgré les plus sinistres apparences, ceux qui viendront regarderont peut-être l'angoisse contemporaine avec stupéfaction ; et que l'Europe de la prise de Rome, l'Europe de Nicopolis, l'Europe de la chute de Byzance ne leur sembleront peut-être qu'un remous misérable à côté de l'esprit acharné qui dit aux immenses ombres menaçantes qui commencent à s'étendre sur lui :

« De vous comme du reste, nous nous servirons, une fois de plus, pour tirer l'homme de l'argile. »

Carrefour, 7 novembre 1946.

MALRAUX NOUS DIT

Entretien avec Albert Ollivier

— Dans l'ordre de l'esprit, Malraux, quelle est à votre avis, la caractéristique de notre époque?
— Depuis la Libération?
— Oui.
— Le mensonge.

« Vous m'avez demandé, il y a plus d'un an, quel serait le titre le plus souhaitable pour un nouvel hebdomadaire, et je vous ai répondu : la liberté de l'esprit. Je ne trouve pas que ça ait changé.

« Vous souvenez-vous du passage d'*Espoir* où l'intellectuel dont le fils vient d'être aveuglé dans un combat, répond à l'aviateur qui l'interroge : " Le seul espoir qu'ait la nouvelle Espagne de garder en elle ce pour quoi vous combattez, vous, mon fils et beaucoup d'autres, c'est que soit maintenu ce que nous avons des années enseigné de notre mieux : la qualité de l'homme ". Le problème est devenu plus grave qu'il ne l'était en Espagne.

— Dans la pratique courante, on identifie souvent la « qualité de l'homme » avec une catégorie sociale déterminée. Qu'en pensez-vous?

— Je sais bien qu'il n'est que trop facile de définir par la qualité les sentiments d'une classe ou d'une caste privilégiée. Il n'est pas question de ça, et c'est pourquoi le problème est à la fois si grave et si pressant.

— Dans le passage d'*Espoir* auquel vous faisiez

162

allusion et dans votre conférence à la Sorbonne, la qualité de l'homme est recherchée et perçue à travers les cultures et les civilisations. Mais les unes et les autres — comme vous l'avez montré — changent de forme. Que va-t-il advenir des nôtres ?

— L'interview d'André Breton publiée dans le *Littéraire*, la conférence sur Picasso à la Sorbonne me paraissent des symptômes qui portent au moins à réfléchir. Il ne s'agit pas du tout de passage de la gauche à la droite : Picasso n'est pas allé à la Sorbonne, c'est la Sorbonne qui est allée à lui ; André Breton n'est pas allé au *Littéraire* c'est-à-dire au *Figaro*, c'est le *Littéraire* qui est allé à lui. Les reproductions des tableaux de l'un et des déclarations de l'autre eussent pu figurer dans la revue la plus avancée de 1935, et n'impliquent pas la moindre compromission.

« Le fait nouveau, c'est que ce qu'on appelait la droite en art a cessé d'exister.

« On peut dire qu'il se passe quelque chose de sensible en politique, et pourtant la question n'est pas tout à fait la même. La droite traditionnelle n'a plus guère de force profonde ; la droite qui se disait centre (de Poincaré à certains ministères radicaux) a perdu son poids ; et la gauche politique semble triompher de la même façon que la gauche littéraire. Bon. Mais un puissant mouvement de polarisation s'est déclenché à travers l'Europe et, malgré les apparences et les tripartismes (et bien que ce ne soit nullement sur les notions de droite et de gauche telles qu'elles existaient avant la guerre), cette polarisation se poursuit dans toute l'Europe occidentale.

« Mais en art, je ne vois pas naître de polarisation. Je vois au contraire en disparaître une : celle qui a commencé lorsque les grands artistes sont devenus, inconsciemment les premiers, consciemment les autres, des accusateurs. *Il n'y a plus de poètes maudits.* La voix de Nietzsche perdrait aujourd'hui le plus saisissant de son accent, parce que ceux que Nietzsche accuse seraient prêts d'avance à lui donner raison, ou à faire semblant.

« Or, pensez que ce qu'on a appelé la rupture entre l'artiste et la société (et qui est bien autre chose : la nécessité pour l'artiste de créer son génie contre les valeurs du monde dans lequel il vit) commence assez tôt. Piero della Francesca, Michel-Ange, Racine, plus ou moins que d'autres, mais on les admirait. L'art maudit commence avec la vieillesse de Rembrandt.

« En littérature, la révolte commence avec Rousseau, lorsque la prédication éthique devient une fonction de la littérature. On peut ne voir dans le Vicaire Savoyard qu'un hérésiarque parmi d'autres ; reste à savoir si une hérésie qui veut se fonder sur la raison ne se sépare pas de celles qui l'ont précédée. Mais le fait nouveau est que la fiction (donc le talent littéraire) devient le moyen d'expression de l'hérésie. Tentant de substituer l'éthique à une religion dont la structure est très affaiblie, Rousseau la substitue du même coup à la politique. Mais au système de valeurs qu'il attaque, il en substitue un autre — celui de l'individu et de son système politique, la démocratie. Au milieu du siècle tout change. Baudelaire ne succède pas à Hugo comme Hugo succédait à Rousseau : à l'Église militante où se rejoignaient Whitman et Hugo, succède une Thébaïde. Les arts au XVIIe siècle, avaient convergé vers une esthétique commune, mais peintres, poètes et musiciens s'étaient mal connus. Si les arts désormais divergent, les artistes se connaissent et ne connaissent plus qu'eux. Dans leur société fermée, l'art a pris la place de l'éthique. Il est la raison d'être de l'homme, à la fois justification et moyen d'expression d'une accusation quasi permanente du monde. Devant l'État comme devant l'Église, le joueur de quilles Malherbe était indifférent mais soumis. Baudelaire (sauf pendant quelques jours) est indifférent, mais il n'est pas soumis.

« Depuis la Libération, la Thébaïde est victorieuse. Mais un peu surprise de sa victoire, gênée de ne plus trouver cet ennemi qui faisait partie de sa vie. Il faut une Église pour succéder à une Église, non une Thébaïde. C'est pourquoi celle-ci cherche par tous les moyens, y compris les plus élémentaires, à se délivrer de sa solitude. Et tout le problème de la culture moderne est de savoir comment elle y parviendra.

« Bien entendu, je ne pense pas un seul instant que nous allons revenir à une communion de cathédrales dans laquelle Rimbaud ou Picasso joueront le rôle des imagiers de Chartres. La gauche triomphante n'a nullement " remplacé " la droite qu'elle a vaincue : elle a imposé une " autre fonction " de l'art.

« Je ne crois pas en art à un nouveau Moyen Âge. Pas plus en Amérique qu'en Russie, et pas plus en Russie qu'en Amérique. La culture soviétique, en Russie, est de toute évidence une culture rationaliste.

— Le rationalisme peut se définir de différentes manières. Mais il implique aussi une conception " progressiste " de la création artistique et des rapports de l'œuvre d'art et du public. Dans la préface du *Temps du mépris* vous écrivez : « L'individu s'oppose à la collectivité, mais il s'en nourrit. » Comment concevez-vous ces rapports dans le monde actuel ?

— Il serait beaucoup trop long de développer ce que je pense de la création artistique et de la relation de l'œuvre d'art avec celui qu'elle intéresse. Mais je crois que l'art de notre temps ne s'adresse pas à tous les hommes, et qu'il ne s'adressera pas plus à tous les prolétaires, hélas ! qu'il ne s'adressait à tous les aristocrates, ou à tous les bourgeois.

« Ce que je crois indispensable, c'est que tous puissent être " atteints " par lui. Il est certain qu'au XVIIe et au XVIIIe siècle, beaucoup d'hommes dont il eût pu devenir la vie même n'ont jamais eu de contacts avec lui. Et que, malgré le développement des techniques de reproduction, il en est ainsi aujourd'hui dans une large mesure.

— Et quel serait le remède possible ?

— Je voulais faire, dans chaque chef-lieu de département, une Maison de la culture. Envoyer au grenier (il est absurde de détruire quoi que ce soit) les navets académiques qui encombrent les musées de province. Les remplacer par les cent chefs-d'œuvre capitaux de la peinture française épars à travers le monde, reproduits en couleurs et en vraie grandeur, et présentés avec le même respect que les originaux. Dans ce cadre, établir des centres culturels dont chacun aurait disposé gratuitement de toutes les reproductions, et de tous les disques ; enfin de tous les livres qui touchent la culture, le plus largement comprise.

— N'eût-il pas fallu des sommes énormes ?

— Le dépôt légal porté à cinquante exemplaires et appliqué aux disques comme aux livres eût permis la diffusion de toute la production de qualité, sans

dépenser un sou. Le texte détaxant les films de qualité impliquait qu'après un an des copies de tous les
films détaxés fussent données gratuitement à l'organisme culturel central, qui les eût fait circuler.
L'accord avec divers pays qui envisageraient d'appliquer ce projet à leurs universités, et de payer un certain nombre des éléments que nous leur aurions
fournis, eût permis d'exécuter l'ensemble du projet
avec un budget dérisoire d'environ huit cent mille
francs qui ne soulevait aucune objection.

« Je souhaite que ce projet soit repris.

— Pour revenir au rationalisme, il s'est souvent
manifesté depuis un siècle, pour juger, expliquer les
œuvres d'art en fonction de la condition sociale ou
physique de l'artiste. Quelle valeur accordez-vous à
ces théories ?

— Je crois que les « philosophies du conditionnement » appliquées à l'art ne mènent vraiment pas
très loin. Il est évident que le déterminisme auquel
succédaient le marxisme et la psychanalyse (je ne
parle de l'un et de l'autre que dans leur relation avec
l'art), et que l'esthétique à laquelle ils s'opposaient
aussi, avaient tenu une place telle qu'on avait grande
envie de voir changer les perspectives. (Et puis, en
face d'une grande œuvre, le lecteur espère toujours
un peu comprendre « comment c'est fait ».) Mais, en
définitive, leur valeur est exclusivement négative : il
est évident que l'œuvre de Balzac n'existerait pas
sous la forme que nous connaissons si la Révolution
française n'avait pas conduit la bourgeoisie au pouvoir, mais il est non moins évident qu'elle n'existerait
pas non plus si Mme Balzac mère était morte pendant qu'elle était enceinte. Il est probable que « La
conscience » de Victor Hugo n'existerait pas si

Victor Hugo n'avait eu cette « obsession de l'œil » que connaissent bien les psychanalystes et qui est assez répandue ; mais il est évident aussi qu'il y a des obsédés de l'œil en grand nombre, qu'il y en a pas mal qui ont écrit des poèmes, et qu'il n'y a que Victor Hugo qui ait écrit « La conscience ». Et que ce qui nous intéresse d'abord, c'est la qualité du poème.

« Aussi longtemps que l'intérêt apporté aux œuvres d'art est d'ordre sociologique, aussi longtemps que l'on s'intéresse à l'art, avant tout, dans son histoire, une philosophie comme le marxisme apporte beaucoup ; mais à partir du moment où le problème essentiel devient celui de la qualité, les théories du conditionnement ne résolvent plus grand-chose. Disons, si vous voulez, qu'au mieux elles expliquent les morts, et n'expliquent pas la vie.

« Toute poésie implique la destruction du rapport qui nous semble évident entre les choses, au bénéfice de rapports particuliers imposés par le poète. Bon moyen d'imposer ces rapports particuliers est évidemment la métaphore. Bien sûr, le domaine des métaphores dont dispose le poète peut être circonscrit. Je ne dis pas qu'une civilisation militaire (l'assyrienne, par exemple) créera des métaphores à la Déroulède, mais je dis que le système de métaphores dans lequel s'exprime le poète de cette civilisation y recoupe des sentiments et des sensations dans lesquels le combat joue un grand rôle, et joue le rôle de valeur. L'essentiel est ceci : les métaphores des civilisations militaires ne sont pas l'expression " rationnelle " de valeurs militaires : les métaphores des civilisations pastorales ne sont pas l'expression " rationnelle " de valeurs pastorales.

« C'est précisément le génie du poète de découvrir

les métaphores qui mobilisent dans celui qui les écoute les sentiments qui sont liés à sa civilisation, sans qu'elles en soient l'expression rationnelle. Et ce qui nous intéresse, c'est précisément cette découverte. Elle s'exerce à l'intérieur d'un " conditionnement ", mais elle lui échappe dans la mesure précise où elle devient art.

« Ce qui risque de nous égarer c'est que sous les formes particulières des civilisations, dont les vastes domaines de métaphores sont après tout classables, il y a dans l'homme des sentiments éternels : ceux qui naissent de la nuit, des saisons, de la mort, du sang (tout le grand domaine cosmique et biologique). C'est leur permanence que nous trouvons évidemment chez les Hindous comme chez Homère, chez les Chinois comme chez les modernes, dès que ces derniers font de nouveau appel aux sentiments. C'est elle que nous retrouvons dans le cinéma tragique, elle qui a donné l'illusion d'une permanence de la métaphore vers quoi toute poésie converge, alors qu'à la vérité ce domaine cosmique ne prend toute sa force qu'en s'incarnant à travers les métaphores particulières à chaque civilisation.

« Je me souviens d'avoir vu en Espagne rentrer un de nos aviateurs blessé, dans un avion de chasse ensanglanté : l'avion fut caché sous les oliviers. Le lendemain matin, la rosée perlait sur le sang à peine séché de la carlingue, le sang teintait chaque goutte, et il semblait que la résurrection de la rosée ait pris en elle la blessure pour l'entraîner dans son cycle éternel. La renaissance du jour prenait toute sa force pathétique, parce qu'elle s'incarnait à la fois dans la terre, dans cet avion et dans ce sang. C'était cette incarnation qui donnait à ce spectacle un si saisis-

sant accent; c'est la succession d'incarnations semblables, trouvées par le poète, que vit la poésie.

« Or, une philosophie du conditionnement nous
montre peut-être ce que le poète ne peut pas incarner, mais ne nous révèle rien d'essentiel sur son acte
d'incarnation.

— Votre exemple porte sur l'incarnation de
mythes éternels. Mais il y a aussi, vous l'avez dit,
l'Europe et le monde moderne.

— Il n'est pas tellement facile de savoir ce que
nous pensons de l'Europe. Les différentes nations
européennes, sauf (et encore) devant une menace
exceptionnelle, ressentent infiniment plus leurs différences que leurs ressemblances. Ce qui nous a surtout fait croire à l'Europe, c'est la Chrétienté. Mais la
Chrétienté était autre chose.

« Elle n'était à aucun degré une notion rationnelle,
quelque chose comme un fédéralisme : elle était une
unité de passions. Mais l'idée de fédéralisme qui
peut parfaitement avoir une valeur politique, n'a évidemment aucune valeur culturelle.

« Nous avons l'impression, ou l'illusion, qu'une
culture américaine est en train de s'établir : qu'une
culture soviétique est en train de s'établir; et que
quelque chose (mourant ou non, c'est toute la question), qui s'appelle l'Europe, garde un poids considérable.

« On peut considérer que l'absence de passé est,
pour l'Amérique comme pour la Russie, sur un certain plan, une force. La revendication de l'héritage
mondial au nom du prolétariat, telle que l'entend la
Russie; l'absence de tradition, mais aussi de préjugés de l'Amérique; le fait que cette dernière soit une
civilisation dans laquelle la terre ne joue aucun rôle

— une civilisation citadine — ne sont pas des réalités négatives. Mais en notre temps où la reproduction donne peu à peu à chacun la possession d'un musée imaginaire qui embrasse le monde tout entier, les perspectives de ce musée imaginaire continuent à être imposées par l'Europe occidentale et, nommément, par la France.

« Il n'y a pas de raison que l'héritage plastique du monde soit envisagé sous la forme d'un conflit de cultures.

« J'ai dit, depuis 1940, qu'une culture atlantique était en train de se former. Mais je ne crois nullement que cette culture soit fondamentalement américaine. Je crois même que certaines de ses valeurs ne seront pas américaines du tout, au sens où nous parlons aujourd'hui de valeurs américaines. Je crois que si une culture communiste s'établissait sur l'Europe, un certain nombre de ses valeurs ne seraient pas russes, et je crois que la musique russe pèsera sur la culture de l'Atlantique, quoi qu'il arrive, comme le cinéma américain pèsera sur la culture communiste, quoi qu'il arrive.

— Nous voyons assez bien un certain nombre de valeurs américaines et de valeurs soviétiques, parce qu'elles sont nouvelles, mais quelles sont les valeurs européennes étrangères aux unes et aux autres qui vous paraissent exister encore en face des premières ?

— Mon cher Ollivier, l'interview devant être un animal de pelage clair, je vais prendre un symbole avec ce que tout symbole implique d'un peu gros. Et je vous dirai : Michel-Ange. On a beaucoup parlé de la déshumanisation de l'art et du retour à la Barbarie. Assurément les arts barbares sont entrés dans notre domaine et nous leur sommes sensibles. Mais si nous faisons le bilan des peintres qui doivent à nos cinquante dernières années leur résurrection, nous trouvons le Greco, Vermeer, Piero della Francesca, Dumesnil de La Tour. Nous n'avons pas seulement ressuscité les fétiches, mais aussi un des plus grands styles de l'Occident.

« L'univers créé par Cézanne n'est pas un univers de fétiches. Au surplus, si l'influence de Michel-Ange et de Rembrandt est aujourd'hui nulle en peinture, ils demeurent l'un et l'autre, pour nous, de très hautes valeurs de culture. Ce qu'ont en commun, dans une certaine mesure, nos peintres ressuscités, avec les figures de Chartres, Rembrandt et Michel-Ange, ce que ces deux derniers expriment au plus haut point, n'a d'équivalent ni en Amérique ni en Union soviétique. Nous pouvons appeler ça la volonté de transcendance ou autrement mais nous voyons bien de quoi il retourne dès que nous pensons à eux.

« Maintenant, attention : je ne demande pas que nos peintres fassent du pseudo-Rembrandt et nos sculpteurs du pseudo-Michel-Ange ! Les valeurs dont nous sommes en train de parler ne s'expriment de toute évidence que par une série de métaphores. Le successeur des sculpteurs de Chartres, c'est Rembrandt, et je ne sais pas plus que vous ce que peut être le successeur de Rembrandt. Le seul qui le sache, c'est celui qui le sera.

« Résumons : dans l'ordre de la culture, je ne vois rien, dans ce qui peut s'opposer à l'Europe, qui l'ait encore dépassée. Je ne nous propose pas de devenir les rentiers de Michel-Ange. Je dis que la résonance héroïque et tragique de l'Europe n'est pas morte et que le rôle de l'Europe est d'en conquérir une nouvelle incarnation.

— Récemment, on a parlé de civilisation unique.

— Je pense que nous jouons sur les mots. Il est simplement évident que, même s'il n'y a qu'une civilisation, la culture égyptienne n'est pas la culture chinoise. Il est clair que notre civilisation est mise en question, mais il me semble évident aussi que la regarder comme nous regardons toute culture disparue (la culture égyptienne ou la culture romaine, par exemple) n'est pas tout à fait acceptable. Parce qu'il y a, entre toutes les cultures qui nous ont précédés et la nôtre, une différence fondamentale : c'est que, pour nous, ces cultures existent alors que chacune d'elles était la négation de ce qui l'avait précédée.

« Il est possible qu'en revendiquant l'héritage du monde, nous ne revendiquions pas autre chose que celui d'une suite de métaphores, mais il est certain que nous sommes les premiers à revendiquer l'héritage du monde. Quant à savoir s'il n'y a qu'une civilisation, je me pose la question depuis un certain nombre d'années. Comme elle ne se résout évidemment pas pour la simple croyance au progrès, il s'agirait de savoir ce qu'est cette civilisation qui transcende les cultures, c'est-à-dire de fonder la notion d'homme. Un rien! C'est sans doute la tâche la plus importante qui se pose à la pensée contemporaine.

Combat, 15 novembre 1946.

À DES COMPAGNONS DE LA RÉSISTANCE

Nous nous sommes rencontrés pour la première fois à la limite de la Corrèze et de la Dordogne, dans ce maquis d'arbres nains semblables aux chênes rabougris de l'Èbre, où vous vous étiez réfugiés parce que les Allemands les trouvaient trop bas pour cacher quelqu'un, et où vous faisiez six cents mètres à quatre pattes pour vous réunir... Nous étions encore ensemble devant Dannemarie dont l'incendie au ras de la nuit rougissait l'immensité de la gelée blanche, transis devant les longues ombres de notre première colonne de prisonniers allemands. Les premières ombres libératrices...

Et nous nous sommes enfin retrouvés ici, unis dans ce Rassemblement semblable à nos troupes d'Alsace en haillons — par bien des points —, aux côtés du premier chef que, depuis combien d'années? la France se soit donné sans avoir envie d'en rire.

Vous avez raison : ce n'est pas principalement pour « triompher aux élections municipales ».

Ni pour faire concurrence aux marchands de programmes en proclamant qu'avec nous tout ira bien.

Le destin de la France est maintenant un âpre destin. Il n'est pas vrai qu'un groupe de Français — pas plus nous que les autres — ait dans sa poche le retour à 1912. La France et le bonheur français ne resurgiront pas à l'appel des promesses : ils seront ce que nous les ferons. J'ai dit naguère : avec nos mains nues. Plus nues encore aujourd'hui.

174

Non, nous ne reprocherons pas à tel ou tel ministre, René Mayer nommément, d'exiger des Français des sacrifices. Nous savons, nous gaullistes, qu'on ne refera pas la France sans sacrifice (Staline doit être d'accord là-dessus!). Ce que nous voulons, c'est que les Français sachent que leurs sacrifices serviront à quelque chose. Qu'ils ne serviront pas au triomphe d'un parti sur un autre : parce que ça leur est égal. Ni à des négociations sans fin pour assurer la survie d'un régime : parce que ça leur est encore égal.

Les Français veulent la République. Quant aux partis, tant mieux s'ils sont bons, tant pis s'ils sont mauvais... Huit ans après l'explosion fulgurante de 40 (il y a toujours, après les bombes, un instant de silence), les morceaux de l'Europe retombent, avec un sourd et terrible fracas, dans une poussière de régimes... Que succède Turgot à Necker et Necker à Turgot! Nous en sommes à ce qu'on appelait jadis les physiocrates, aujourd'hui les techniciens : les annonciateurs de l'agonie. Les banquiers discutent, et, une fois de plus, les roseaux de la mort affleurent aux bassins de Versailles...

Nous le savons. Nous accepterons — pas joyeusement — les sacrifices nécessaires. Tels qui furent avec nous à la Libération et qui sont las (moins que la France!) nous regardent maintenant de loin : c'est une bien vieille figure de la guerre, que ce regard fraternel et exténué qui suivait déjà les combattants du haut des remparts de Troie. Faut-il compter ceux d'entre nous qui sont résolus à combattre sans profit, sinon sans espoir? Ils sont plus nombreux qu'ils ne le croient.

Qu'il s'agisse de la Turquie de Kemal, de la France

de Henri IV ou de Mirabeau, les grands pays ensan-
glantés ont toujours été sauvés par un petit nombre
d'hommes. Un petit nombre — pas si petit pourtant
— d'hommes semblables aux autres. Après tout,
dans le métro, on ne reconnaissait pas au visage les
résistants porteurs de postes ou de dynamite. Ces
gens, nos compagnons, qui tour à tour s'exaltent et
ronchonnent, comme ils seraient chez eux parmi
tous ceux qui firent notre Histoire, qui a su si rarement être grandiose sans grogner ! Mais, aux époques tranquilles, croyez-vous que beaucoup n'aient
pas rêvé d'être du petit nombre de ceux à qui serait
donné le grand honneur de relever de leurs mains
périssables ce grand corps retombé, cette France
aveugle ? Ô vieux bras fraternels et libres que fixa
longtemps l'espoir du monde, et que, de l'Égypte au
Brésil, tant d'hommes encore regardent tâtonner
dans l'ombre.

Le grand silence qui s'est fait quand cette voix s'est
éteinte est bien mal rempli par les cris des pendus
bulgares... Mais la droite, mais la gauche ? Je sais, je
sais ! Nous avons déjà répondu : « Nous ne sommes
pas à droite, les staliniens ne sont pas à gauche et la
Troisième Force n'est pas au milieu. » Écoutez bien :
les chers journaux que vous connaissez ont prétendu
que nos conseillers municipaux de Bourges voulaient débaptiser l'avenue Jaurès pour lui donner le
nom du général Leclerc. C'est — bien entendu — un
mensonge éhonté. Ce qui fut demandé, c'est que
l'avenue Leclerc continuât l'avenue Jaurès.

Parmi les moments où la générosité, pour le
monde, avait la figure de la France (souvenez-vous
de la phrase des israélites du Rhin : « Dire liberté,
c'est dire : Merci à la France... »), il y en eut un où

cette générosité s'appela Jaurès. Socialistes, ses héritiers, qu'en avez-vous fait ? Le ministère Ramadier... Nous vous le disons clairement : nous retrouverons cette voix disparue.

Il n'y a pas si longtemps que les ouvriers socialistes combattaient à nos côtés et, qu'on le veuille ou non, la place est restée libre. Puisse, d'un bout à l'autre de la France, s'étendre une longue voie imaginaire où s'unissent celui qui fut assassiné lorsqu'il venait de dire : « Et maintenant, il ne reste que la France » et celui pour qui la France reste présente jusqu'au fond du désert ; une longue voie où la main généreuse serre l'épée brisée ! Ces hommes qui ne se fussent peut-être pas compris se rejoignent pour nous au fond fraternel de la mort...

Nous avons, certes, compagnons, bien d'autres choses à nous dire. Puisque je vous parle ici pour la première fois, j'ai voulu parler d'abord à votre cœur. Nous aurons raison parce qu'un implacable destin montre de jour en jour davantage que nous avions raison. Mais pour que vaille la peine d'avoir raison quand il s'agit des hommes, peut-être faut-il d'abord, comme nous l'avons fait samedi, retrouver ensemble le langage fraternel de la fierté.

Le Rassemblement, 21 février 1948.

APPEL AUX INTELLECTUELS

Discours prononcé
le 5 mars 1948
à la salle Pleyel à Paris

L'esprit européen est l'objet d'une double métamorphose. Le drame du xxᵉ siècle, à nos yeux, le voici : en même temps qu'agonise le mythe politique de l'Internationale, se produit une internationalisation sans précédent de la culture.

Depuis la grande voix de Michelet jusqu'à la grande voix de Jaurès, ce fut une sorte d'évidence, tout au long du siècle dernier, qu'on deviendrait d'autant plus homme qu'on serait moins lié à sa patrie. Ce n'était ni bassesse ni erreur : c'était alors la forme de l'espoir. Victor Hugo croyait que les États-Unis d'Europe se feraient d'eux-mêmes et qu'ils seraient le prélude aux États-Unis du monde. Or, les États-Unis d'Europe se feront dans la douleur, et les États-Unis du monde ne sont pas encore là...

Ce que nous avons appris, c'est que le grand geste de dédain avec lequel la Russie écarte ce chant de *L'Internationale* qui lui restera, qu'elle le veuille ou non, lié dans l'éternel songe de justice des hommes, balaye d'un seul coup les rêves du xixᵉ siècle. Nous savons désormais qu'on ne sera pas d'autant plus homme qu'on sera moins Français, mais qu'on sera simplement davantage Russe. Pour le meilleur comme pour le pire, nous sommes liés à la patrie. Et nous savons que nous ne ferons pas l'Européen sans elle ; que nous devons faire, que nous le voulions ou non, l'Européen sur elle.

En même temps que mourait cet immense espoir, en même temps que chaque homme était rejeté dans sa patrie, une profusion d'œuvres faisaient irruption dans la civilisation : la musique et les arts plastiques venaient d'inventer leur imprimerie.

Les traductions entraient dans chaque pays à porte ouverte : le colonel Lawrence y rejoignait Benjamin Constant ; et la collection Payot, les classiques Garnier.

Enfin, le cinéma est né. Et à cette heure, une femme hindoue qui regarde *Anna Karénine* pleure peut-être en voyant exprimer, par une actrice suédoise et un metteur en scène américain, l'idée que le Russe Tolstoï se faisait de l'amour.

Si, des vivants, nous n'avons guère uni les rêves, du moins avons-nous uni les morts !

Et dans cette salle, ce soir, nous pouvons dire sans ridicule : « Vous qui êtes ici, vous êtes la première génération d'héritiers de la terre entière. »

Comment un tel héritage est-il possible ? Prenons bien garde que chacune des civilisations disparues ne s'adresse qu'à une partie de l'homme. Celle du Moyen Âge était d'abord une culture de l'âme ; celle du XVIIIᵉ, d'abord une culture de l'esprit. D'âge en âge, des civilisations successives, qui s'adressent à des éléments successifs de l'homme, se superposent ; elles ne se rejoignent profondément que dans leurs héritiers. L'héritage est toujours une métamorphose. L'héritier véritable de Chartres, bien entendu, ce n'est pas l'art de Saint-Sulpice : c'est Rembrandt. Michel-Ange, croyant refaire l'antique, faisait Michel-Ange...

Qu'auraient pu se dire ceux dont notre civilisation est née? Elle unit un élément grec, un élément romain, un élément biblique, chacun le sait; mais César et le prophète Élie, qu'auraient-ils échangé? Des injures. Pour que pût naître véritablement le dialogue du Christ et de Platon, il fallait que naquît Montaigne. C'est seulement chez l'héritier que se produit la métamorphose d'où naît la vie.

Cette métamorphose, qui la revendique aujourd'hui? Les États-Unis, l'Union soviétique, l'Europe. Avant d'en venir à l'essentiel, je voudrais balayer un peu. Et écarter la galéjade par laquelle les cultures sont dans un pugilat permanent, à la façon des États. La preuve que c'est idiot, l'Amérique latine suffit à l'apporter. Elle est, à l'heure actuelle, en train de concilier, sans le moindre combat, ce qu'elle désire recevoir du monde anglo-saxon et ce qu'elle désire recevoir du monde latin. Il y a des conflits politiques irréductibles; mais il est absolument faux que les conflits de cultures soient irréductibles par définition. Il arrive qu'ils le soient de la façon la plus grave, il arrive qu'ils ne le soient nullement.

Épargnons-nous ce manichéisme absurde, cette séparation des anges amis de l'orateur, et des démons ennemis de l'orateur, qui est devenu de mode quand l'Amérique et la Russie sont en cause. Ce que nous pensons de la politique russe à l'égard de notre pays est clair : nous pensons que les mêmes forces qui l'ont fait jouer pour la France à la Libération, la font jouer aujourd'hui implacablement contre; et que nous entendons y mettre bon ordre. Mais Staline ne signifie rien contre Dostoïevski, pas plus que le génie de Moussorgsky ne garantit la politique de Staline.

Voyons d'abord la revendication de l'héritage culturel du monde par les États-Unis. Premier point : il n'y a pas de culture qui se veuille spécifiquement américaine en Amérique. C'est une invention des Européens. En Amérique, on considère qu'il existe un décor particulier de la vie. On considère que l'Amérique est un pays sans racines, que c'est un pays citadin : un pays qui ignore cette vieille et profonde relation avec les arbres et les pierres où s'unissent les plus vieux génies de la Chine et les plus vieux génies de l'Occident. Un pays qui a sur nous l'avantage de pouvoir et vouloir accueillir d'un cœur égal tous les héritages du monde, et dont tel musée principal montre, dans la même salle, les statues romanes qui regardent au loin notre Occident, et les statues Tang qui regardent au loin la civilisation chinoise.

Encore une grande culture n'est-elle pas, même sur le mode épique, un atelier d'antiquaire supérieur. Et la culture américaine est un domaine de connaissances infiniment plus qu'un domaine de culture organique, dès que l'Europe en est rejetée.

Par ailleurs, l'Amérique donne actuellement leur accent aux arts de masse : la radio, le cinéma et la presse.

Son art nous paraît surtout spécifiquement américain quand il est un art de masse. Et, mon Dieu, entre l'esprit de *Life* et l'esprit de *Samedi Soir* il n'y a pas tellement de différence ; simplement il y a plus d'Américains que de Français...

Enfin, l'Amérique possède un romanesque particulier. Mais, de nouveau, est-il spécifiquement américain ? Il y a, incontestablement, une attitude américaine à l'égard du monde, qui est une réduction permanente de celui-ci à sa donnée romanesque. Mais vous rappellerai-je que, dans *Les Trois Mousquetaires*, Richelieu est moins un grand homme pour ce qu'il fit de la France, que pour avoir signalé au Roi l'absence des ferrets d'Anne d'Autriche? L'Amérique, pour l'instant, signifie le romanesque plus que tout autre pays, mais elle le signifie probablement en tant que pays de masses. Et la culture est bien au-delà de tels problèmes. Que pensent les Américains cultivés? Ils pensent que la culture américaine est une des cultures nationales de l'Occident, qu'il n'y a pas plus de différence entre la haute culture américaine et la haute culture française, qu'entre celle-ci et la culture anglaise, ou ce que fut la haute culture allemande. Nous ne sommes pas, en Europe, des gens qui se ressemblent tellement! et croyez bien qu'entre le béhaviorisme et le bergsonisme l'écart n'est pas d'une autre nature qu'entre Bergson et Hegel. En définitive, jamais l'Amérique ne s'est conçue par rapport à nous, dans l'ordre culturel, comme une partie du monde : elle s'est toujours conçue comme une partie de NOTRE monde. Il y a moins d'art américain que d'artistes américains. Nous avons les mêmes systèmes de valeurs; ils n'ont pas tout l'essentiel du passé de l'Europe, mais tout ce qu'ils ont d'essentiel est lié à l'Europe. Je le répète : la culture américaine, en tant que distincte de la nôtre comme l'est la culture chinoise, est une invention pure et simple des Européens.

Et il n'y a d'hypothèse de culture spécifiquement américaine, opposée à la nôtre, que dans la mesure précise de la démission de l'Europe.

Il est difficile de tenir sans malaise la Russie pour un pays d'Europe.

Saint-Pétersbourg donnait (et Leningrad donne encore) l'impression d'un « établissement » européen, d'un vaste comptoir impérial d'Occident — magasins, casernes et coupoles —, une New Delhi du Nord.

Mais tenir les Russes, comme l'ont fait de tout temps leurs adversaires, pour des Asiatiques, donc des sortes de Chinois ou d'Hindous, est dérisoire. La vérité est peut-être qu'il ne faut pas prendre trop au sérieux les cartes de géographie et que la Russie n'est ni en Europe ni en Asie (elle est en Russie); comme le Japon, où l'amour et l'armée tiennent un si grand rôle, n'est ni en Chine ni en Amérique.

Les autres pays d'Europe font partie de notre culture par strates et par échanges. À certains siècles, l'Italie, l'Espagne, la France, l'Angleterre l'ont dominée. Tous ces pays ont en commun le mythe culturel de la Grèce et de Rome, et l'héritage de quinze siècles de Chrétienté commune. Ce dernier héritage qui, à lui seul, sépare les Slaves de Bohême des Slaves de Russie, pèse sans doute singulièrement lourd; et l'héritage de Byzance pesa, lui aussi, assez lourd sur la Russie pour que la peinture russe n'ait jamais pu complètement s'en défaire, et pour que Staline évoque maintenant au moins autant Basile II que Pierre le Grand.

La Russie n'est entrée dans la culture occidentale qu'au XIXe siècle, par sa musique et par ses romanciers. Encore Dostoïevski est-il peut-être le seul d'entre ces derniers qui se veuille spécifiquement russe.

Ilya Ehrenbourg a répondu indirectement à une interview que j'avais donnée sur la civilisation atlantique, en demandant : « Qu'est-ce qui est européen : la bombe atomique ou Tolstoï ? »

Si vous voulez bien, laissons la bombe atomique tranquille. Si les Russes ne la possédaient pas alors, ce n'était certainement pas faute de l'avoir cherchée. Et nous présenter Staline comme un type dans le genre de Gandhi n'est pas très sérieux!

Reste Tolstoï. Duquel parlons-nous? L'auteur d'*Anna Karénine* et de *La Guerre et la Paix* ne fait pas seulement partie de l'Europe, il est un des sommets du génie occidental. Selon une phrase fameuse: « Il est bon de ne pas cracher dans les fontaines où l'on s'est abreuvé. » Lorsqu'il écrivait ses romans, il se voulait d'ailleurs Européen, se sentait nommément en rivalité avec Balzac. Mais s'il s'agit du comte Léon Nicolaïevitch qui, lui, tente de vivre comme une sorte de Gandhi chrétien, meurt dans la neige à la manière d'un héros de byline; qui écrit « qu'il préfère à Shakespeare une bonne paire de bottes », alors je pense à l'un des grands inspirés de Byzance — et s'il fallait à tout prix le comparer à un autre génie, ce serait à Tagore, inséparable de l'Inde, et écrivant, avec *La Maison et le Monde*, l'un des grands romans universels; ce ne serait pas à Stendhal.

Ce qui le sépare le plus de nous, c'est sans doute aussi ce qui nous sépare de la Russie: son dogmatisme oriental. Staline croit à sa vérité, et sa vérité est sans marge; mais Tolstoï, dès qu'il se sépara de l'Occident, ne crut pas moins à la sienne; et le génie de Dostoïevski fut mis, pendant toute la vie de celui-ci, au service d'une prédication indomptable. La Russie n'a jamais eu ni Renaissance, ni Athènes; ni Bacon, ni Montaigne.

Il y a toujours, en Russie, ce qui se veut Sparte et ce qui se veut Byzance, Sparte s'intègre facilement à l'Occident; Byzance, non. Aujourd'hui, on pourrait voir dans l'industrialisation forcenée de cet immense pays agricole, tentée en trente ans, le plus furieux effort d'occidentalisation qu'il ait connu depuis Pierre le Grand. « Rattraper et dépasser l'Amérique ! » Mais l'esprit russe se défend d'autant plus que son effort est plus grand.

Ce n'est pas par hasard que les communistes attaquent Picasso. Cette peinture met en question le système même sur lequel ils se fondent ; elle est, qu'elle le veuille ou non, la présence la plus aiguë de l'Europe.

Dans l'ordre de l'esprit, tout ce que la Russie appelle formalisme, et qu'elle déporte ou tue inlassablement — depuis dix ans —, c'est l'Europe. Peintres, écrivains, cinéastes, philosophes, musiciens suspects sont d'abord suspects de subir l'influence de l'« Europe pourrie ». Européens, Eisenstein, Babel, Prokofieff ! L'esprit de l'Europe est un danger pour une industrie pharaonique. La condamnation de Picasso à Moscou n'est nullement un accident : elle veut être une défense des plans quinquennaux...

Selon que de tels artistes meurent à temps, ou un peu trop tard, ils sont ensevelis avec honneur dans le mur du Kremlin, ou sans honneur au pied du mur sibérien du camp de déportés.

La vraie raison pour laquelle la Russie n'est pas européenne n'a rien à voir avec la géographie : c'est la volonté russe.

Je ne fais pas ici un cours d'histoire de la culture : je ne parlerai de l'Europe que par rapport à l'Union soviétique et aux États-Unis. Elle a présentement deux caractéristiques :

La première, c'est son lien entre art et culture. Ces

deux domaines sont séparés en Russie par le dogmatisme de la pensée. Ils sont non moins irréductiblement séparés aux États-Unis, parce qu'aux États-Unis l'homme de la culture n'est pas l'artiste, c'est l'homme de l'université ; un écrivain américain — Hemingway, Faulkner — n'est pas du tout l'équivalent de Gide ou de Valéry : c'est l'équivalent de Rouault ou de Braque ; ce sont d'éclatants spécialistes, à l'intérieur d'une culture déterminée, de connaissances déterminées : ce ne sont ni des hommes de l'Histoire ni des « idéologues ».

Second point, autrement important : la volonté de transcendance. Attention ! L'Europe est la partie du monde où se sont succédé Chartres, Michel-Ange, Shakespeare, Rembrandt... Ceux-là, est-ce que nous les renions, oui ou non ? Non ! Alors il faudrait savoir de quoi nous parlons.

Nous avons l'air de croire que nous sommes des malheureux, en face d'une immense culture qui s'appelle les romanciers américains, et une autre immense culture qui s'appelle je ne sais pas trop quoi — au mieux, les musiciens russes (ce qui n'est d'ailleurs pas mal).

Mais enfin, tout de même, la moitié du monde regarde encore l'Europe, et elle seule répond à son interrogation profonde. Qui donc a pris la place de Michel-Ange ? Cette lueur qu'on cherche en elle, c'est la dernière lueur de la lumière de Rembrandt ; et le grand geste frileux dont elle croit accompagner son agonie, c'est encore le geste héroïque de Michel-Ange...

On vient nous dire : « Ce sont des valeurs bourgeoises. » Mais qu'est-ce que cette histoire de la définition de l'art par son conditionnement ?

Qu'on me comprenne bien. Je tiens pour juste qu'un philosophe russe — d'ailleurs en Sibérie depuis — ait dit que « la pensée de Platon est inséparable de l'esclavage ». Il est vrai qu'il y a une donnée historique de la pensée, un conditionnement de la pensée. Mais le problème ne se termine pas ici : il commence. Car, enfin, vous, vous avez lu Platon ! Ce n'est tout de même pas en tant qu'esclaves, ni que propriétaires d'esclaves !

Personne dans cette salle — pas plus moi que les autres — ne sait quels sentiments animaient un sculpteur égyptien lorsqu'il sculptait une statue de l'Ancien Empire ; mais il n'en est pas moins vrai que nous regardons cette statue avec une admiration que nous ne sommes pas allés chercher dans l'exaltation des valeurs bourgeoises ; et le problème qui se pose, c'est précisément de savoir ce qui assure la transcendance partielle des cultures mortes.

Je ne parle pas ici d'éternité ; je parle de métamorphose. L'Égypte a reparu pour nous ; elle avait disparu pendant plus de quinze cents ans. La métamorphose est imprévisible ? Eh bien ! nous sommes en face d'une donnée fondamentale de la civilisation, qui est l'imprévisibilité des renaissances, mais j'aime mieux un monde imprévisible qu'un monde imposteur.

Le drame actuel de l'Europe, c'est la mort de l'homme. À partir de la bombe atomique, et même bien avant, on a compris que ce que le XIXᵉ siècle avait appelé « progrès » exigeait une lourde rançon. On a compris que le monde était redevenu dualiste, et que l'immense espoir sans passif que l'homme avait mis en l'avenir n'était plus valable.

Mais ce n'est pas parce que l'optimisme du XIXᵉ siè-

cle n'existe plus qu'il n'y a plus de pensée humaine !
Depuis quand la volonté s'est-elle fondée sur l'optimisme immédiat ? S'il en était ainsi, il n'y aurait
jamais eu de Résistance avant 1948. Selon une vieille
et illustre phrase : « Il n'est pas nécessaire d'espérer
pour entreprendre... » — vous connaissez la suite.

L'homme bien fondé à nouveau oui : mais pas sur
des images d'Épinal. L'Europe défend encore les
valeurs intellectuelles les plus hautes du monde. Et
pour le savoir il suffit de la supposer morte. Si, sur le
lieu qui fut Florence, sur le lieu qui fut Paris, on en
était au jour où « s'inclineront les joncs murmurants
et penchés », croyez-vous véritablement qu'il faudrait un temps très long pour que ce qu'ont été ces
lieux illustres se retrouve dans la mémoire des
hommes comme des figures sacrées ?

Il n'y a que nous pour ne plus croire à l'Europe : le
monde regarde encore avec une vénération craintive
et lointaine ces vieilles mains qui tâtonnent dans
l'ombre.

Si l'Europe ne se pense plus en mots de liberté,
mais en termes de destin, ce n'est pas la première
fois. Ça n'allait pas très bien, au temps de la bataille
de Mohács. Ça n'allait pas très bien lorsque Michel-
Ange gravait, sur le piédestal de *La Nuit* : « Si c'est
pour voir la tyrannie, ne te réveille pas ! »

Il n'est donc pas question de soumission de
l'Europe. Qu'on nous fiche la paix avec ces histoires !
Il y a, d'une part, une hypothèse : l'Europe devient
un élément capital de la civilisation atlantique. Et il
y a une question : que devient l'Europe dans la structure soviétique ? La civilisation atlantique appelle et,
au fond (en tant que culture), respecte encore
l'Europe — la structure soviétique dédaigne son

passé, hait son présent et n'accepte d'elle qu'un avenir où ne reste exactement rien de ce qu'elle fut.

Les valeurs de l'Europe sont menacées du dedans par des techniques nées des moyens d'appel aux passions collectives ; journal, cinéma, radio, publicité — en un mot les « moyens de propagande ». C'est ce qu'on appelle, en style noble, les techniques psychologiques.

Elles se sont élaborées surtout dans les pays dont nous venons de parler. En Amérique, elles sont principalement au service d'un système économique et tendent à contraindre l'individu à l'achat. En Russie, elles sont au service d'un système politique et tendent à contraindre le citoyen à une adhésion sans réserve à l'idéologie des dirigeants ; pour cela, elles engagent l'homme tout entier.

Ne confondons pas l'action de ces techniques dans leur pays d'origine et l'incidence de leur action sur l'Europe, en particulier sur la France. L'incidence de psychotechniques américaines sur notre culture est secondaire, celle des psychotechniques russes se veut décisive.

Ne discutons surtout pas ici d'une culture future, à laquelle se réfère toujours la psychotechnique russe. Parlons de ce qui est : l'ensemble de la technique soviétique en France aboutit pratiquement aujourd'hui à une organisation systématique de mensonges choisis pour leur efficacité.

Le général de Gaulle est « contre la République » (parce qu'il l'a rétablie ?), « contre les juifs » (parce qu'il a abrogé les lois raciales ?), « contre la France » : il est instructif qu'on puisse écrire sans faire rire, à peu près une fois par semaine, qu'est contre la France celui qui, au-dessus du terrible sommeil de ce pays, en maintint l'honneur comme un invincible songe...

L'intéressant, c'est que, bien entendu, les staliniens savent aussi bien que nous que tout cela est parfaitement faux. C'est la même technique qu'en publicité : on enveloppera dans le même papier le savon Cadum et les « lendemains qui chantent ». Il s'agit toujours d'obtenir le réflexe conditionné, c'est-à-dire de faire qu'un certain vocabulaire, systématiquement accroché à certains noms, lie à ces noms les sentiments que ce vocabulaire appelle lui-même d'habitude. Prêter ses tares à son adversaire pour que le lecteur ne comprenne plus rien est également un procédé banal. Exemple : le « parti américain ».

J'insiste sur ceci : je ne suis pas en train de discuter le bien ou le mal-fondé des articles de *L'Humanité*, mais de préciser des techniques qui sont à la base de l'action psychologique la plus profonde que le monde ait connue depuis plusieurs siècles. Dans l'ordre intellectuel, d'abord déshonorer l'adversaire, rendre impossible la discussion. Jean Paulhan a essayé pendant un an de convaincre les staliniens qu'il avait dit ce qu'il avait dit : tout à fait en vain.

Attaquer surtout sur le plan moral : ce qu'il faut pour ce mode de pensée, ce n'est pas que l'adversaire soit un adversaire, c'est qu'il soit ce qu'on appelait au XVIIIe siècle : un scélérat.

Le son unique de cette propagande est l'indignation. (C'est d'ailleurs ce qu'elle a de plus fatigant.) Et ce système qui repose sur le postulat fondamental que la fin justifie les moyens — et donc qu'il n'y a de morale que des fins — est le système de propagande le plus opiniâtrement et le plus quotidiennement moral que nous ayons jamais eu.

Cette technique vise à obtenir, dans le domaine de l'esprit, soit des alliés, soit (en Russie) des staliniens.

Pour les alliés :

Nous avons d'abord une ancienne mystification : c'est la mystification chrétienne et éthique. Certains des éléments les plus profonds du stalinisme sont restés, en France, inséparables du grand appel chrétien. Mais nous savons maintenant ce que valent ces plaisanteries.

La seconde est la mystification nationale. Celle-là recoupe toute la politique stalinienne engagée depuis le Kominform. Il s'agit, dans tous les pays d'Occident, d'empêcher le relèvement économique qui risque d'entraîner ces pays vers les États-Unis et l'Angleterre. Pour cela, il faut inventer « la défense nationale des pays menacés par les Américains ».

Les staliniens veulent ajouter à leur recrutement ouvrier, un vaste recrutement bourgeois : donc, établir une idéologie nationale dont le parti communiste devienne ce qu'il appelle l'aile marchante, de telle façon qu'on ne soit plus ni sur la donnée russe ni sur la donnée classe contre classe, mais sur une donnée dont les staliniens ont fait l'expérience dans la Résistance, et qui est l'union de toutes les forces sincèrement nationales sous un faux nez, communiste, au bénéfice de Moscou.

Ensuite, la mystification de la perspective historique. Je répète qu'il est temps de substituer la question : « Qu'est-ce qui est ? » à la volonté d'expliquer toujours la signification cachée, historique de préférence, de ce qui est. On fait la théorie du réalisme socialiste en peinture — et naturellement elle est aussi défendable qu'autre chose ; mais quels tableaux fait-on ? On ne fait pas du tout des tableaux réalistes-socialistes, on fait des icônes de Staline dans le style de Déroulède.

Condamner Bernanos dans l'absolu au nom d'un prolétariat mythique, ça pourrait se défendre s'il ne fallait pas aussi admirer les romans édifiants de M. Garaudy. Ah! que d'espoirs trahis, que d'insultes et de morts, pour n'avoir fini que par changer de Bibliothèque rose!

Et puis, il y a la célèbre mystification par la continuité révolutionnaire. Comme chacun sait, les maréchaux dorés sur tranche sont les héritiers légitimes des compagnons de Lénine aux vestes de cuir. Là-dessus, il faudrait tout de même s'expliquer : il est arrivé à André Gide et à moi-même d'être sollicités de porter à Hitler les pétitions de protestation contre la condamnation de Dimitrov, innocent de l'incendie du Reichstag. C'était un grand honneur pour nous (il n'y avait d'ailleurs pas foule). Lorsque maintenant Dimitrov au pouvoir fait pendre Petkov innocent, qui est-ce qui a changé? Gide et moi, ou Dimitrov?

Le marxisme recomposait d'abord le monde selon la liberté. La liberté sentimentale de l'individu a joué un rôle immense dans la Russie de Lénine. Celui-ci avait fait peindre par Chagall, les fresques du théâtre juif de Moscou. Aujourd'hui, le stalinisme honnit Chagall; qui a changé?

Un de mes livres, *La Condition humaine*, avait intéressé, en son temps, pas mal de Russes. On devait en tirer un film d'Eisenstein, avec de la musique de Chostakovitch; on devait en tirer une pièce de Meyerhold, avec de la musique de Prokofieff... Est-ce un palmarès suffisant, pour une seule œuvre, de mort et d'abjuration? On m'expliquera que j'ignore la dialectique : les forçats aussi — et les cadavres plus encore.

Il y a eu d'innombrables ruptures : Victor Serge, Gide, Hemingway, Dos Passos, Mauriac et tant d'autres. Il est faux qu'elles aient à voir quoi que ce soit avec le problème social. Car il n'était pas entendu que les « lendemains qui chantent » seraient ce long ululement qui monte de la Caspienne à la mer Blanche, et que leur chant serait le chant des bagnards.

Nous sommes à cette tribune et nous n'y renions pas l'Espagne. Qu'y monte un jour un stalinien pour défendre Trotsky !

En Russie, le problème est différent. Le pays est fermé ; par là même, en rupture avec l'essentiel de la culture moderne. C'est le pays où, maintenant, tout doit s'être passé. Je cite le manuel d'histoire pour la jeunesse :

> *C'est un instituteur russe, Ciolkowski, qui élabora la théorie de la propulsion à réaction. C'est un électrotechnicien russe, Popov, qui, le premier, inventa la radio* (Simlia Russkaïa, *p. 55).*
>
> *Dans les pays capitalistes, l'instruction est chose privée et coûte fort cher. Pour de très nombreux jeunes gens et jeunes filles, elle est un désir, un rêve irréalisable* (ibid., *p. 277)...*

Passons...

Il reste, dans l'ordre positif, une pensée qui veut exalter la solidarité, le travail et un certain messianisme noble, avec ce qu'il y a toujours de dédain chez les délivreurs. Et puis, des psychotechniques destinées à créer l'image du monde et les sentiments les plus favorables à l'action du parti. « Les écrivains sont les ingénieurs des âmes. » Et comment !

Mais pour cela ils revendiquent la vérité. N'oublions pas que le plus grand journal russe s'appelle *Pravda* : la vérité. Il y a pourtant ceux qui savent ; et ici, se pose un problème assez intéressant : à partir de quel grade a-t-on maintenant en Russie le droit d'être menteur ? Car Staline sait aussi bien que moi que l'instruction existe en France. Il y a ceux qui sont dans le jeu et ceux qui ne sont pas dans le jeu. Et je crois que cela vaut qu'on y réfléchisse, ainsi qu'au mépris impliqué par les techniques psychologiques. Qu'il s'agisse de faire acheter le savon ou d'obtenir le bulletin de vote, il n'y a pas une technique psychologique qui ne soit à base de mépris de l'acheteur ou du votant : sinon, elle serait inutile. Ici l'homme même est en cause ; le système est un tout. La technique peut exister sans totalitarisme ; mais elle suit aussi inéluctablement celui-ci que la Guépéou, car sans police elle est un monstre vulnérable. Il fut difficile quelques années de nier que Trotsky ait fait l'Armée rouge : pour que *L'Humanité* soit pleinement efficace, il faut que le lecteur ne puisse pas lire un journal opposé.

Il n'y a pas de marges : et c'est pourquoi le désaccord, même partiel, d'un artiste avec le système le conduit à une abjuration.

Alors se pose notre problème essentiel : comment empêcher les techniques psychologiques de détruire la qualité de l'esprit ? Il n'y a plus d'art totalitaire dans le monde, à supposer qu'il y en ait jamais eu. La Chrétienté n'a plus de cathédrales, elle fait Sainte-Clotilde, et la Russie retrouve, avec les portraits de Staline, l'art le plus bourgeoisement conventionnel. J'ai dit « s'il y en a jamais eu » parce que ce n'est pas à l'art comme tel que les masses ont jamais été sensibles (aristocratie et bourgeoisie sont masses sur ce point...). J'appelle artistes ceux qui sont sensibles à la donnée spécifique d'un art; les autres sont sensibles à sa donnée sentimentale. Il n'y a pas « l'homme qui ignore la musique », il y a ceux qui aiment Mozart et ceux qui aiment les marches militaires. Il n'y a pas « l'homme qui ignore la peinture », il y a ceux qui aiment la peinture et ceux qui aiment le rêve de Detaille ou les chats dans les paniers. Il n'y a pas « l'homme qui ignore la poésie », il y a ceux qui s'intéressent à Shakespeare et ceux qui s'intéressent aux romances. La différence entre les uns et les autres, c'est que, pour les seconds, l'art est un moyen d'expression sentimentale.

Il arrive, à certaines époques, que cette expression sentimentale recoupe un très grand art. C'est ce qui s'est passé avec l'art gothique. L'union des sentiments les plus profonds — de l'amour, de la vulnérabilité de la condition humaine — et d'une force proprement plastique produit alors un art de génie qui atteint chacun (il y a quelque chose de semblable chez les grands individualistes romantiques : Beethoven, un peu Wagner, Michel-Ange certainement, Rembrandt et même Victor Hugo).

Que telle œuvre sentimentale soit artistique ou non, c'est un fait : ce n'est ni une théorie ni un principe. Le problème pressant qui se pose à nous serait donc, en termes politiques, de substituer à l'appel mensonger d'une culture totalitaire quelconque la création réelle d'une culture démocratique. Il ne s'agit pas de contraindre à l'art les masses qui lui sont indifférentes, il s'agit d'ouvrir le domaine de la culture à tous ceux qui veulent l'atteindre. Autrement dit, le droit à la culture, c'est purement et simplement la volonté d'y accéder[1].

Donc, nous ne prétendons pas absurdement fixer ici un modèle de culture, mais apporter à celle-ci le moyen de maintenir dans sa prochaine métamorphose ce qu'elle atteignit chez nous de plus haut.

Nous considérons que la valeur fondamentale de l'artiste européen, à nos plus grandes époques, depuis les sculpteurs de Chartres jusqu'aux grands individualistes, de Rembrandt à Victor Hugo, est dans la volonté de tenir l'art et la culture pour objet d'une conquête. Pour préciser, je dirai que le génie est une différence conquise ; que le génie commence — que ce soit celui de Renoir ou celui d'un sculpteur thébain — à ceci : un homme qui regardait depuis son enfance quelques œuvres admirables qui suffisaient à le distraire du monde s'est senti un jour en rupture avec ces formes, soit parce qu'elles n'étaient pas assez sereines, soit parce qu'elles l'étaient trop ; et c'est sa volonté de contraindre à une vérité mystérieuse et incommunicable (autrement que par son œuvre) le monde et les œuvres mêmes dont il est né, c'est cette volonté qui a déterminé son génie. En d'autres termes, il n'y a pas de génie copieur, il n'y a pas de génie servile. Qu'on nous laisse tranquille avec les grands artisans du Moyen Âge ! Même dans une civilisation où tous les artistes seraient esclaves, l'imitateur de formes serait encore irréductible à l'esclave qui aurait trouvé des formes inconnues. Il y a dans la découverte, en art comme dans les autres domaines, une sorte de signature du génie, et cette

---

1. Ici se trouvait l'exposé de l'action culturelle que nous proposons. [Note d'André Malraux.]

signature n'a pas changé à travers les cinq millénaires d'histoire que nous connaissons.

Si l'humanité porte en elle une donnée éternelle, c'est bien cette hésitation tragique de l'homme qu'on appellera ensuite, pour des siècles, un artiste — en face de l'œuvre qu'il ressent plus profondément qu'aucun, qu'il admire comme personne, mais que seul au monde il veut en même temps souverainement détruire.

Or, si le génie est une découverte, comprenons bien que c'est sur cette découverte que se fonde la résurrection du passé. J'ai parlé au début de ce discours de ce que pouvait être une renaissance, de ce que pouvait être l'héritage d'une culture. Une culture renaît quand les hommes de génie, cherchant leur propre vérité, tirent du fond des siècles tout ce qui ressembla jadis à cette vérité, même s'ils ne la connaissent pas.

La Renaissance a fait l'Antiquité au moins autant que l'Antiquité a fait la Renaissance. Les fétiches nègres n'ont pas plus fait les Fauves que les Fauves n'ont fait les fétiches nègres. Et après tout, l'héritier véritable de l'art en cinquante ans resurgi, ce n'est ni l'Amérique qui en juxtapose les chefs-d'œuvre, ni la Russie dont le vaste appel de naguère se satisfait à bon compte de ses nouvelles icônes : c'est cette école « formaliste » de Paris, dont les résurrections de tant de siècles semblent une immense famille. C'est notre adversaire Picasso qui pourrait répondre à la *Pravda*.

« Je suis peut-être, comme vous dites, décadent et pourri ; mais si vous saviez regarder ma peinture au lieu d'admirer tant d'icônes à moustaches, vous vous apercevriez que votre pseudo-histoire est une petite chose devant la houle des générations, et qu'il arrive à cette peinture éphémère de ressusciter, avec les statues sumériennes, le langage oublié de quatre millénaires... »

Or cette conquête n'a d'efficacité que par une recherche libre. Tout ce qui s'oppose à la volonté irréductible de découverte est, sinon du domaine de la mort, car il n'y a pas de mort en art — et, mon Dieu, il y a bien un art égyptien —, mais la paralysie des facultés les plus fécondes de l'artiste. Nous proclamons donc la nécessité de maintenir la liberté de cette recherche contre tout ce qui entend en fixer à l'avance la direction. Et d'abord contre les méthodes d'action psychologiques fondées sur l'appel à l'inconscient collectif, pour des fins politiques.

Nous proclamons d'abord valeurs, non pas l'inconscient, mais la conscience ; non pas l'abandon, mais la volonté ; non pas le bourrage de crâne, mais la vérité. (Je sais, quelqu'un d'illustre a dit autrefois : « Qu'est-ce que la vérité ?... » Dans le domaine dont nous parlons, la vérité, c'est ce qui est vérifiable.) Et enfin, la liberté de découverte. Tout cela, non pas « vers quoi ? », car nous n'en savons rien, mais « en partant d'où ? », comme dans les sciences contemporaines. Que nous le voulions ou non, « l'Européen s'éclairera au flambeau qu'il porte, même si sa main brûle ».

Ces valeurs, nous voulons donc les fonder sur le présent. Toute pensée réactionnaire est axée sur le passé, on le sait depuis longtemps ; toute pensée stalinienne sur un hégélianisme orienté par un avenir incontrôlable. Ce dont nous avons d'abord besoin, c'est de trouver le présent.

Ce que nous défendons ici sera défendu avant la fin de ce siècle par toutes les grandes nations d'Occident. Nous voulons rendre à la France le rôle qu'elle a tenu déjà à plusieurs reprises, aux époques romane et gothique comme au xixᵉ siècle, et qui a imposé son accent à l'Europe quand il était à la fois celui de l'audace et celui de la liberté.

À peu près tous, vous êtes, dans le domaine de l'esprit, des libéraux. Pour nous, la garantie de la liberté politique et de la liberté de l'esprit n'est pas dans le libéralisme politique, condamné à mort dès qu'il a les staliniens en face de lui : la garantie de la liberté, c'est la force de l'État au service de TOUS les citoyens.

Quand la France a-t-elle été grande ? Quand elle n'était pas retranchée sur la France. Elle est universaliste. Pour le monde, la grande France, c'est plus celle des cathédrales ou de la Révolution, que celle de Louis XIV. Il y a des pays, comme la Grande-Bretagne — et c'est peut-être leur honneur —, d'autant plus grands qu'ils sont plus seuls. La France n'a jamais été plus grande que lorsqu'elle parlait pour tous les hommes, et c'est pourquoi son silence s'entend de façon aussi prégnante.

Que sera l'esprit ? Eh bien ! il sera ce que vous le ferez.

Postface aux *Conquérants*, Grasset, 1949.

LIBERTÉ ET VOLONTÉ

*Discours prononcé
le 17 avril 1948
aux assises du RPF à Marseille*

Je dois d'abord, comme ceux qui m'ont précédé, vous rendre compte de ce que nous avons fait dans un domaine déterminé : celui de la propagande.

Notre propagande, c'est cette affiche jadis dessinée par Rodin, cette « République » qui hurle son espoir dans le destin de la France sur tous les murs de votre ville. Affiche bien inutilement lacérée ! il n'y a pas de meilleures affiches que les affiches lacérées ; il n'y a pas de plus beaux visages que les visages qui portent des blessures.

En face d'une technique entièrement élaborée du mensonge, nous mettrons d'abord ce domaine incertain de la vérité qui est du moins solide lorsqu'il est celui du vérifiable. Mais notre propagande n'est ni une technique, ni une astuce, et je voudrais en effacer jusqu'au mot. Le gaullisme est une école d'énergie. Et si nous avons une propagande, elle a pour mission de maintenir les sentiments et les passions qui, depuis la France libre, nous ont unis ; à maintenir les idées justes qui ont amené la France à sa résurrection. Elle consiste d'abord, simplement, à refaire des Français pour qui ce mot veuille dire quelque chose.

Nous avons rendu à ce pays un certain nombre d'idées dont il avait singulièrement besoin. Nous avons fait comprendre à la France que l'idée de démocratie telle qu'elle était défendue par les gens que vous savez, était une pure et simple imposture. Que la démocratie est à faire et que c'est nous qui devons la faire. Qu'il n'y a pas de démocratie là où quelqu'un triche.

Que flanquer des coups de pied dans les jeux d'échecs n'est pas une façon particulière de jouer aux échecs, et qu'il n'y a pas de libre jeu avec les staliniens dont l'unique intention est de brouiller les cartes, et de faire que le jeu pseudo-démocratique soit orienté en France par l'intérêt exclusif de la Russie.

Nous avons ensuite, et pour la première fois, donné un contenu sérieux à l'idée d'intérêt général : d'une part, un arbitrage puissant, et d'autre part un amalgame réel dans lequel la nation se reconnaisse. [...]

Cette idée d'intérêt général sur laquelle se fondera la France, elle a été rapportée par nous dans un pays qui l'avait oubliée depuis la mort de Hoche et la mort de Saint-Just.

Nous avons enfin fait comprendre ceci : que lorsqu'on parle de liberté — dans ce pays dont le nom même fut jadis pour le monde synonyme de liberté — pour autre chose que pour mentir, il faut dire clairement aux gens que la garantie de la liberté du citoyen n'est pas la compromission permanente, la négociation permanente et la justification parlementaire permanente ; qu'il n'y a dans le monde présent qu'une garantie de la liberté et que cette garantie s'appelle la force organisée de l'ensemble des citoyens.

En somme ce que nous avons tenté, ça a été de

rendre une âme à la France. Si ce mot est redevenu ce qu'il est, c'est peut-être pour avoir été repris par quelqu'un que vous connaissez bien. Et qui donc a dit : « Français, souvenez-vous de la France » ? [...]

Ce qui est le suprême honneur de la France, et ce qui fut dit par ce Rassemblement dès le premier jour, c'est que notre conscience nationale est le contraire d'un chauvinisme, que la mission de ce pays depuis des siècles, est de ne jamais se replier sur lui-même... La plus grande France peut être, pour les Français, celle de Louis XIV, mais, pour le monde, c'est celle qui s'appelle Chrétienté, celle qui s'appelle Révolution. À vous qui fûtes si longtemps la conscience et l'espoir du monde, le Rassemblement dit aujourd'hui : « Nous reprenons ce que fut le destin de la France, et comme jadis, nous ne le limitons pas à la France. » Notre mission, c'est que l'Europe se reconnaisse une fois de plus, comme elle s'est si souvent reconnue dans nos yeux fraternels, même s'ils sont en ce moment des yeux aveugles.

Nous sommes maintenant très nombreux, mais n'oubliez pas que le destin du monde s'est toujours joué entre les mains d'un petit nombre d'hommes.

Ne nous y méprenons pas. Nous ne sommes ce que nous sommes que par la volonté. Par-delà toute politique, quelque chose d'essentiel domine, à travers les siècles, le glissement souterrain du courage. J'ai vu les trente mille hommes de Tchang Kaï-chek conquérir — parce qu'ils étaient trente mille volontaires — cette Chine immense qui leur opposait quatre cent mille mercenaires par une inlassable bataille qui dura de Canton à Pékin, j'ai vu en Espagne la première Brigade internationale (et j'ai dit : par-delà toute politique). Elle était formée en majorité de Français... J'ai entendu la première charge des Maures battus à travers la brume et le premier commandement d'un officier polonais, en français : « Vous qui êtes ici pour la République et pour la liberté, en avant ! » Franco fut arrêté par des Noirs.

Et j'ai vu, dans quelque chose d'autre qui s'appelait la Résistance française, des hommes que vous avez tous connus, avec leurs moyens misérables, arriver en face des Allemands avec des armes qu'ils avaient été obligés de prendre à l'armée allemande, car beaucoup de nos unités n'avaient pas reçu d'armes, *parce qu'il n'y en avait pas*. C'est un des plus beaux souvenirs des musées obscurs de telles petites villes d'Alsace, que ces mitrailleuses allemandes, dont l'étiquette porte : « Armes rendues à la paix par la brigade d'Alsace-Lorraine. »

Et j'ai vu ce service d'ordre dont les pauvres idiots disent tant de mal, avec à sa tête un homme que beaucoup d'entre vous connaissent, qui s'appelle Ponchardier, et qui est aimé de tous ceux qui travaillent sous ses ordres, parce qu'il y a un certain souvenir de la prison d'Amiens qui n'a pas été reprise avec de très grands moyens...

Et je voudrais dire, à vous tous qui êtes ici, ce que j'ai été amené à dire aux hommes de Ponchardier : « On nous a parlé souvent de quelque chose qui s'appelait la chevalerie ; ce ne sont pas des casques, ce ne sont pas des cuirasses, c'est l'ensemble des hommes qui savent ce qu'ils veulent et qui sacrifient leur vie à leur volonté. » Ô visages français qui m'entourez et sur lesquels je revois ces visages gothiques à côté de moi en captivité, sur lesquels je revois les simples visages des chasseurs de Verdun, ces visages qui sont ceux de la France — que les journalistes staliniens « rigolent » —, je vous appelle à la chevalerie ! Un immense honneur vous est fait : ce grand corps de la France qui tâtonne dans l'ombre et que regarde tâtonner le monde si souvent fasciné par lui, il vous est donné de le relever de vos mains périssables. Et nous n'avons pas, en face de l'absurdité de tel combat, aujourd'hui ou demain, à nous décourager ni à nous plaindre. Nous avons à dire : si une génération parmi d'autres, si une génération de volontaires a reçu l'honneur de reprendre entre ses mains la France, qu'elle ne dise pas : hélas ! Qu'elle dise : merci.

La France est semblable à ces grandes statues de fer enfouies après le passage des conquérants antiques, et que soudain, quand passent les cataclysmes, déterre d'un coup la foudre. Celle-ci a été tragiquement déterrée. On nous la donne. Et nous savons ce qu'ensuite nous en ferons.

Notre bilan est donc un bilan de volonté. Athènes est morte parce que Athènes voulait mourir. Les classes qui meurent meurent de leur propre abandon, et les nations qui meurent meurent d'abord de leur cancer intérieur.

L'énorme Colisée de Rome est peu de chose à travers les siècles, en face du premier chant de la première esclave crucifiée. Quand un jour, selon la vieille phrase, sur le lieu qui fut Paris, « s'inclineront les joncs murmurants et penchés », peut-être sera-t-il dit que sur ce lieu-là, à une date qui est celle-ci, avec un homme que vous connaissez, nous avions rétabli le langage fraternel de la fierté.

La France se fait de vos mains, elle ne se fait pas toute seule. Assez de programmes ! nous savons bien que pour le Ravitaillement, il y en a eu dix-sept! Laissons les plaisanteries. Assez — ce qui est plus grave — de théories de l'Histoire. Il y a un théoricien de l'Histoire par siècle, et nous n'avons pas le temps d'attendre cent ans. Quels sont nos objectifs? Une voix plus haute que la mienne va les fixer maintenant.

Mais au nom de vous tous, mes compagnons de la propagande, je veux répéter ce que nous nous sommes efforcés pendant toute cette année de faire comprendre à la France : c'est que l'homme qui va parler est pour nous d'abord l'homme qui, sur le terrible sommeil de ce pays, en maintint l'honneur comme un invincible songe; mais aussi le seul dont depuis des siècles la France ait pu dire, pendant des années, par-delà les passions misérables que nous entendons gargouiller aujourd'hui : « Il n'est si pauvre fileuse en France qui n'eût filé pour payer sa rançon. »

Le Rassemblement, 26 juin 1948.

18 JUIN 1948

Les notes de la sonnerie « Aux morts », qui semblaient descendre, avec les lentes et solennelles nappes de la pluie, vers Paris étendu au pied du mont Valérien, sont partout de celles qui suggèrent avec le plus de force l'écoulement des choses. Le battement éphémère des hommes montait de la ville comme le bruit des vagues vers le mur où les survivants commémorent les marins perdus en mer; et nous pensions que si, un jour, palais et maisons sont reconquis par la forêt primitive, peu de lieux seront aussi dignes que ce mur poignant, et peut-être encore debout sous ses arbres indifférents, de devenir dans la mémoire des hommes de hauts lieux de la volonté.

Il y a huit ans un homme possédé par la France opposait à toutes les voix qui se voulaient celles de l'évidence et de la raison, le NON sur lequel allait une fois de plus se fonder notre Histoire. Et pendant quatre ans, des Français de toutes conditions, de toutes fois, de toutes convictions, rassemblés aujourd'hui dans le seul monde où les Français se rassemblent sans peine, au fond fraternel de la mort, protégèrent par leur vie souterraine l'âme vacillante de la France qui pour eux n'était que conscience et résolution.

Comme cet acharnement plonge dans le temps, à l'heure où semble le recouvrir, bien mieux que les sirènes dérisoires de Verdun, l'immense chuchotement des abandons! Mais il appelle bien moins la fermeté de Sparte, de Rome et des Catacombes, que le monde en gestation sous nos yeux : le dialogue qui s'établit aujourd'hui entre les noms oubliés de ce petit fort sanglant, les noms encore gravés dans la pierre de Fresnes, et ces discours parlementaires qui engagent le destin du pays sans parvenir à engager son attention, c'est le dialogue du XIXᵉ siècle et du nôtre.

La politique du XIXᵉ siècle, celle des nations comme celle des Parlements, a voulu voir dans l'accommodement la suprême valeur politique. La vie politique en était faite; la vie des nations, beaucoup moins. Nous savons maintenant à quoi conduisit un accommodement illustre, qui s'appelle Munich.

Vichy n'en fut pas autre chose que la dernière expression : à vouloir à tout prix concilier, on va de Paris à Vichy, de Vichy à Montoire, et de Montoire à Sigmaringen. Et le maréchal Pétain, de sa chambre au château des Hohenzollern, pouvait regarder mourir, avec ce siècle qu'il avait traversé, la volonté d'accommodement qu'il avait incarnée après l'avoir jadis réprouvée, et l'autre folie du siècle : l'épée pour l'épée.

Car il est clair que la loi du monde est plus complexe que la force, et que les empires fondés par le glaive retombent presque aussi vite que la tourbillonnante poussière des armées. Il est clair que la négociation (mais pas toujours le compromis) est parfois nécessité ; mais non qu'elle soit l'âme de l'Histoire. L'âme de l'Histoire, sous la cuirasse romaine comme sous la robe de Gandhi, c'est la volonté.

Bien sûr, face à ses alliés et non à ses ennemis, il faut que la France discute ; mais il faut d'abord qu'elle sache ce qu'elle veut, et pourquoi. C'est dire qu'il faut d'abord qu'elle soit. Si elle ne peut que s'incliner, hélas ! que nul ne vienne en son nom justifier l'abandon. Il y a longtemps qu'on a dit que le plus subtil poison de la défaite et de la servitude, c'est que, pour se justifier de les subir, les hommes finissent par les aimer.

Que notre siècle soit ou non celui de la force, il est celui de la décision, et de la persévérance dans la décision. Les avocats les plus persuasifs de l'anti-gaullisme ne furent pas les gens de Laval, mais ceux qui disaient : « Plus tard, plus tard... » Si la France redevint la France, c'est que l'appel du 18 Juin fut lancé le jour même de l'abandon, et n'a jamais été mis en question depuis. *Il n'est pas nécessaire de réussir pour persévérer*, dit la devise de Guillaume d'Orange. « Mais Guillaume d'Orange n'a pas mal réussi pour moi, répond la Hollande : il m'a sauvée. » « Gagnons du temps », chuchote la politique. « À quel prix ? » répond la France.

Tel est le dialogue que je croyais entendre, entre les vieux fossés du mont Valérien et la petite flamme indomptable qui rayonnait de tristesse sous la pluie, mais dont le grésillement couvrait, pour l'avenir, la rumeur de Paris somnambule étendu devant elle.

Le Rassemblement, 26 juin 1948.

LES NUITS D'ALSACE

L'avion qui m'emporte à Mulhouse passe entre Altkirch et Dannemarie. C'est la même approche du soir, et sans doute, le même froid sur la terre, et le même brouillard...

Qu'il y a peu d'années, et que la retombée de l'espoir suffit à tout rejeter à un passé profond ! C'est sur cette petite place, à peine visible en bas, que dans la nuit d'hiver où tous les hommes ont froid avec les mêmes gestes, nous, anciens prisonniers, regardions notre première unité allemande prisonnière.

Et peut-être, au jour de la mort, me souviendrai-je de cette route qui se perd à gauche dans le soir qui tombe...

À peine était-elle une route, alors : une droite ligne de givre, que teintaient les reflets d'incendie, s'enfonçait entre de hauts labours bosselés, vers Dannemarie qui flambait. Villages et bourgs n'étaient plus que des noms de flammes. Et quand le grand vent glacé soulevait la lumière, apparaissait, en position, un char que commençait à recouvrir la gelée blanche de toujours.

« Un homme aussi près que moi de la paysannerie ne peut pas regarder brûler une ferme sans une espèce de désespoir », dit à voix basse mon voisin[1]. Elles brûlaient presque toutes. À travers la guerre, c'était plus que la guerre, c'était le flamboiement intermittent venu du fond des âges, le Fléau. Une fois de plus, la vieille terre gorgée de mort poussait dans la nuit son vieux cri saturnien.

Là où il y avait encore une étable, nos blessés dormaient le long des bêtes chaudes. Et tout près, dormaient ceux qui allaient, un quart d'heure plus tard, s'allonger sur cette terre ennemie, pour l'attaque, ou pour passer leur première nuit de morts. Je n'en voyais pas un, et pourtant eux aussi emplissaient la nuit.

C'étaient ceux qui avaient connu la neige dans les maquis d'arbres nains de Corrèze, où l'on avançait à quatre pattes, mais que la Gestapo jugeait inhabitables. Ceux qui avaient pour drapeau des bouts de mousseline. Ceux qui avaient arrêté l'avance de la Das Reich. Ceux qui avaient traversé la moitié de la France — dont le Massif central — dans d'ahurissants gazos. Ceux dont la moitié des armes étaient prises à l'ennemi. Ceux qui, depuis que le monde est

1. André Chamson [Note du *Rassemblement*.]

monde, chipaient les poulets. Ceux qui, dès qu'ils ne se rasaient plus, ressemblaient aux laboureurs du Moyen Âge ; ceux du Centre venus combattre pour l'Alsace avec les copains alsaciens qui étaient venus combattre avec eux.

Ils ne faisaient rien de romanesque : ils attendaient. Ensemble. Et leur fraternité aussi venait du fond des temps, d'aussi loin que le premier sourire du premier enfant. Aussi profonde, aussi invincible que le fléau qui secouait la terre. Avec son crépitement millénaire d'incendie, l'éternité du malheur ne couvrait pas celle de ce silence fraternel.

L'avion s'éloigne, vers une autre nuit d'Alsace...

Puissent les petits enfants de ce sol ravagé se souvenir de ces hommes libres, d'une unité qui ne connut pas un conseil de guerre ; de ces soldats qui n'ont pas oublié leurs chefs, et peut-être de ces chefs qui n'ont pas oublié leurs soldats...

Le Rassemblement, 15 janvier 1949.

STALINE ET SON OMBRE

Maintenant que tu as jeté à la corbeille, sans les lire, les litanies qui font à la fois de cette célébration une cérémonie byzantine et un poème de Jacques Prévert, je pousserai la porte que personne ne pousse. Son faible grincement rayera seul le silence du Kremlin dont l'immobile clarté brille comme les lampes inexorables sur la paillasse des prisonniers. Le ballon auquel est suspendue ton image se balance au-dessus de la place Rouge nocturne et de l'immensité de la neige russe. Je viens avec le jeune visage que tu as choisi pour moi au musée de la Révolution : avec ma barbe, mon chapeau melon, mon air gauche et ferme, mon parapluie. Sans doute suis-je le seul être auquel tu puisses accepter de parler ce soir. Je suis ta jeunesse : je suis Koba[1].

Je ne viens pas te poser la question romantique : « Qu'as-tu fait de notre espoir ? » Il te serait facile, pour toute réponse, d'ouvrir la fenêtre : jusqu'au Pacifique, s'étend dans la nuit la terre qu'ont rassemblée tes mains puissantes — les miennes, dont les lignes mystérieuses, pour tant d'hommes, sont aujourd'hui celles du destin du monde. J'étais un terroriste et un marxiste pour qu'il y eût plus de justice partout, et non plus de bagnes en Russie ; mais tu ne te donnerais même pas la peine de me dire qu'on ne fait ni la défense de Stalingrad, ni le reste, avec un cœur de vingt ans. Je n'étais pas un député libéral : je te comprends, et je me reconnais. Le monde qui fut le mien se dissout avec la dernière neige de cette longue nuit où un demi-siècle s'achève... Je pense à la mort de ce monde, qui me ressembla ; et à la naissance de l'autre, qui te ressemble.

Le destin, devant les hommes de l'Histoire, a l'habitude de balayer la route. Toi et moi, nous l'y avons aidé. Ne pensons donc qu'à ceux qui, appartenant, eux aussi, à l'Histoire, ont dû disparaître pour que cette nuit d'anniversaire soit ce qu'elle est, et l'Union soviétique aussi.

Pas Kerensky... Mais, peut-être, Savinkov. Le chef de l'organisation de combat terroriste-révolution-

---

1. Staline est le second pseudonyme de Joseph Djougachvili qui s'appela Koba dans sa première jeunesse.

naire, l'organisateur de l'exécution du grand-duc Serge, l'homme qui put s'évader parce qu'un révolutionnaire inconnu répondit à l'appel de son nom et prit sa place à la potence, il a fallu, pour que je le méprise, qu'il devienne ministre de la Guerre de Kerensky. Ni toi ni moi n'aimons les ministres de la Guerre battus. Dans l'expédition d'Arkangel, il retrouva contre nous les méthodes qu'il nous avait enseignées : les commissaires du peuple de chaque ville prise par lui furent fusillés sur l'heure ; l'expédition échoua quand même. Il devint un émigré. C'est lui qui racontait, crispé, la visite de deux des nôtres au traître Azev, émigré aussi et qu'ils croyaient encore l'honneur et le plus grand technicien de la Russie terroriste : Azev, qui avait épousé une corsetière, répondant à leur demande de conseils sur la prochaine exécution, qui impliquait leur propre mort : « Croyez-vous que la mode des corsets reprendra ? » Savinkov n'était pas fait pour les corsets. La Russie de Lénine commençait à sortir de la terrible nuit où toute la déréliction de la terre avait réfugié son espoir. Il entra — et après quelques interrogatoires, se jeta par la fenêtre de sa prison. J'ai pensé souvent à ce corps écrasé au pied du haut mur de brique : le cadavre du romantisme révolutionnaire. Passons.

Puis Trotsky. On dit que dans les régions habitées par les lions le tigre disparaît et réciproquement. Tu le haïssais, je l'avais déjà haï. Mais bien plus que lui-même, c'était le monde qu'il portait en lui que nous entendions détruire. Nous avons arraché ses photos du musée de la Révolution, son nom de la mémoire de notre jeunesse (une génération passe vite) ; nous avons enseveli sa figure légendaire sous toutes les pierres de la construction stalinienne, sous nos chars, sous nos canons, sous les ruines épiques de Stalingrad ; et pour l'Occident, tout cela palpite encore quelquefois des derniers sursauts du dragon. Tout de même, quand le Vieux de la Montagne, abattu à la hache, est mort là-bas d'une mort qui ressemblait à sa vie, nous avons su tous deux qu'avec son corps on allait ensevelir *L'Internationale*.

Et il y avait eu Lénine. Celui-là fut mon maître et le tien. Je me souviens de toi, devant son cadavre embaumé : « Je donnerais mon sang goutte à goutte pour le prolétariat... » Nos millions de bagnards ne sont pas des prolétaires. L'histoire balaye aussi des arbres foudroyés : Lénine voulait la Russie, mais peut-être fallait-il qu'il disparût. Tu te souviens de sa gigue sur la neige, là, dans cette cour, sous ta fenêtre, à la sortie du Conseil des commissaires du peuple, le quarante et unième jour de notre pouvoir ? « Nous avons tenu un jour de plus que la Commune de Paris ! » Celui-là t'a enseigné qu'il n'est pas nécessaire d'espérer pour entreprendre. Te souviens-tu de ce que tu pensais à sa mort ? « Il a cru que nous triompherions parce que l'Europe viendrait à notre secours, et c'est nous qui devrons triompher pour conquérir l'Europe. » Le couvercle du cercueil illustre devant lequel tu ne fais plus jouer *L'Internationale* mais l'hymne soviétique, et celui du cercueil solitaire de Mexico, sont cloués sur deux espoirs fraternels...

Et puis les autres, tous les autres, tout ce Comité central de fantômes déshonorés, la garde de honte par laquelle tu fais veiller la révolution d'Octobre. Je pense au pape Jean XVI, les yeux arrachés, à qui l'autre pape vainqueur fait chanter de sa langue mutilée : « Il est juste que je sois traité ainsi ! » « Le plus important, disait Nietzsche, c'est d'épargner à tout homme la honte. » « J'ai construit la Russie même sur la honte », répondrais-tu.

Et Hitler a remis à sa place tout ce qui n'était que relatif...

Le dernier cadavre, c'est Masaryk. Devant lui, la pensée qui t'était venue à la mort de Lénine a pris tout son sens. Que les Américains t'accusent d'avoir pris sans délicatesse un pays qu'ils t'avaient abandonné ! Tu sais faire régler les mondanités par les chefs du protocole. Tu as rendu son poids à l'éternelle Russie.

Il y a quelqu'un qui le sait de reste : Tito. Ceux qui ne te connaissent pas oublient, comme Hitler, que la patience est une de tes vertus. Les niais le croient ton contraire, un successeur de Trotsky. Il est notre frère condamné. Non parce qu'il nous est étranger, mais parce qu'il te ressemble. Il a épousé la Yougoslavie comme tu as épousé la Russie ; il s'est confondu avec elle dans la passion sauvage et peut-être millénaire à quoi ces gens ne comprennent rien, mais que tu comprends, toi — et pour laquelle il faut qu'il meure.

Il y a maintenant un morceau de Russie dans chaque pays. Le romantisme et la justice, la paix, *L'Internationale*, tu as substitué à tout cela une seule réalité : le nouveau lien féodal qui unit à toi un certain nombre d'hommes, qui te permet de ne plus même écouter les abrutis qui ne comprennent pas la nouvelle structure que tu as imposée au monde. Te souviens-tu de ce que notre maître, Hegel, nommait les ruses de l'Histoire ? À cette Russie qui depuis plus de deux cents ans appelait une mission de domination, à ce pays messianique et impérieux, qu'avaient donné les derniers tsars ? Qu'est même l'occidentalisation de Pierre le Grand, en face de la tienne qui veut prendre à l'Occident toutes ses forces pour l'écraser, pour que disparaisse du monde le haïssable accent que notre pays n'a jamais connu, l'accent de l'accusé qui se défend et ne s'insulte pas ? Qu'avaient donné à la Russie les slavophiles ? Tu n'as pas même perdu leur appel chrétien. C'est au nom des valeurs de l'Évangile, qui eussent bien étonné César et Timour, que tu as l'honneur d'appeler tous les malheureux à la justice, appuyé sur nos bagnes pharaoniques. Tu as apporté, toi, l'unité slave : la vraie, celle qui se fait par la fraternité, par le fer et par le sang. La Russie a fait le stalinisme et non le communisme, mais elle a trouvé ce qu'elle cherchait à tâtons depuis qu'elle a fini avec les Turcs : son droit à la domination de l'Occident. Le communisme, lui, a fait la Russie.

Et celle-ci te regarde, soucieuse d'elle seule et peut-être reconnaissante, avec l'indifférence qu'elle a pour les rêves successifs des hommes.

Laisse délirer l'Europe. Encourage les congrès, les négociations, fais crier que les patries sont devenues des préjugés. Aussi longtemps que nos bombes atomiques ne vaudront pas celles des Américains, perfectionne la préparation militaire de nos millions d'adolescents, et fais lancer vers l'Ouest par chacun d'eux, le dimanche, une colombe de la paix ; et vers Mao, les jours de semaine, ce qui convient. Agrandis, dans chaque pays, la terrible faille dont il peut mourir : que les nôtres se rassemblent sur nous, et les autres sur rien. Établis, à la place des privilèges idiots que nous avons détruits, les privilèges efficaces, et parle d'égalité : ton génie, c'est d'avoir caché sous le vocabulaire du siècle mort l'implacable réalité du siècle vivant. Tout à l'heure, pour te faire rire avant le sommeil, je te donnerai leurs journaux, et tu penseras à ce que goupille ce qui fut la grande Europe, en face de ce que tu fais. Que notre sourd bruit de forges qui monte de la fin de la nuit, si semblable à celui des batailles, ne te fasse pas oublier le silence qui, de l'autre côté de la terre, entoure les villes atomiques, mais regarde : voici que commence à poindre la petite aube du demi-siècle, sur la neige qui ensevelit les Chevaliers Teutoniques et les hitlériens, les Tartares et la Grande Armée.

Carrefour, 27 décembre 1949.

OCCIDENTAUX, QUELLES VALEURS DÉFENDEZ-VOUS ?

*Allocution prononcée
le 30 mai 1952
au cours de la séance
de clôture du congrès
« Pour la liberté de la culture »*

Étant donné que vous avez décidé de ne pas remettre votre esprit entre les mains de Staline et de ses successeurs, étant donné que le communisme n'est pas une plaisanterie mais une chose sérieuse et que vous n'entendez défendre ni le capitalisme ni le raffinement, quelles valeurs culturelles avez-vous à mettre à la place des siennes et que défendez-vous ?

J'ai écrit, il y a longtemps : la culture est quelque chose qui se conquiert. Celle du xixe siècle est exsangue. Mais une des formes de l'esprit européen est plus puissante que jamais.

Car l'Europe était moins puissante lorsque les armées européennes entraient à Pékin, qu'elle ne l'est quand la pensée du chef de la Chine récuse la moitié de l'héritage chinois et s'est mise à l'école de la plus vigoureuse pensée occidentale. En Chine comme en Russie, le nationalisme communiste apporte l'industrialisation que n'avait pu imposer l'Europe victorieuse. Mais cette action de l'Europe sur le monde n'a pas beaucoup à voir avec sa culture. Et le conflit des successeurs est ouvert.

D'un côté la Russie, avec toute l'histoire, préface du communisme ; l'affirmation qu'il n'existe qu'une civilisation ; la conception des arts comme produits et comme moyen d'action.

De l'autre, nous dit-on, l'Amérique.

Ce n'est pas vrai.

L'Amérique n'est pas autre chose qu'un morceau de l'Occident. Les Américains ne prétendent nullement apporter une idéologie distincte de la nôtre. Dans l'Europe de l'esprit, ils sont Américains comme nous sommes Français, comme les Anglais sont Anglais et les Allemands, Allemands. Et lorsque à Moscou on parle de « peinture pourrie », parle-t-on de l'école de Washington ou de l'école de Paris ? Une partie capitale des problèmes de la culture occidentale se pose encore à Paris.

Qu'appelons-nous « culture » ? Pas le raffinement, je l'ai dit. Pas un ensemble de connaissances. Mais prenons garde : certains éléments de connaissance en font certainement partie. Par exemple, l'effort de l'histoire pour rendre le passé intelligible. Et le même effort dans les sciences, l'effort pour rendre le monde intelligible; la nature de l'univers et de la matière. La culture nous apparaît donc d'abord comme la connaissance de ce qui a fait de l'homme autre chose qu'un accident de l'univers.

Par l'approfondissement de son accord avec le monde ou par la conscience lucide de sa révolte. Ce rôle d'établissement ou de rétablissement de l'homme dans l'univers a été joué jadis par les grandes religions. Mais aucune valeur sacrée n'informe plus fondamentalement notre civilisation. Et depuis que l'homme est seul en face du cosmos, la culture aspire à devenir l'héritage de la noblesse du monde.

Ce n'est pas un plutarquisme, ce n'est pas une légende dorée, parce que nous ne cherchons plus dans le passé une suite d'actes exemplaires; nous y cherchons la nature de la grandeur de l'homme, tous les témoignages de cette grandeur, tout ce qui a été conquis par l'homme et nous savons que le monde des mots, des sons et des formes lui appartient.

D'où la force des vieux symboles. La cariatide de l'Acropole est présente dans notre mémoire comme le symbole de la liberté grecque, parce que l'entablement du temple, qui pèse sur elle avec un poids du destin, la raidit dans la souple fierté des porteuses d'amphores et sa bouche effacée redit aux siècles l'immortelle réponse d'Antigone : « Tu dois mourir, dit Créon, pour avoir enseveli tes deux frères contre la loi. Et tu ne pouvais les unir dans un même amour, car l'un défendait sa patrie et l'autre la combattait. — Je ne suis pas venue pour partager la haine. Je suis venue pour partager l'amour. » La culture est l'ensemble de toutes les formes d'art, d'amour et de pensée qui, au cours des millénaires, ont permis à l'homme d'être moins esclave. Le domaine où, au fond de notre mémoire, se lèvent ensemble, sur l'immense indifférence des nébuleuses, les petites silhouettes invincibles des pêcheurs de Tibériade et des bergers d'Arcadie.

Ainsi, art et culture nous apparaissent-ils comme l'expression de la plus profonde liberté. C'est pourquoi les totalitaires, pour justifier la direction qu'ils imposent à l'art, tentent d'apporter à leur idéologie le rayonnement d'un monde de rêves et de passion : le grandiose domaine du monde gothique. Pourquoi notre art ne serait-il pas dirigé, puisque l'art des cathédrales le fut?

Cet art « dirigé », c'est essentiellement la sculpture. Mais prenons garde. Nous projetons sur elle notre expérience de l'art du xixe siècle, la lutte d'un art académique et protégé : Bonnat, Bouguereau, etc., contre un art libre et maudit : Cézanne, Van Gogh, etc. Or cette lutte, devenue éclatante au xixe siècle, n'a jamais existé au Moyen Âge; il n'y a pas de Detaille sumérien, il n'y a pas de Bonnat médiéval. Chacun de vous sait qu'elle n'existe pas dans les arts primitifs.

Comme l'art nègre, l'art médiéval a connu un immense artisanat : il n'a jamais connu un art d'imposture. Il a vécu jusqu'au xive siècle de découvertes de styles depuis Cimabue jusqu'à Raphaël. On sait que Florence porta en triomphe la Madone de Cimabue. La création artistique était alors le moyen de la création religieuse.

Du xie au xive siècle, la sculpture chrétienne est une poursuite du divin. Les tympans, qui sont pour nous quelques-uns des plus hauts témoignages humains, tarissent tour à tour, mais ni les défaites ni les triomphes n'épuisent le courant souterrain. L'art et l'Église explorent alors les chemins fraternels d'une même incarnation. Les mains de prières qui ont sculpté ces figures sont d'abord soumises à l'insaisissable amour devant lequel elles se sont jointes. Et lorsque sur une statue de femme reparaît le mystérieux reflet à quoi chacun reconnaît alors la présence de la Vierge, l'Église s'incline et prie à son tour. Devant chaque nouvelle découverte, tout le monde est d'accord : les artistes, le public, l'Église. Il n'y a pas d'exemple de conflit grave au temps des cathédrales. Suger écrit au service des artistes, qui ne sont pas au sien (sauf, bien entendu, pour l'iconographie) ; saint Bernard défend l'art gothique naissant contre l'art roman en agonie. Mais il défend le style gothique, il ne l'invente pas.

C'est au XVIIe siècle que tout va changer ; la grande sculpture meurt ; l'Église n'attend plus de la peinture qu'elle approfondisse sa communion, mais qu'elle *séduise*. La Chrétienté n'est plus un bloc, la Réforme commence... et la tiédeur aussi. Et, avec elles, la publicité pour le paradis, pour l'Église et pour les saints. La peinture pieuse repose sur une rationalisation de l'art, exactement comme l'académisme (le vrai, celui des Carrache), son contemporain ; comme la piété qui remplace le flamboiement médiéval. La création artistique et la création religieuse cessent d'être indissolubles. Elles ne servent plus une valeur suprême mais un client, et l'expression de sa valeur suprême, quand elle existe encore, est fixée à l'avance, en tant que style par ce client. C'est le moment décisif. Jusque-là, un maître avait été un artiste, dont on admirait la puissance de découverte.

On donnait à Titien des sujets, mais nul n'eût pu lui imposer son style. Car, pour le faire, il eût fallu être un peintre de génie. Et jamais l'Église n'avait imposé un style aux romans ni aux gothiques : il eût fallu être l'égal des maîtres de Chartres, ce que n'étaient ni Suger ni saint Bernard.

Avec l'arrivée du client, on vit sortir les nouveaux portraits des cardinaux. Ils avaient jadis été des figures de confession ; ils ressemblaient maintenant à des portraits d'acteurs ; les portraits des maréchaux allaient bientôt venir.

Comment ne pas voir alors s'éclairer la question du réalisme socialiste ? La formule ne compte pas, qu'elle soit réalisme socialiste, plein air, divisionnisme, cubisme ou autre. Ce qui compte, ce sont les tableaux. Vous en avez vu enfin des photos... au moins le *Conseil de révision*, de Doudnik ; le *Vorochilov*, de Guérassimov. Mais, sauf une critique d'art qui semble n'avoir plus d'autre idée que de ne jamais croire ses yeux, qui diable ne voit qu'en fait de génie du Moyen Âge, nous sommes en face de la Renaissance de la peinture apprivoisée ?

Cézanne continuait les sculpteurs gothiques dans leur poursuite, dans leur invention d'un monde inconnu ; sa valeur suprême étant devenue la peinture elle-même. Les peintres russes continuent la peinture pieuse. La peinture rationalisée. Je me souviens d'Eisenstein disant : « Si je ne peux plus tourner un film, c'est parce qu'il faut que je soumette le *scénario*. Lorsque j'ai fait *Le Cuirassé Potemkine*, nous ne disposions que de sept semaines : on m'a fichu la paix, puis on a contrôlé le film ; on l'a jugé bon et tout le public russe a été de cet avis. Si, aujourd'hui, on me laissait tourner et si on contrôlait *les images*, on me ficherait encore la paix : je suis sincèrement révolutionnaire. Mais au lieu de me faire confiance, on a peur du scénario : ils ne sont pas capables de se représenter les images, sinon ils seraient capables de faire mon film à ma place ; le résultat est que je ne puis rien tourner. » Et le plus grand metteur en scène soviétique ne tourna plus que des opéras historiques.

Cette rationalisation est, là aussi, au service du client. Le client, quand il est dialecticien, a de bons arguments ; mais il a aussi son goût et il advient que ce soit le goût qui envoie en Sibérie, plus que l'argument. Tout art rationalisé tend à une publicité, comme la peinture bourgeoise, à l'exception de ses anecdotes : celle de Roll, de Detaille, de Bonnat et de tant d'autres. On la dit morte : elle triomphe enfin ! Parce qu'elle assure de nouveau sa vieille fonction. Si vous voulez en être sûrs, supprimez les étiquettes, prenez les portraits des maréchaux russes, regardez-les : est-ce qu'ils appartiennent à la peinture bourgeoise, oui ou non ?

Mais, nous dit-on, peut-être faut-il en passer par là. Picasso, ça ne va pas très bien. *Massacre en Corée* est une belle œuvre ; malheureusement, si on la présentait dans les journaux américains sans nom d'auteur, comme une accusation des Russes — *Massacre en Corée*, le titre peut aller dans les deux sens — ça marcherait aussi. C'est un réalisme un peu ambivalent. Évidemment. (Pour l'ambivalence, il y avait des portraits de maréchaux et même des scènes de grandes constructions, assez semblables dans la peinture hitlérienne — notre héritage de la peinture bourgeoise — mais ça ne fait rien.)

Il peut y avoir une bonne peinture communiste,

j'en suis convaincu. Une grande peinture peut-être. Dans la mesure où un peintre communiste, persuadé qu'il sert le prolétariat et même si ses sujets sont de propagande, reste seul maître de son style, c'est-à-dire de son art. Mais je ne suis pas moins assuré que si, avant qu'il ait commencé à peindre, on lui impose le style dans lequel il peindra, il n'y a aucun espoir qu'il soit un bon peintre, communiste ou non. Il n'y a même aucun espoir qu'il soit un peintre tout court. Je doute qu'on trouve Chartres, à Moscou ou ailleurs, en passant à travers Detaille ; je crois qu'exalter la mauvaise peinture n'est pas une très bonne façon de se rapprocher de la bonne ; je crois que les bonnes actions conduisent fort bien à la mauvaise peinture et j'affirme que si naît un jour un Rembrandt communiste, il ne ressemblera pas à Fougeron.

Qu'on nous dise que plus tard naîtra une grande peinture, soit ; mais qu'on ne nous dise pas que celle-ci est de la peinture, car elle n'en est pas ; et nous en avons assez d'entendre une esthétique, dont les œuvres vont de la sculpture jésuite à la peinture bourgeoise, se réclamer inépuisablement des cathédrales !

C'est une erreur fondamentale sur la nature même du génie, qui a imposé au marxisme la confusion entre « production » et « création », entre une œuvre asservie et une œuvre inventée. Confusion qui n'est pas même acceptable entre une statue médiévale quelconque et l'invention du *Sourire* de Reims, du *David* de Chartres ou de la *Pietà* de Villeneuve. Un chef-d'œuvre n'est pas un navet en mieux ; Victor Hugo n'est pas Richepin en mieux. La production est irréductible à la création ; elle peut en être la copie ;

elle n'en est ni un degré ni un état. C'est sur cette confusion que repose l'idée que l'art n'est que l'expression de la société. Idée sans importance lorsque l'accord entre l'artiste et la valeur suprême qu'il sert est étroit comme au xiiie siècle ; mais qui devient délirante quand la création et la production entrent en lutte, quand il s'agit d'un art opposé par son sens le plus profond à la société dans laquelle il naît ! La structure de Cézanne, lisait-on devant les Cézanne au musée d'Art occidental de Moscou, est l'expression de la décomposition bourgeoise. Ainsi un art serait-il l'expression de ce qu'il a toujours méprisé ou haï. L'idée que le génie du vieux Rembrandt, amoureux des servantes, en train de finir dans la solitude et l'abandon le grand ciel noir des *Trois Croix* ; l'idée que le génie du pauvre Van Gogh, en train de peindre le *Café d'Arles* avec des bougies sur son chapeau, exprime quoi que ce soit de ceux qui sont en train de les faire mourir, devient saisissante aux époques où le génie est un immense cortège de misère. Vous avez vu les tableaux que présente « L'œuvre du xxe siècle ». Combien de ceux qui les ont peints ont été riches ou heureux d'autre chose que de leur génie ? D'un bout à l'autre du monde, ils ont créé des itinéraires de désespoir. Dans les grandioses funérailles du vagabond Gorki, j'ai vu naguère la revanche de l'agonie dérisoire et sans doute atroce du vagabond Villon. C'est une bien autre revanche que ces hommes, restés tous pauvres, tous solitaires, aujourd'hui réunis par la puissante Amérique pour témoigner d'une part d'honneur de son inquiète puissance. Salut, solitude de la création, à l'heure où tu fais partie du rachat des empires ! Salut, naissance arrachée à la douceur humaine qui pourrira sous la terre! Salut, sœur de la première nuit glacée où une espèce de gorille, pour la première fois, se sentit mystérieusement le frère du ciel étoilé! Il y a quelque chose de plus important que l'Histoire, et c'est la constance du génie. Cézanne est l'expression du capitalisme et de la bourgeoisie comme Prométhée est l'expression du vautour.

En langage marxiste, on devrait dire que Cézanne est l'expression du capitalisme comme Lénine. Comme Lénine, grâce au prolétariat russe, tirait du capitalisme écrasé la figure d'un nouveau monde, Cézanne tirait de l'écrasement de l'académisme, non seulement l'art moderne, mais encore la résurrection des formes de cinq millénaires.

Car cette résurrection est née de l'artiste, sacrifiant tout à l'idée qu'il se faisait de son art. Jamais encore n'avait eu lieu la résurrection de tous les arts du monde. J'ai écrit : « Il est bien évident que Braque ne traduit pas la sculpture sumérienne; mais dans la mesure où il fait prendre conscience du caractère spécifique de l'art, il rend visible cette sculpture qu'on ne *voyait* plus; et le chirurgien qui opère quelqu'un de la cataracte ne lui traduit pas la lumière, il la lui donne ou il la lui rend. » C'est l'art moderne qui nous a permis de voir toutes les formes du monde, lui qui, à travers l'héritage des formes, nous apporte l'immense héritage des valeurs métamorphosées. Et derrière cette résurrection, chant de l'Histoire et non son produit, se précise l'énigme fondamentale : l'homme.

Toute culture profonde, en devenant mondiale, devient une aventure, au sens où la physique moderne en est une. Sans doute pour longtemps. Il a

参照

fallu plus de siècles pour élaborer l'astronomie que pour dire que la terre ne tournait pas. Notre culture est une interrogation orientée par la volonté d'accroître la conscience de l'homme.

Que chacun combatte où il le croit juste. Mais ne disons pas au nom de Spartacus « que Prométhée est l'expression d'une superstructure ». César se souciait peu du prolétariat romain et là où Prométhée n'est que littérature, Spartacus est vaincu d'avance. Dans ce monde aux trois quarts ruiné, il se peut qu'on se souvienne de la voix d'Antigone et quand le premier artiste réapparaîtra dans les ruines de la dernière ville spectre, en Occident ou en Russie, il reprendra le vieux langage de la découverte du feu, de l'invention des bisons magdaléniens. Une fois de plus sur la terre qui porte la trace de la demi-bête aurignacienne et de la mort des empires, l'écho millénaire se mêlera au bruit du vent sur les ruines : « Je ne suis pas venu pour soumettre ma part divine, mais pour rétablir l'homme et lui rappeler sa grandeur à voix basse. »

Carrefour, 4 juin 1952.

DEUXIÈME ENTRETIEN D'ANDRÉ MALRAUX AVEC *L'EXPRESS*

Chacun tire à soi ce qui l'intéresse — pour ou contre ; la forme de nos entretiens s'y prête, d'ailleurs... Donc, la « nouvelle gauche » intéresse beaucoup de gens. J'en ai parlé incidemment, à propos de la pièce que Thierry Maulnier a tirée de mon roman ;

la renaissance possible du sentiment de gauche me semblait plus importante. M. Vincent Auriol unit les deux questions, et n'a pas tort. Je vous répondrai donc, tout à l'heure, autrement qu'en observateur.

Pour cela, écartons d'abord quelques buissons : j'ai dit que si Mendès France tombait, sa chute pourrait bien ressusciter la gauche libérale. À condition qu'il fût renversé *par la droite*, que son successeur fût de droite. Sinon, plus de pronostic — jusqu'au retour de la droite...

J'ai dit que dans ce cas, cette gauche serait peut-être anticléricale. Je ne suis pas anticlérical, et pas tellement libéral en politique (à ma connaissance, le ministère actuel n'est pas anticlérical non plus, d'ailleurs). J'ai dit que cette gauche ne serait pas nécessairement anticommuniste : si elle avait tort, ça n'y changerait rien. Un pronostic n'est pas un portrait.

Lorsque je vous parlais du libéral, j'avais dans l'esprit le personnage qui s'oppose au bien-pensant. Vous aussi ? Bon. Il commence à Renan, et finit au *Canard enchaîné*. Les économistes antilibéraux ont cru que je défendais le libéralisme économique. C'est le même mot, en effet...

Un renversement d'alliances qui conduirait le MRP de ce qui fut la Troisième Force, à une nouvelle droite (celle-ci appelant, par réaction, la renaissance du libéralisme d'abord, du sentiment de gauche ensuite), serait assurément un fait parlementaire important. Mais ce n'est pas la politique qui m'intéresse, c'est l'Histoire. Mes réponses à vos questions sont celles d'un intellectuel à qui ces questions ne sont pas étrangères ; pas davantage, pas moins non plus. Et dans les limites d'un entretien : il s'agit donc de flèches indicatrices, plutôt que d'exposés...

Je n'envisage de participer ni à un « regroupe-
ment », ni à un nouveau parti. Je ne suis ni mendé-
siste, ni néo-quoi-que-ce-soit : je suis gaulliste. Pour
les raisons que l'on sait, et que le ton des Mémoires
du général de Gaulle a rendues claires pour tout le
monde. Cela dit, à vous de jouer.

Si l'on donne au mot politique, le sens qu'il tire de
l'Histoire et non celui qu'il tire de la cuisine, la
France est un pays atteint de paralysie générale politique.

Il ne s'agit nullement de savoir si elle peut rivaliser
avec les États-continents du xxᵉ siècle. Il s'agit de
savoir pourquoi elle se montre incapable de construire autant de maisons ouvrières que la Hollande,
incapable de retrouver une armée égale à celle de la
Yougoslavie.

La France au-dessus de tout ? Non. Mais la France
au-dessous de la Suisse, ça aurait étonné les Suisses
de 1910 ! La pauvreté qui nous interdit de construire
le gratte-ciel de l'« Empire State » ne me paraît justifier ni les chalets de Bécon-les-Bruyères, ni les tau-
dis.

Ça ne vous intrigue pas de constater que Chartres
ne pourrait pas aujourd'hui construire sa cathédrale,
et que la France pourrait si peu construire le palais
de Versailles qu'elle n'est pas même assez riche pour
l'entretenir ?

J'ai vu les pays atteints du vrai cancer des
peuples : la Chine, la Perse de naguère. Quel rapport
avec nous ? L'individu, comme l'État, n'y croyait à
aucun travail, et y croyait à toutes les combines. Paysans, ouvriers, chefs d'entreprises, chercheurs : cré-
tins ! Marchands de tapis, fonctionnaires prévarica-
teurs, ministres : grands hommes !

Ce cancer a deux symptômes précis : le dédain de tout travail créateur et la prolifération illimitée des intermédiaires. Le communiste Mao Tsé-toung a vaincu cela avant toute autre chose — comme le Shah Pahlévi.

Or, il est faux que, chez nous, les ouvriers, les paysans, les chefs d'entreprise ne travaillent pas. L'individu n'est pas touché. C'est l'esprit collectif, l'esprit civique, qui l'est. Pourquoi ? Parce qu'à la majorité des Français, l'État apparaît comme *une imposture*. Il parade, oh ! modestement, devant les communistes et les communisants qui le regardent avec haine, devant les autres qui le regardent avec ironie. L'addition du nombre des abstentionnistes et de celui des voix communistes suffit à prouver que la majorité absolue des Français est hostile à l'État.

Pour le Français « qui s'occupe de politique », qu'est le député ? Un homme à qui il apporte des voix, et qui les lui rend en décorations, bureaux de tabac, autorisations et avantages divers : le grand électeur collecte, et l'élu distribue.

On avait cru pourtant que le scrutin de liste épargnerait aux députés de rapporter aux électeurs leurs parapluies perdus ! Erreur, illusion, chimère ! Le parti les rapporte collectivement : il loue des cars. Que le parti communiste se voit vite mis à la page, et que ses municipalités « protègent de préférence ceux qui pensent bien », j'espère que vous n'en doutez pas...

Mais le député est aussi, plus noblement, le dernier recours de beaucoup de malheureux contre l'appareil de l'État, contre le mécanisme — si soumis ailleurs ! — qui leur semble toujours menaçant. J'ai vu naguère Léo Lagrange recevoir ses « électeurs » du Nord. Avaient-ils voté pour lui? J'en doutais. Lui aussi. C'étaient de pauvres gens qui venaient lui demander de défendre leur droit quand il n'y avait plus de guichet pour ce droit — ou quand il n'y en avait jamais eu. C'était souvent!

D'où ce fait singulier que les Français sont à la fois antiparlementaires et anticésariens.

Mais constatez que le mélange d'ironie et de complicité que le Parlement inspire aux Français, la municipalité ne le leur inspire pas. Sauf qu'il s'agit de puissantes municipalités, peu connues de leurs électeurs et liées aux grandes affaires autant que le Parlement: Topaze est un personnage parisien. Dans une commune moyenne, et même dans maintes grandes villes, le maire qui a réussi est respecté, et à peu près inamovible. Mais ses administrés savent réellement ce qu'il a transformé. Ils ont souvent, sous une forme ou sous une autre, participé à la transformation. Ils l'ont presque toujours suivie.

Retenons donc ceci: en 1955, l'ironie, l'indifférence, l'abstentionnisme — et même le vote communiste des non-communistes — cessent lorsque les Français sont concernés par des faits et non par des principes. Ce n'est pas sans importance, et je vais essayer d'exposer de quels faits, de quelle *action*, une renaissance de la gauche me semble inséparable.

Chacun sait que l'un des événements capitaux de l'après-guerre est le retour de la Russie à son rang de grande puissance. Chacun pressent, plus ou moins, que la Chine et l'Inde rentrent dans l'Histoire. Mais si le retour de la Russie et de la Chine est inséparable du communisme, il l'est aussi de la civilisation industrielle.

L'événement décisif du siècle, c'est donc la

conquête du monde par la machine. Marx pense en fonction de la révolution industrielle ; celle-ci s'ébauche avant sa naissance.

Ma génération a passé des fiacres aux avions intercontinentaux, aux projets de fusée interplanétaires. Or la civilisation industrielle appelle manifestement une profonde modification des formes politiques nées au XIXe siècle — voire au XVIIIe. Les États-Unis n'ont pas changé leur Constitution, qui donne d'ailleurs à leur président des pouvoirs considérables, mais le président Roosevelt a fait le « New Deal ».

À la Libération, la France a tenté des réformes de structure, mais cinq ans après elle a retrouvé ses sentiments et ses conflits de 1910 — sans retrouver sa richesse et sa puissance. Nos grands problèmes sont posés en permanence comme s'ils étaient ceux des petits commerçants. On dirait que le dirigisme consiste à réglementer la vente des lacets. Le mot même est d'une rare absurdité ; il suggère presque le bon plaisir de l'État, alors qu'une véritable direction économique, rigoureuse sur l'essentiel, doit laisser dans les autres domaines le plus possible de liberté.

Avant trente ans, la question décisive sera celle de l'emploi de l'énergie nucléaire. Qui s'imagine que l'État n'ait rien à y voir — et pour commencer, que de puissantes sources d'énergie nucléaire soient créées en France, sans l'État ?

Les spécialistes affirment que le développement de l'artillerie fut à l'origine des grandes monarchies, parce que seuls les princes les plus puissants pouvaient posséder des fonderies de canons. Acceptons leur affirmation en tant que symbole. Il s'agit de savoir si la France veut construire sa fonderie (nous savons qu'elle le *peut* encore), et si elle la construira sans l'État.

Qu'est-ce que notre système de gouvernement ? Au mieux, et hors de tout esprit polémique, une *organisation de la conciliation*.

Il ne s'agit pas, pour le gouvernement, de convaincre les partis ou les élus de voter les réformes qui feront de la France une nation du XXe siècle, mais bien de s'assurer, au départ, un nombre de voix suffisant pour les entreprendre. Et les ministres qui garantissent les voix ne sont pas unis pour entreprendre ces réformes ; ils le sont pour participer au pouvoir. Il faut donc les concilier — et se concilier une partie de l'opposition ; au moins, la neutraliser. D'où des mesures toujours partielles, d'autant plus que ces conciliations sont pour une grande partie des conciliations d'intérêts.

La conciliation n'est pas rien ! C'est à ses éminentes qualités de conciliateur que Léon Blum dut le rôle qu'il joua dans sa retraite de Jouy-en-Josas. Et c'est sans doute à elles qu'il dut les réussites du Front populaire — et l'échec final de celui-ci. Car déjà *c'était trop tard*. Le système est lié au XIXe siècle, au temps où l'économie réellement individualiste se passait de l'État, et où Anatole France disait que le meilleur État est celui qui gouverne le moins.

Notre système politique a de graves défauts dont tous les présidents du Conseil conviennent. Mais il *a d'abord une tare fondamentale* : il n'est qu'une administration du pays.

Le fonds fut en son temps le premier d'Europe, il était assez bon encore il y a vingt ans, les grands pays ont la vie dure. Mais quand ils vivent sur leur fonds dans un monde comme le nôtre, la vie dure ne leur assure guère qu'une mort lente.

Un État moderne n'est plus une administration et

il ne peut devenir autre chose (surtout lorsqu'il s'agit de la France, où l'esprit civique est faible, comparé à celui de l'Angleterre ou de la Suisse), que s'il existe un arbitrage réel. Si l'un des partis au pouvoir veut une infanterie et l'autre un corps cuirassé, on ne résoudra rien en mettant un demi-soldat dans un demi-char. On peut faire une infanterie insuffisante, et des chars insuffisants pour l'appuyer : ça s'est vu. On peut aussi faire des piles atomiques individuelles pour actionner le train électrique du petit.

Non seulement ce système assure bien la défaite au début de chaque guerre — notre défaite, pas celle de l'ennemi — mais encore il est incapable de répondre à une menace quelconque sur un plan quelconque, pour peu qu'elle soit grave. *Il n'est pas fait pour ça.*

On l'a vu dramatiquement en Indochine. On va le voir en Afrique du Nord. La politique colonialiste n'est pas la mienne, mais on peut la concevoir cohérente. La politique de création de l'Union française aussi. Celle qui proclame les droits de l'homme en refusant de les reconnaître, qui espère *concilier* les fellaghas et les « gros colons » est inintelligible. En réalité, cette conciliation a été le plus souvent, naguère, celle des représentants réconciliés dans le partage du pouvoir, l'embrassade des avocats à la buvette du Palais. Il reste à savoir si les représentés s'embrassent aussi.

Que les Français le veuillent ou non, ils devront changer la structure de l'État, pour lui rendre sa fonction véritable, qui est de gouverner — au sens où l'on gouverne un bateau.

Je crois que la France a de cette situation une conscience confuse, mais assez forte. Saturé de

233

comédie, le pays ne croit plus qu'aux résultats concrets, même limités. C'est à cela seulement qu'a tenu la courte popularité d'Antoine Pinay, à cela d'abord que tient la popularité de Pierre Mendès France.

Celui-ci s'est publiquement fixé des objectifs et les a atteints. Mais il y a les obstacles que peuvent surmonter les qualités qu'on lui reconnaît — et les autres, qui tiennent au système lui-même et à *tous* ceux dont la force en France cesserait, en même temps que la faiblesse de ce système. C'est pourquoi je crains fort qu'on ne puisse refaire la France qu'en surmontant ces derniers obstacles. Vous qui êtes amis du Président, vous devriez lui faire une suggestion, d'autant plus qu'il peut ne pas la retenir : quand il tombera, qu'il emploie donc sa dernière émission, pendant l'expédition des affaires courantes, à expliquer au pays *noir sur blanc*, pourquoi et comment il est tombé.

Où en est la droite traditionnelle ?

Je me méfie de l'expression : « droite traditionnelle ». À moins que l'on n'entende par là l'organisation de la défense des privilèges acquis, traditionnelle en effet. Mais elle s'est très rarement présentée comme telle. Elle est même, en vérité, rarement limitée à cela.

Attention ! Jusqu'en 1914, et même plus tard, une vraie droite et une vraie gauche ont été séparées par un antagonisme de sentiments si réel, si profond, qu'il s'exprimait jusque sur la carte de France : cette droite était nationaliste, cette gauche, internationaliste. Barrès ou Poincaré, contre Jaurès.

Mais on ne parle plus guère d'internationalisme.

Le fait nouveau, c'est que la droite ne se réclame

plus du droit divin, ni de Dieu tout court, ni de la patrie, ni du roi; sauf dans deux départements, et dans de petits groupes d'intellectuels que la vraie droite, la droite épaisse, regarde d'un sale œil et tient pour des farfelus.

Lorsque la droite a cessé d'être nationale, il n'a plus existé d'idéologie, et des idéologues de droite sans troupes et souvent (c'est à leur honneur) sans commanditaires. Les officiers dont Fresnay a popularisé le type dans *La Grande Illusion*, souvent maurrassiens, ont été solidaires du maréchal Pétain ou du général de Gaulle (nous en avons connu pas mal dans la Résistance, et en Indochine), ils ne le sont pas des puissances d'argent.

La vraie droite, en 1955, est une force *clandestine* que la droite parlementaire défend, mais ne symbolise nullement — et qui, au Parlement, va très loin à gauche... Un article que *L'Express* a publié la semaine dernière m'épargne de longs développements : la vraie droite, en Algérie, c'est M. Borgeaud (et quelques autres, bien entendu). Et M. Borgeaud n'est pas l'héritier de Barrès.

Barrès, Poincaré représentaient réellement ceux qui les avaient élus. La droite clandestine ne représente qu'elle-même. Les deux dernières valeurs dont elle se réclame (plus confusément, d'ailleurs, que la droite de jadis ne le faisait de la légitimité ou de la patrie) sont l'autorité et l'efficacité.

Comprenons bien qu'il y a dans toute idéologie de gauche, dans toute idéologie qui se réclame de la gauche, et même dans chaque numéro de *L'Humanité*, une revendication née du christianisme.

On lobectomise le cardinal Mindszenty au nom de la justice sociale; mais l'idée d'une justice à laquelle *tous* les hommes peuvent faire appel semble avoir été plutôt vague pour Périclès, et pour Cyrus, qui pourtant a traité les vaincus plus humainement que tous les rois qui l'avaient précédé. Vous voyez-vous, allant parler à César des droits des esclaves ? Vous vous seriez fait renvoyer au président de la Société protectrice des animaux.

Dans la grande Chrétienté, la justice fut une dépendance de la religion. En somme, le « sentiment de gauche » naît lorsque les hommes les séparent, prennent la justice en charge. Initialement, ça a bien l'air d'être la forme que suscite un sentiment chrétien dans une société rationaliste. Cromwell n'est pas la gauche, mais Cromwell fait décapiter le roi au nom de la Bible.

Les civilisations non chrétiennes sont indifférentes à l'idée de justice sociale jusqu'à ce que l'Occident la leur apporte : elles connaissent les révoltes, non les révolutions. Le grandiose héritage hindouiste du Mahatma Gandhi eût ignoré les Intouchables, si les droits de l'homme, héritiers des droits de l'âme, avaient été étrangers à l'avocat Gandhi...

Or, de cette origine, le sentiment de gauche a conservé à la fois la nostalgie de la conquête d'un ordre plus juste, et celle d'un désordre fraternel. C'est la révolution de 1848, 1905 en Russie, le début de la Commune, de la révolution d'Octobre. L'exaltation de ce désordre naît, avec ce que j'ai appelé, à propos de la guerre civile espagnole, « L'illusion lyrique » : au moment qui suit l'insurrection victorieuse.

La Révolution française, puis la révolution russe ont passé de cette fraternité des barricades à la fondation du nouvel État. Non sans métamorphoses, quelques-unes assez dramatiques. Mais il ne s'agit pas ici d'une analyse des révolutions. Retenons seulement que dans le sentiment de gauche se mêlent le goût de l'illusion lyrique et celui de l'énergie. Dans *le sentiment*. Dans l'action, si le premier l'emporte, c'est la défaite.

Et si une nouvelle gauche doit naître, maintenant ou plus tard, elle devra choisir. Le libéralisme du XVIIIe siècle a appelé la Révolution, il ne l'a pas faite. Une gauche combattante ne se définit pas par l'absence d'autorité, mais par le fait que l'autorité y est *déléguée*. Cela mis au clair, pourquoi l'autorité serait-elle un privilège de la droite ? Les hommes du « mur d'argent » ont eu plus d'autorité qu'Edouard Herriot — mais moins que Saint-Just.

Reste l'efficacité. Dans le domaine technique, la gauche me semble surtout *en retard*. La droite proclame que les chemins de fer de l'État n'arriveront jamais à l'heure, que les Soviets ne construiront jamais de camions ; et, en effet, les trains sont en retard, les camions poussifs — jusqu'à ce qu'ils ne le soient plus. Avez-vous remarqué que les pouvoirs qui durent trouvent toujours leurs techniciens, comme ils trouvent toujours leurs idéologues ?

Mais les techniciens — j'entends : les techniciens de toute nature, ingénieurs, directeurs au sens où l'entend Burnham, organisateurs - préféreraient souvent à la droite une gauche qui ferait appel à eux pour l'exécution de grands desseins précis. Les chercheurs aussi (il faudrait parler d'eux longuement, car la gauche dont je parle n'est pas viable sans une aide massive à la recherche scientifique). À condition que cette gauche ne mette pas en question l'autorité des premiers, ni l'indépendance des seconds. Pour les chercheurs, c'est facile. Pour les autres, non.

L'égalité — non pas des droits, mais des modes de vie — n'a existé dans aucun État. Ce n'est pas un argument ; mais c'est un fait important. Pour l'historien, il s'agit de savoir si un privilège est acquis, ou non, au bénéfice d'une collectivité — en l'occurrence, de la nation. Pour le psychologue... Le communisme russe a annexé les techniciens. Si la Révolution française ne l'avait pas fait, elle se fût privée de Carnot, de Cambon, du général Bonaparte, et de pas mal d'autres. La gauche doit choisir entre appeler le pays à une action, en assumant les servitudes de l'action ; ou l'appeler à un rêve, ce qui présente de grands avantages électoraux.

Ce choix fait, je ne crois pas une gauche combattante moins efficace que la droite.

Les deux questions qui se posent me semblent alors ; la première : pourquoi la droite ne ferait-elle pas ce que vous attendez de la gauche ? La seconde : la gauche peut-elle choisir entre les sentiments dont elle est née ?

Pour que la question devienne claire, il faut que l'objectif de la gauche le devienne aussi. Supposez qu'elle dise : « Dans la France présente, nul ne peut améliorer la condition du plus grand nombre sans faire de la France une nation du xxe siècle. Notre objectif est d'y parvenir. Par les moyens que voici. Et en contrôlant de près la transformation, car nous n'avons pas oublié que le temps du Front populaire fut, pour maintes grandes banques, un temps de Cocagne. »

Pourquoi la vraie droite, elle, entreprendrait-elle une telle transformation ? Elle ne le souhaite pas : si elle souhaite changer l'état des choses (dans lequel elle a fini par s'installer assez commodément) c'est pour revenir au XIXe siècle.

Et puis, il y a aussi un « sentiment de droite » ; souvent, le souvenir d'anciens combats. L'énergie de M. Borgeaud (que je n'ai jamais vu) passe pour peu commune ; mais s'il s'agit d'appliquer des réformes en Algérie, lui en confieriez-vous l'exécution ? Et en l'occurrence, il ne s'agit pas de les exécuter, mais d'en prendre l'initiative.

Reste l'énorme glacis de la droite, symétrique de celui de la gauche, et où les abstentionnistes se recrutent en grand nombre. À gauche, ceux qui sont moins pour Moscou que contre le système présent ; à droite, ceux qui sont moins pour la droite que contre ce système. L'ouvrier qui pense qu'on lui a assez bourré le crâne, et qu'il sera convaincu d'un changement quand il pourra habiter une vraie maison ; et le chef d'entreprise, patron ou non, qui accepte de limiter son indépendance pour que la France change, non pour que change le vocabulaire des politiciens. L'un et l'autre ne seront gagnés à une gauche combattante que par des faits. Ce qui m'amène à répondre à la seconde question.

La révolution russe n'a pas eu pour seule conséquence le retour de la Russie au rang de grande puissance, mais encore un événement moins clair, que nous avons oublié : le marxisme a cessé d'être une *utopie*.

S'il ne l'était pas pour les marxistes, il l'était pour tous les autres. Pour la plupart de ses adversaires, Jaurès, en 1910, était un utopiste. Ces autres, les Soviets ne les ont pas convertis ; mais ils les ont contraints à voir dans le marxisme une *réalité* politique.

Aujourd'hui, en France, on semble tenir pour utopie majeure toute transformation du pays qui ne
serait pas marxiste. Ne croyez-vous pas qu'un certain nombre de pays, de la Suède et de l'Inde aux
États-Unis, ont profondément changé la condition
ouvrière, non sans rien devoir à Marx, mais par leurs
propres voies?

Si les Martiens demandent à leur petit copain,
revenu sur sa soucoupe volante, où « la classe
ouvrière est au pouvoir », vous ne croyez pas que le
petit copain répondra que c'est dans la banlieue
d'Amsterdam, plutôt que dans celle de Moscou?

L'utopie majeure est devenue la prise du pouvoir
par le parti communiste, parce qu'il ne peut, pour
longtemps, le prendre qu'en remplaçant le patron
capitaliste par le patron russe. Ce dont le parti communiste s'accommoderait très bien; et les communisants, très mal. Et une gauche nouvelle, quelle
qu'elle soit, ne peut lutter contre le parti communiste qu'au nom d'une *réalité* assez convaincante
pour le rejeter à l'utopie.

Ce que fait la Russie, écrasant en face de ce que la
France ne fait pas, ne le serait nullement en face de
ce que pourrait faire la France, si les Français deve-
naient concernés par ce qu'elle fait. Et si la gauche
ne se définissait plus par ce qu'elle désire, mais par
ce qu'elle accomplit.

Précisons bien. Je dis que si reparaît le sentiment
de gauche dont nous avons parlé, et qui a joué un si
grand rôle dans notre histoire, il doit s'incarner dans
la volonté de faire de la France une nation du XXe siècle; et qu'il n'aura pas d'armes plus puissantes que
les premiers résultats acquis dans ce combat. Au
bénéfice de qui? Hors du totalitarisme, la trans-

formation d'un État du XIXe siècle en État du XXe se fait presque nécessairement au bénéfice du plus grand nombre. Le « presque » impliquant une action gouvernementale ferme, mais assez facile.

La difficulté n'est pas là, elle est dans la constante tendance de la gauche à ne pas préciser ses objectifs, à confondre le verbalisme, ou la bonne volonté, avec l'efficacité ; dans l'audace nécessaire à l'entreprise (qui implique une politique en Afrique noire, donc en Afrique du Nord, etc.), et surtout dans le temps indispensable pour y persévérer.

Disons : un symbole. Supposez un gouvernement qui décide que les maisons ouvrières de Paris vont rivaliser en nombre et en qualité avec celles qu'on a construites à Amsterdam depuis 1945. Je choisis la Hollande parce qu'elle a été, comme la France, éprouvée par la guerre ; et les maisons, parce que le peuple français est beaucoup plus mal logé que nourri. Cette construction ne peut être faite au seul bénéfice des deux cents familles.

Que le président du Conseil prenne le micro pour dire : « Voici ce que nous allons tenter, et voici pourquoi la première rue sera inaugurée dans quatre mois. Je vous en reparlerai dans quatre mois et un jour ; jusque-là, n'en parlons pas » (quatre mois, c'est aller vite ? Moins vite que le Venezuela). Après quatre mois : « Ce que nous avions promis est fait. Voici maintenant ce que nous allons faire. » Après quoi, la radio et autres cinémas.

Le conflit avec la vraie droite serait inévitable parce qu'il ne s'agirait pas de faire du paternalisme à coups de maisons ouvrières, mais bien d'un plan d'ensemble dont elles feraient partie ; et qu'elles seraient le moyen concret, contrôlable, d'engager le pays entier dans une entreprise qu'il souhaite, mais dont il craint d'être dupe, et à laquelle il serait associé par son développement même, par des résultats successifs.

Ne sous-estimons pas l'efficacité des moyens de diffusion. Comme tous les moyens techniques, ils peuvent être au service du pire et du meilleur. Donc, à celui de la vérité aussi. Et dans ce domaine, comme disait le philosophe Léon Brunschswicg, la vérité, c'est ce qui est vérifiable.

Ces résultats exigeraient certains moyens auxquels les Hollandais et les Anglo-saxons recourent — avant tout une fiscalité différente de la nôtre. Croyez-vous que la vraie droite accepterait sans conflit une fiscalité moderne? Son seul argument puissant serait : « Vous ne réussirez pas. » Et on se battrait enfin pour ce qu'on fait.

Je ne tiens nullement à ce conflit. Ni à son symbole. Prenez-en un autre.

Mais je tiens à ceci : tous ceux qui, hors du marxisme, ont voulu penser la gauche, Alain comme Sperber, ont répété : « La droite vit d'imposer, et *la gauche vit de convaincre.* » Je dis que les anciens moyens de convaincre — même ceux d'un marxiste comme Jaurès — sont des moyens de prédication, devenus rhétoriques en face de la réalité de l'URSS; et que dans un monde où les faits seuls convainquent, ceux qui vivent pour convaincre doivent convaincre par les faits.

Partout le glacis communiste a cédé devant les faits, depuis que les moyens de diffusion modernes permettent d'associer le pays à une grande entreprise : au Portugal comme aux États-Unis, en Angleterre comme en Suède. Il y a trois millions et demi de Français non communistes qui élisent des députés communistes, quelle proportion d'entre eux vote pour un candidat communiste *contre un maire de gauche qui a fait ses preuves* ?

Le général de Gaulle a posé un certain nombre de principes, auxquels ce que je viens de dire me semble s'accorder. Il a tenté de rassembler les Français, non seulement au-dessus des partis, mais encore au-dessus de leurs divisions les plus profondes.

Nous avons été nombreux à croire, à la Libération, que la division en droite et gauche appartenait au passé. La division a reparu ; et les questions que vous me posez la supposent acquise. À partir d'elle, il s'agit de savoir sur quoi la gauche peut se fonder pour assumer réellement la France, quelle forme peut prendre son espoir, à supposer que le « sentiment de gauche » dont j'ai parlé retrouve sa force.

Ce que je viens de dire implique des obstacles écrasants. Supposer que le ministère présent, dans le système présent, puisse l'entreprendre, n'est pas en question. Il faut donc d'abord qu'une victoire électorale de la gauche assure au ministère qui représenterait sa majorité une action continue, et d'assez longue durée. Il faut que soit institué l'arbitrage dont nous avons parlé.

Ces deux réformes gaullistes accomplies, il faut que nous ne comptions pas dans la gauche les voix — nombreuses — qui défendent les intérêts de la droite avec le vocabulaire de la gauche ; ou supposer que ces voix appuieraient une gauche combattante au pouvoir.

C'est beaucoup espérer. Il n'est pourtant pas absurde de l'envisager, plus tôt ou plus tard, si l'on pense aux élections qui amenèrent au pouvoir le Bloc des gauches, et surtout le Front populaire. Or, jusqu'ici, les élections de gauche ont été digérées par la droite (celle dont nous avons parlé, la vraie). Non sans vomissements; mais toujours. Les conquêtes de la vraie gauche ont subi le sort des hausses de salaires en période d'inflation. Ne les dédaignons pas. Ne disons pas non plus que la condition ouvrière est excellente. Ni beaucoup d'autres. Il s'agit donc de savoir comment le peuple de France pourrait conserver les conquêtes d'une gauche combattante — comment elle pourrait ne pas la trahir.

Qu'elle ne l'espère pas, si elle n'assure pas d'abord la continuité de son action. Il n'est pas impossible de l'obtenir du pays, à condition qu'il sache pourquoi. Vous entendez déjà ricaner les modèles de désintéressement que vous connaissez : « Elle veut maintenir son pouvoir! » En tout cas, pas le mien... Laissez-les ricaner, mais réfléchissez bien : aucune réforme de structure n'a réussi rapidement dans aucun pays. Et la puissance de la droite clandestine est égale à la puissance apparente de quiconque veut la vaincre.

Et pour vaincre, une gauche combattante doit : engager le pays dans le combat qu'elle mène en son nom. Montrer à quel point la France est menacée par la transformation de presque toutes les grandes nations, et de maintes petites. Préciser comment elle doit être transformée elle-même, selon quel plan, au bénéfice de qui, et dans quels délais; et ce qu'elle peut redevenir. Choisir une première transformation visible, contrôlable, en la montrant à tous et en faisant comprendre à tous sa signification. Ne pas séparer le combat de l'entreprise qu'il défend. Expliquer toujours qui attaque, ce qu'il représente, et pourquoi il attaque. Et mener ce combat jusqu'au bout.

« Entreprise totalitaire! Entreprise irréalisable! » Bien.

Le totalitarisme est lié à des institutions; et à la suppression de celles qui contrôlent réellement le pouvoir. Il n'y a pas de totalitarisme du gouvernement travailliste — ni d'ailleurs du gouvernement conservateur. Pourquoi une gauche combattante serait-elle une gauche incontrôlée?

La transformation de la France exigerait une participation plus importante des municipalités à la vie nationale. Mais notre entretien n'est ni un plan ni un manifeste. Insistons pourtant sur ceci : l'action des maires élus, très solides soutiens de la République, est nécessaire pour que ce dont j'ai parlé touche le pays en profondeur, ne devienne pas une sorte de propagande exaltée.

Ce n'est pas facile. Mourir l'est davantage; sauf au moment où l'on meurt. Croyons-nous qu'on rétablira la France facilement? Au surplus, il y faut le talent politique de l'homme d'État, ou du groupe d'hommes qui l'entreprend; et rien ne peut s'y substituer. Saint-Just avait les mêmes pouvoirs que les autres commissaires. Imaginez-vous la politique de Richelieu entre les mains de l'abbé Dubois? Pour que Marx devienne Marx, il a fallu Lénine.

Depuis deux heures, nous tentons de préciser à *quelles conditions* une vraie victoire de l'esprit de gauche est possible. C'est tout? Oui. Il n'y a pas de recettes pour gagner les batailles, mais il y en a pour les perdre.

Une gauche qui a mauvaise conscience devant Moscou est une gauche vaincue. Et il n'y a plus, aujourd'hui, d'autre bonne conscience que celle des résultats acquis. Si cette gauche se veut l'expression du prolétariat, elle doit être marxiste. Si elle se veut l'expression du peuple tout entier (qui a beaucoup changé depuis Michelet), elle doit lui dire qu'elle ne peut changer sa condition qu'en changeant celle de la France, et comment elle est en train de le faire.

Elle doit perdre l'habitude de jouer perdant, comme si la droite ne pouvait être battue que par les Soviets ; comme si elle, la gauche, n'avait été créée et mise au monde que pour défendre ses bons sentiments ou pour représenter une fois de plus la noble tragédie de la chute.

Danton et Saint-Just sont morts guillotinés, mais il ne suffit pas de se faire flanquer par terre pour leur ressembler : Saint-Just avait promis la victoire, et il n'est mort qu'au retour de Fleurus. La plus grande tradition révolutionnaire n'est pas de tomber noblement, c'est de faire ce qu'on a promis au pays. La gauche est obsédée de figures légendaires, mais que la France redevienne la France, ce serait une assez belle légende ! Un homme l'a fait naguère, et il a été plus facile de l'attaquer que de l'oublier.

L'Express, 29 janvier 1955.

ADRESSE SOLENNELLE
À MONSIEUR LE PRÉSIDENT
DE LA RÉPUBLIQUE

À propos de la saisie de
La Question, *livre d'Henri Alleg*

Les soussignés :

— protestent contre la saisie de l'ouvrage d'Henri Alleg *La Question* et contre toutes les saisies et atteintes à la liberté d'opinion et d'expression qui l'ont récemment précédée,

— demandent que la lumière soit faite dans des conditions d'impartialité et de publicité absolues, sur les faits rapportés par Henri Alleg.

— somment les pouvoirs publics au nom de la Déclaration des droits de l'homme et du citoyen, de condamner sans équivoque l'usage de la torture, qui déshonore la cause qu'elle prétend servir,

— et appellent tous les Français à se joindre à eux en signant la présente « adresse personnelle » et en l'envoyant à la Ligue des droits de l'homme, 27, rue Jean-Dolent, Paris 14ᵉ.

André Malraux
Roger Martin du Gard
François Mauriac
Jean-Paul Sartre.

L'Express, 17 avril 1958.

IV

André Malraux ministre :
1958-1969

Les événements d'Algérie provoquent le retour au pouvoir du général de Gaulle. Le 1er juin 1958, il est appelé à la présidence du Conseil par le président de la République, René Coty. Il forme un gouvernement où sont représentés la gauche, le centre et la droite... et qui comprend André Malraux, qui devient, le 9 juin, ministre délégué à la présidence du Conseil, responsable de l'information. Le 8 juillet, l'écrivain se voit chargé « de la réalisation de divers projets et notamment de ceux ayant trait à l'expansion et au rayonnement de la culture française » (Journal officiel, 26 juillet 1958).

En décembre, le général de Gaulle est élu président de la République. Dans le gouvernement formé le 9 janvier 1959 par Michel Debré, André Malraux devient ministre d'État chargé des affaires culturelles. La grande aventure qui commence alors pour lui réside dans la création de ce ministère qu'il faut bâtir de toutes pièces, et la mise en route d'une politique qui traduise en actes ses aspirations profondes. Priorité est donnée à ces Maisons de la culture dont il rêvait dès l'hiver 1945-1946. Mais, pour rendre accessible au plus grand nombre un peu de l'art du monde, il fera *aussi installer des statues de Maillol aux Tuileries, rendra aux monuments parisiens leur blancheur, organisera de grandes expositions (rétrospectives Picasso, Léger, Matisse, etc.). Il fait entamer, à coups de lois-programmes, un cycle de travaux dans les musées et les cathédrales et paie longuement de sa personne. En chaque occasion où la culture est en liesse (lors du premier spectacle son et lumière sur l'Acropole), ou en danger (lorsque la construction du barrage d'Assouan menace les monuments de Nubie) ou en deuil (à la mort de Braque ou de Le Corbusier), il prononce une de ces incantations passionnées dont il a le secret.*

Pleinement ministre, il est aussi plus que cela. Son prestige lui vaut de devenir, en bien des occasions, le missionnaire de son pays à l'étranger, où il doit œuvrer à rétablir une confiance en la France, ébranlée par la guerre d'Algérie. Il représente personnellement le général de Gaulle lors d'importantes fêtes et commémorations. Il reverra ou découvrira ainsi (dans l'ordre chronologique) les Antilles, l'Inde, le Japon, le Sahara, le Brésil, le Pérou, l'Argentine, le Mexique, le Tchad, le Congo, les États-Unis, la Finlande, le Canada, la Chine, le Sénégal, le Niger.

Il ne se contente cependant pas de partager son temps entre son bureau du Palais-Royal et des contrées lointaines. Il prend en France la défense du gaullisme et monte aux tribunes les veilles d'élection. Au centre de ses discours figure comme autrefois la France qu'il voit enfin revivre, et qu'il appelle à jouer un grand rôle dans le monde mais qui reste à ses yeux doublement menacée : jusqu'en 1962, par le conflit algérien (et, de ce point de vue, et quoique critiqué par les intellectuels de gauche, Malraux suivra avec une très grande fidélité la ligne du général de Gaulle); après 1962, par l'opposition de gauche qui s'organise et réussit en 1965 à mettre en ballottage le général de Gaulle, lors de la première élection présidentielle au suffrage universel.

Mais la création artistique n'est pas oubliée pour autant. En 1965, pour se reposer d'une grave maladie, André Malraux part en croisière vers l'Asie et, sur le bateau, commence la rédaction de ses Antimémoires qui paraîtront en 1967 et inaugurent un cycle tout à fait original qui renouvelle le genre.

À la veille du référendum de 1969, il déclare au Palais des sports de Paris qu'« il n'y a pas d'après-gaullisme contre le général de Gaulle » et suivra de peu ce dernier dans sa retraite.

HOMMAGE À LA GRÈCE

*Discours prononcé
le 28 mai 1959 à Athènes*

Une fois de plus, la nuit grecque dévoile au-dessus de nous les constellations que regardaient le veilleur d'Argos quand il attendait le signal de la chute de Troie, Sophocle quand il allait écrire *Antigone* — et Périclès, lorsque les chantiers du Parthénon s'étaient tus... Mais pour la première fois, voici, surgi de cette nuit millénaire, le symbole de l'Occident. Bientôt, tout ceci ne sera plus qu'un spectacle quotidien ; alors que cette nuit, elle, ne se renouvellera jamais. Devant ton génie arraché à la nuit de la terre, salue, peuple d'Athènes, la voix inoubliée qui depuis qu'elle s'est élevée ici, hante la mémoire des hommes : « Même si toutes choses sont vouées au déclin, puissiez-vous dire de nous, siècles futurs, que nous avons construit la cité la plus célèbre et la plus heureuse... »

Cet appel de Périclès eût été inintelligible à l'Orient ivre d'éternité, qui menaçait la Grèce. Et même à Sparte, nul n'avait, jusqu'alors, parlé à l'avenir. Maints siècles l'ont entendu, mais cette nuit, ses paroles s'entendront depuis l'Amérique jusqu'au

Japon. La première civilisation mondiale a commencé.

C'est par elle que s'illumine l'Acropole; c'est aussi *pour elle*, qui l'interroge comme aucune autre ne l'a interrogée. Le génie de la Grèce a reparu plusieurs fois sur le monde, mais ce n'était pas toujours le même. Il fut d'autant plus éclatant, à la Renaissance, que celle-ci ne connaissait guère l'Asie; il est d'autant plus éclatant, et d'autant plus troublant aujourd'hui, que nous la connaissons. Bientôt, des spectacles comme celui-ci animeront les monuments de l'Égypte et de l'Inde, rendront voix aux fantômes de tous les lieux hantés. Mais l'Acropole est le seul lieu du monde hanté à la fois par l'esprit et par le courage.

En face de l'ancien Orient, nous savons aujourd'hui que la Grèce a créé un type d'homme qui n'avait jamais existé. La gloire de Périclès — de l'homme qu'il fut et du mythe qui s'attache à son nom — c'est d'être à la fois le plus grand serviteur de la cité, un philosophe et un artiste; Eschyle et Sophocle ne nous atteindraient pas de la même façon si nous ne nous souvenions qu'ils furent des combattants. Pour le monde, la Grèce est encore l'Athéna pensive appuyée sur sa lance. Et jamais, avant elle, l'art n'avait uni la lance et la pensée.

On ne saurait trop le proclamer : ce que recouvre pour nous le mot si confus de culture — l'ensemble des créations de l'art et de l'esprit —, c'est à la Grèce que revient la gloire d'en avoir fait un moyen majeur de formation de l'homme. C'est par la première civilisation sans livre sacré, que le mot intelligence a voulu dire interrogation. L'interrogation dont allait naître la conquête du cosmos par la pensée, du des-

tin par la tragédie, du divin par l'art et par l'homme.
Tout à l'heure, la Grèce antique va vous dire :

« J'ai cherché la vérité, et j'ai trouvé la justice et la
liberté. J'ai inventé l'indépendance de l'art et de
l'esprit. J'ai dressé pour la première fois, en face de
ses dieux, l'homme prosterné partout depuis quatre
millénaires. Et du même coup, je l'ai dressé en face
du despote. »

C'est un langage simple, mais nous l'entendons
encore comme un langage immortel.

Il a été oublié pendant des siècles, et menacé
chaque fois qu'on l'a retrouvé. Peut-être n'a-t-il
jamais été plus nécessaire. Le problème politique
majeur de notre temps, c'est de concilier la justice
sociale et la liberté ; le problème culturel majeur, de
rendre accessibles les plus grandes œuvres au plus
grand nombre d'hommes. Et la civilisation moderne,
comme celle de la Grèce antique, est une civilisation
de l'interrogation ; mais elle n'a pas encore trouvé le
type d'homme exemplaire, fût-il éphémère ou idéal,
sans lequel aucune civilisation ne prend tout à fait
forme.

Les colosses tâtonnants qui dominent le nôtre
semblent à peine soupçonner que l'objet principal
d'une grande civilisation n'est pas seulement la puissance, mais aussi une conscience claire de ce qu'elle
attend de l'homme, l'âme invincible par laquelle
Athènes pourtant soumise obsédait Alexandre dans
les déserts d'Asie : « Que de peines, Athéniens, pour
mériter votre louange ! » L'homme moderne appartient à tous ceux qui vont tenter de le créer
ensemble ; l'esprit ne connaît pas de nations
mineures, il ne connaît que des nations fraternelles.
La Grèce, comme la France, n'est jamais plus grande

que lorsqu'elle l'est pour tous les hommes, et une Grèce secrète repose au cœur de tous les hommes d'Occident. Vieilles nations de l'esprit, il ne s'agit pas de nous réfugier dans notre passé, mais d'inventer l'avenir qu'il exige de nous. Au seuil de l'ère atomique, une fois de plus, l'homme a besoin d'être formé par l'esprit. Et toute la jeunesse occidentale a besoin de se souvenir que lorsqu'il le fut pour la première fois, l'homme mit au service de l'esprit les lances qui arrêtèrent Xerxès. Aux délégués qui me demandaient ce que pourrait être la devise de la jeunesse française, j'ai répondu « Culture et courage ». Puisse-t-elle devenir notre devise commune — car je la tiens de vous.

Et en cette heure où la Grèce se sait à la recherche de son destin et de sa vérité, c'est à vous, plus qu'à moi, qu'il appartient de la donner au monde.

Car la culture ne s'hérite pas, elle se conquiert. Encore se conquiert-elle de bien des façons, dont chacune ressemble à ceux qui l'ont conçue. C'est aux peuples que va s'adresser désormais le langage de la Grèce ; cette semaine, l'image de l'Acropole sera contemplée par plus de spectateurs qu'elle ne le fut pendant deux mille ans. Ces millions d'hommes n'entendront pas ce langage comme l'entendaient les prélats de Rome ou les seigneurs de Versailles ; et peut-être ne l'entendront-ils pleinement que si le peuple grec y reconnaît sa plus profonde permanence — si les grandes cités mortes retentissent de la voix de la nation vivante.

Je parle de la nation grecque vivante, du peuple auquel l'Acropole s'adresse avant de s'adresser à tous les autres, mais qui dédie à son avenir toutes les incarnations de son génie qui rayonnèrent tour à tour sur l'Occident : le monde prométhéen de Delphes et le monde olympien d'Athènes, le monde chrétien de Byzance — enfin, pendant tant d'années de fanatisme, le seul fanatisme de la liberté.

Mais le peuple « qui aime la vie jusque dans la souffrance », c'est à la fois celui qui chantait à Sainte-Sophie et celui qui s'exaltait au pied de cette colline en entendant le cri d'Œdipe, qui allait traverser les siècles. Le peuple de la liberté, c'est celui pour lequel la résistance est une tradition séculaire, celui dont l'histoire moderne est celle d'une inépuisable guerre de l'Indépendance — le seul peuple qui célèbre une fête du « Non ». Ce Non d'hier fut celui de Missolonghi, celui de Solomos. Chez nous, celui du général de Gaulle, et le nôtre. Le monde n'a pas oublié qu'il avait été d'abord celui d'Antigone et celui de Prométhée. Lorsque le dernier tué de la Résistance grecque s'est collé au sol sur lequel il allait passer sa première nuit de mort, il est tombé sur la terre où était né le plus noble et le plus ancien des défis humains, sous les étoiles qui nous regardent cette nuit, après avoir veillé les morts de Salamine.

Nous avons appris la même vérité dans le même sang versé pour la même cause, au temps où les Grecs et les Français libres combattaient côte à côte dans la bataille d'Égypte, au temps où les hommes de mes maquis fabriquaient avec leurs mouchoirs de petits drapeaux grecs en l'honneur de vos victoires, et où les villages de vos montagnes faisaient sonner leurs cloches pour la libération de Paris. Entre toutes les valeurs de l'esprit, les plus fécondes sont celles qui naissent de la communion et du courage. Elle est écrite sur chacune des pierres de l'Acropole. « Étranger, va dire à Lacédémone que ceux qui sont tombés ici sont morts selon sa loi... » Lumières de cette nuit, allez dire au monde que les Thermopyles appellent Salamine et finissent par l'Acropole — à condition qu'on ne les oublie pas ! Et puisse le monde ne pas oublier, au-dessous des Panathénées, le grave cortège des morts de jadis et d'hier qui monte dans la nuit sa garde solennelle, et élève vers nous son silencieux message,uni, pour la première fois, à la plus vieille incantation de l'Orient : « Et si cette nuit est une nuit du destin — bénédiction sur elle, jusqu'à l'apparition de l'aurore ! »

Oraisons funèbres, Gallimard, 1971.

POUR SAUVER LES MONUMENTS DE HAUTE-ÉGYPTE

*Discours prononcé à Paris
le 8 mars 1960 en réponse
à l'appel de l'Unesco*

Aujourd'hui, *pour la première fois,* toutes les nations — au temps même où beaucoup d'entre elles poursuivent une guerre secrète ou proclamée — sont appelées à sauver ensemble les œuvres d'une civilisation qui n'appartiennent à aucune d'elles.

Au siècle dernier, un tel appel eût été chimérique. Non que l'on ignorât l'Égypte : on pressentait sa grandeur spirituelle, on admirait ses monuments. Mais si l'Occident la connaissait mieux qu'il ne connaissait l'Inde ou la Chine, c'était d'abord parce qu'il y trouvait une dépendance de la Bible. Elle appartenait, comme la Chaldée, à l'Orient de notre histoire. Entre les quarante siècles dont parlait Napoléon devant les Pyramides, l'instant élu était celui pendant lequel Moïse les avait contemplées.

Puis l'Égypte conquit peu à peu son autonomie. Dans des limites plus étroites qu'il ne semble. La primauté de l'architecture et de la sculpture gréco-romaines était encore intacte : Baudelaire parle de la naïveté égyptienne. Ces temples grandioses étaient avant tout les seuls témoins que nous ait légués l'Orient ancien ; comme l'étaient ces chefs-d'œuvre cataleptiques qui, pendant trois millénaires, semblaient s'unir dans le même sommeil éternel. Tout cela, dépendance de l'histoire plus que de l'art. En 1890 comme en 1820, l'Occident, qui se souciait d'étudier l'Égypte, ne se fût pas soucié d'en sauver les œuvres.

Avec notre siècle, a surgi l'un des plus grands événements de l'histoire de l'esprit. Ces temples où l'on ne voyait plus que des vestiges sont redevenus des monuments ; ces statues ont trouvé une âme. Une âme qui leur appartient, que nous ne trouvons qu'en elles, mais que nul n'y avait trouvée avant nous.

Nous disons de cet art qu'il est le témoignage d'une civilisation, au sens où nous disons que l'art roman est un témoignage de la Chrétienté romaine. Mais nous ne connaissons réellement que les civilisations survivantes. Malgré les travaux des égyptologues, la foi d'un prêtre d'Amon, l'attitude fondamentale d'un Égyptien à l'égard du monde, nous restent insaisissables. L'humour des Ostraca, le petit peuple des figurines, le texte où un soldat appelle Ramsès II par son sobriquet : Rara, comme les grognards appelaient Napoléon, l'ironique sagesse des textes juridiques, comment les relier au *Livre des Morts*, à la majesté funèbre des grandes effigies, à une civilisation qui semble ne s'être poursuivie pendant trois mille ans qu'au bénéfice de son autre monde ? La seule Égypte antique vivante pour nous est celle que suggérerait l'art roman s'il en était le seul témoignage. La survie de l'Égypte est dans son art, et non dans des noms illustres ou des listes de victoires... Malgré Kadesh, peut-être l'une des batailles décisives de l'histoire, malgré les cartouches martelés et regravés sur l'ordre du pharaon qui tenta d'imposer aux dieux sa postérité, Sésostris est moins présent pour nous que le pauvre Akhenaton. Et le visage de la reine Néfertiti hante nos artistes comme Cléopâtre hantait nos poètes. Mais Cléopâtre était une reine sans visage, et Néfertiti est un visage sans reine.

L'Égypte survit donc par un domaine de formes. Et nous savons aujourd'hui que ces formes, comme celles de toutes les civilisations du sacré, ne se définissent pas par leur référence aux vivants qu'elles semblent imiter, mais par le style qui les fait accéder à un monde qui n'est pas celui des vivants. Le style égyptien s'est élaboré pour faire, de ses formes les plus hautes, des médiatrices entre les hommes éphémères et les constellations qui les conduisent. Il a divinisé la nuit. C'est ce que nous éprouvons tous lorsque nous abordons de face le Sphinx de Gizeh, ce que j'éprouvais la dernière fois que je le vis à la tombée du soir : « Au loin, la seconde pyramide ferme la perspective, et fait, du colossal masque funèbre, le gardien d'un piège dressé contre les vagues du désert et contre les ténèbres. C'est l'heure où les plus vieilles formes gouvernées retrouvent le chuchotement de soie par lequel le désert répond à l'immémoriale prosternation de l'Orient ; l'heure où elles raniment le lieu où les dieux parlaient, chassent l'informe immensité, et ordonnent les constellations qui semblent ne sortir de la nuit que pour graviter autour d'elles. »

Après quoi le style égyptien, pendant trois mille ans, traduisit le périssable en éternel.

Comprenons bien qu'il ne nous atteint pas seulement comme un témoignage de l'histoire, ni comme ce que l'on appelait naguère la beauté. La beauté est devenue l'une des énigmes majeures de notre temps, la mystérieuse présence par laquelle les œuvres de l'Égypte s'unissent aux statues de nos cathédrales ou des temples aztèques, à celles des grottes de l'Inde et de la Chine — aux tableaux de Cézanne et de Van Gogh, des plus grands morts et des plus grands vivants — dans le Trésor de la première civilisation mondiale.

Résurrection géante, dont la Renaissance nous apparaîtra bientôt comme une timide ébauche. Pour la première fois, l'humanité a découvert un langage universel de l'art. Nous en éprouvons clairement la force, bien que nous en connaissions mal la nature. Sans doute cette force tient-elle à ce que ce Trésor de l'Art, dont l'humanité prend conscience pour la première fois, nous apporte la plus éclatante victoire des œuvres humaines sur la mort. À l'invincible « jamais plus » qui règne sur l'histoire des civilisations, ce Trésor survivant oppose sa solennelle énigme. Du pouvoir qui fit surgir l'Égypte de la nuit préhistorique, il ne reste rien ; mais le pouvoir qui en fit surgir les colosses aujourd'hui menacés, les chefs-d'œuvre du musée du Caire, nous parle d'une voix aussi haute que celle des maîtres de Chartres, que celle de Rembrandt. Avec les auteurs de ces statues de granit, nous n'avons pas même en commun le sentiment de l'amour, pas même celui de la mort — pas même, peut-être, une façon de regarder leurs œuvres; mais devant ces œuvres, l'accent de sculpteurs anonymes, et oubliés pendant deux millénaires, nous semble aussi invulnérable à la succession des empires que l'accent de l'amour maternel. C'est pourquoi des foules européennes ont empli des expositions d'art mexicain; des multitudes japonaises, l'exposition d'art français; des millions d'Américains, l'exposition Van Gogh; c'est pourquoi les cérémonies commémoratives de la mort de Rembrandt ont été inaugurées par les derniers rois d'Europe, et l'exposition de nos vitraux par le frère du dernier empereur d'Asie. C'est pourquoi tant de noms souverains s'associent à l'appel que nous lançons aujourd'hui.

Si l'Unesco tente de sauver les monuments de Nubie, c'est qu'ils sont immédiatement menacés; il va de soi qu'elle tenterait de sauver de même d'autres grands vestiges, Angkor ou Nara par exemple, s'ils étaient menacés de même. Pour le patrimoine artistique des hommes, nous faisons appel à l'univers comme d'autres le font, cette semaine, pour les victimes de la catastrophe d'Agadir. « Puissions-nous n'avoir pas à choisir, avez-vous dit tout à l'heure, entre les effigies et les vivants! » Pour la première fois, vous proposez de mettre au service des effigies, pour les sauver, les immenses moyens que l'on n'avait mis, jusqu'ici, qu'au service des vivants. Peut-être parce que la survie des effigies

est devenue pour nous une forme de la vie. Au
moment où notre civilisation devine dans l'art une
mystérieuse transcendance et l'un des moyens
encore obscurs de son unité, au moment où elle rassemble les œuvres devenues fraternelles de tant de
civilisations qui se haïrent ou s'ignorèrent, vous proposez l'action qui fait appel à tous les hommes
contre tous les grands naufrages. Votre appel
n'appartient pas à l'histoire de l'esprit parce qu'il
veut sauver les temples de Nubie, mais parce qu'avec
lui, *la première civilisation mondiale revendique
publiquement l'art mondial comme son indivisible
héritage.* L'Occident, au temps où il croyait que son
héritage commençait à Athènes, regardait distraite-
ment s'effondrer l'Acropole...

Le lent flot du Nil a reflété les files désolées de la
Bible, l'armée de Cambyse et celle d'Alexandre, les
cavaliers de Byzance et les cavaliers d'Allah, les soldats de Napoléon. Lorsque passe au-dessus de lui le
vent de sable, sans doute sa vieille mémoire mêle-
t-elle avec indifférence l'éclatant poudroiement du
triomphe de Ramsès, à la triste poussière qui
retombe derrière les armées vaincues. Et, le sable
dissipé, le Nil retrouve les montagnes sculptées, les
colosses dont l'immobile reflet accompagne depuis
si longtemps son murmure d'éternité. Regarde,
vieux fleuve dont les crues permirent aux astro-
logues de fixer la plus ancienne date de l'histoire, les
hommes qui emporteront ces colosses loin de tes
eaux à la fois fécondes et destructrices : ils viennent
de toute la terre. Que la nuit tombe, et tu refléteras
une fois de plus les constellations sous lesquelles Isis
accomplissait les rites funéraires, l'étoile que

contemplait Ramsès. Mais le plus humble des ouvriers qui sauvera les effigies d'Isis et de Ramsès te dira ce que tu entendras pour la première fois : « Il n'est qu'un acte sur lequel ne prévale ni la négligence des constellations ni le murmure éternel des fleuves : c'est l'acte par lequel l'homme arrache quelque chose à la mort. »

Oraisons funèbres, Gallimard, 1971.

CENTENAIRE DE L'ALLIANCE ISRAÉLITE UNIVERSELLE

Discours prononcé à Paris le 21 juin 1960

Monsieur le Président de l'Alliance en Iran[1], vous savez que j'ai connu vos écoles il y a plus de trente ans. Et que je les ai retrouvées en un temps où la France ne parlait plus.

Néanmoins, pour me recevoir — je n'étais pas ministre, j'étais un écrivain français — les petites filles d'Ispahan avaient cousu des rubans dans leurs cheveux, comme nos maquis devaient plus tard coudre des mousselines pour en faire leurs drapeaux ; car Ispahan n'est pas une ville où l'on vend des rubans tricolores. Vous allez retrouver ces jeunes filles qui sont aujourd'hui des femmes. Dites-

1. Il venait de prononcer le discours qui remerciait la France. [Note d'André Malraux.]

leur qu'avec sa voix retrouvée, la France les remercie.

Dans toutes les épopées qui, sous le nom d'histoire, contribuent à exalter ou à former les hommes, il existe une heure où le destin hésite à la croisée des chemins. Dans l'histoire d'Israël, sans doute cette heure est-elle celle de la révolte de Bar-Kokhba. Aqiba le sage combattit avec les insurgés, et mourut dans la torture ; mais le rabbi Johanan ben Zakkaï, non moins sage et non moins illustre, accepta la soumission des juifs à Rome, à la condition que la Thora fût sauvegardée : à ses yeux, l'enseignement assurait, plus sûrement que la révolte, la survie de l'indéracinable peuple qui ne croit qu'aux racines de l'âme. Et l'école fondée par Johanan à Yabneh maintint la Jérusalem pour laquelle Aqiba était mort.

Pendant des siècles, Israël opta pour Johanan. La Tradition, on le sait, connaît un seul héros : Judas Maccabée, héros du sacrifice plus que de révolte. Nulle chanson de geste n'accompagne la Tradition d'Israël. D'où l'on concluait que le courage lui était étranger ; mais absence de courage, en Occident, suggère faiblesse, et les Israélites ont survécu à tous les empires qui les ont asservis. Une vertu différente du courage militaire, mais non moins efficace, entrait donc en jeu. Les historiens découvraient que ces communautés sans soldats n'étaient pas sans martyrs ; et que si l'on distinguait mal ceux-ci, c'est que trop de victimes les cachaient.

Le martyre n'était pas absurde, parce que les martyrs témoignaient pour Dieu ; le courage militaire était absurde, parce que la dernière victoire ne dépendait que de Dieu. La seule valeur suprême était l'esprit.

La fondation de l'Alliance israélite universelle appartenait donc à une tradition séculaire. Pour sauver ses déshérités, Israël ne faisait pas appel au glaive, mais au livre. Il y a quelque chose d'admirable dans cette confiance en l'esprit — dans cette œuvre si longuement et si patiemment conduite par des hommes d'action sans lesquels elle n'eût jamais existé ; et mise tout entière au seul service de l'enseignement, c'est-à-dire de la pensée.

Elle marque cependant, dans la longue coulée de la tradition, une étape capitale.

L'enseignement religieux d'Israël n'avait jamais cessé, même dans les communautés les plus misérables. Il s'y était endormi d'un terrible sommeil. L'Alliance, en apportant ce que vous appelez la *tradition exigeante*, apportait des connaissances techniques ; elle apportait aussi dans les pays d'Orient, cet exercice précis de la pensée que l'Occident devait au rationalisme et aux sciences. En étudiant la philosophie moderne que l'on ignorait, on étudia la Bible comme on ne l'étudiait plus depuis longtemps. Le rationalisme ne détruisit pas la spiritualité hébraïque agonisante, il la ressuscita.

Mais il la transforma, parce que l'action de l'Alliance n'était pas principalement d'ordre religieux. Elle avait pour mission de délivrer les opprimés, par les connaissances qu'elle leur apportait. C'était nécessairement les occidentaliser, car elle ne souhaitait pas former des *hamin*, mais des médecins ; pas des artisans, mais des ingénieurs ; et la pensée occidentale n'était pas seulement une pensée technique, mais aussi une prédication. Pour que l'État ottoman, arabe ou iranien, pût reconnaître dans les jeunes gens que formait l'Alliance, quelques-uns de ses meilleurs serviteurs, il fallait qu'ils ne fussent pas rejetés de la collectivité turque, arabe ou iranienne ; et ils ne pouvaient lui être intégrés qu'au nom de principes occidentaux, au nom de ceux qu'avait proclamés la Révolution.

D'où le lien qui unit si fortement l'Alliance à la France. Ce n'est pas ici qu'il convient de rappeler que la Déclaration des droits de l'homme n'exprima pas seulement la bourgeoisie. Elle appelait toutes les émancipations, les unissait, dans la même universalité. Les droits des communautés israélites eussent été plus difficilement reconnus par les sultans, à la fin du XIXᵉ siècle, s'ils n'avaient été depuis cent ans ceux des communautés de Pondichéry et de la Martinique, ceux des artisans et des laboureurs français, s'ils n'étaient devenus ceux des citoyens et sujets de toute l'Europe occidentale ; si l'Alliance, lorsqu'elle parlait au nom de l'homme, n'avait parlé au nom de ce que ses adversaires mêmes tenaient pour la civilisation.

Pendant un demi-siècle, elle poursuivit son action opiniâtre et constamment menacée. Jusqu'à ce qu'Israël, après la Première Guerre mondiale, se trouvât de nouveau à la croisée des chemins du destin ; jusqu'à ce qu'en face de l'incorruptible patience de Johanan qui avait prêché la soumission pour assurer la permanence d'Israël, reparût le révolté mort dans la torture pour en assurer la mémoire ; jusqu'à ce que le peuple dédaigneux du glaive devînt le peuple de paysans-soldats de l'État juif.

Combien de vos élèves (et même de vos maîtres) m'ont confié leur fascination pour la première épopée israélienne, qui fut l'épopée du silence ! Mais il est chimérique d'espérer que toutes les communautés d'Orient puissent rapidement gagner la Palestine — et qui songerait à les abandonner? Le dialogue du rabbi et du combattant se poursuivra longtemps encore, et ne se poursuivra que par vous. Mais il prend aujourd'hui un nouvel accent, le plus haut, peut-être, qu'il ait pris dans la longue histoire d'Israël.

Le nouveau langage du combattant — le plus simple et le plus grave, parce qu'il est celui de chaque jour — c'est celui du poème par lequel Altermann répond à la phrase amère de Weizmann : « On n'offre pas d'État à un peuple sur un plateau d'argent. »

Et ce sera la paix dans le pays
et Israël, debout — le cœur troué, mais respirant —
attendra le miracle
l'unique, à nul autre pareil.
Alors, d'en face, paraîtront
une jeune fille et un garçon
et à pas lents ils marcheront à la rencontre d'Israël.
Avec leurs habits de semaine et leur ceinturon,
avec leurs lourdes chaussures,
ils monteront par le sentier — silencieux.
Ils s'approcheront en silence,
et s'arrêteront figés au garde-à-vous.
Et nul signe ne dira s'ils sont vivants ou fusillés.
Israël alors interrogera, baigné d'incantation et de larmes :
« Qui êtes-vous ? »
Et les deux, apaisés, lui répondront :
« Nous sommes le plateau d'argent sur lequel t'est donné l'État juif. »
Et ils tomberont à ses pieds dans l'ombre.
Et le reste sera conté dans l'Histoire d'Israël.

Le reste, c'est ceci :

Pendant qu'au nom d'un courage né sur les champs de Palestine, dans Jérusalem assiégée et dans la solitude toujours menacée des fermes du Néguev, des juifs livraient sans espoir les derniers combats de Varsovie, une humble tâche était poursuivie à travers le monde, et de pauvres instituteurs enseignaient la dignité humaine à des enfants de Fez ou de Kermanshah.

Dans toute l'Asie centrale, le prix du sang, lorsque l'assassiné était juif, devait naguère être versé en monnaie noire, c'est-à-dire en cuivre, la monnaie méprisée. Cette affreuse monnaie n'a pas disparu seulement devant le courage des combattants, mais devant l'action opiniâtre et sans gloire, sinon sans amour, de ceux qui enseignaient la dignité.

Beaucoup d'entre vous ont contemplé les veilleurs des murailles, à l'heure où le soleil se couche derrière les collines qui ont vu dix-sept fois détruire Jérusalem. Ils veillent sur les filles qui rêvent à la chanson de la nuit, comme au temps du Cantique des Cantiques : *Mon bien-aimé vient le samedi — Ma mère sommeille, mon père dort — Seuls mon cœur et moi sommes éveillés...;* et dans l'ombre qui s'approfondit tandis que montent les étoiles qui virent le Déluge, les guetteurs semblent étendre jusqu'à elles le chant funèbre des morts guerriers sur le plateau d'argent.

Délégués de tant de nations, écoutez répondre, cette nuit, le vaste murmure de morts sans nom qui depuis cent ans monte du Maroc à Samarkand :

Nous sommes les humbles maîtres qui n'avons pas

connu la guerre, mais qui avons parfois connu les pogroms et la torture, toujours le découragement et l'amertume ; nous sommes la piétaille du sacrifice.

Beaucoup d'entre nous n'ont pas même rêvé du plateau d'argent ; mais avec la monnaie du mépris, notre invincible patience, en cent ans, a fait le plateau de bronze sur lequel, comme le garçon aux lourdes chaussures, comme la fille avec son ceinturon, nous vous offrons la fidélité d'Israël.

Oraisons funèbres, Gallimard, 1971.

*Discours prononcé pour l'inauguration
à Paris de la statue du général José
de San Martin, le 23 juin 1960*

Monsieur le Président de la Nation argentine, Excellence, Mesdames, Messieurs,

L'orateur qui m'a précédé tout à l'heure disait que San Martin avait trouvé dans Épictète que rien n'était plus terrible que la mort. Sachons aussi que lorsqu'il est mort, on lui a demandé s'il souffrait et qu'il a répondu : « Ce n'est rien, c'est sans importance, ce n'est que la fatigue de la mort. » Il fut, de ce point de vue, plus grand que son maître et il a toujours dans nos mémoires, autour de son nom, une sorte de rayonnement mystérieux qui tient à sa vie et à quelque chose de plus énigmatique.

Lorsque s'éteignait *La Marseillaise*, sous ce ciel si semblable à celui de Lima, dans cette demi-chaleur, avec ses arbres, ce ciel gris, je pensais que ce qui nous unit à lui c'est que cette *Marseillaise*, il l'a si souvent entendue et sans doute quelquefois chantée. Elle était alors le chant presque unique de la liberté du monde.

Ce que fut sa vie, je ne le retracerai pas, vous l'avez entendu. Ça tient en quelques mots : il n'y avait presque rien et il fit presque tout. Il n'y avait pas d'organisation et il organisa ; il y avait des combattants, mais pas d'armée ; il fit l'armée ; il y avait une libération, mais il n'y avait pas de dessein délibéré ; il conçut la libération. C'était admirable de traverser les Andes ; encore fallait-il arriver de l'autre côté avec une armée suffisante pour vaincre. Il traversa les Andes, vainquit, et dans un style que vous connaissez tous, car on pourrait graver ici la phrase fameuse : « On dira du moins qu'en vingt-quatre jours nous avons traversé la plus haute Cordillère, chassé les tyrans et que nous sommes alors rentrés chez nous. » Il ne rentra d'ailleurs pas chez lui puisqu'il devait libérer la moitié de l'Amérique latine.

Lorsque tout fut fini, c'est-à-dire lorsque, ayant conçu la libération du Chili, l'ayant assurée, ayant compris que la force de l'Espagne était au Pérou, ayant décidé qu'on ne vaincrait que par mer, ayant mis en place cette flotte, lui qui avait appris contre l'Angleterre la guerre marine, il prit Lima dans les conditions que vous savez, moins d'ailleurs avec ses troupes que parce qu'il avait fait comprendre ce qu'était la liberté, il se retira et, on vous l'a dit tout à l'heure, il partit avec cet étendard.

C'est un moment extraordinaire de la grande poésie historique que ce moment où nous devons imaginer, après plus de vingt ans de retraite, cet homme admirable dont le nom était dans toutes les mémoires de la moitié du monde latin, quasi inconnu à Boulogne, ayant consacré la fin de sa vie à l'éducation de sa fille, qui allait se marier, et trop pauvre pour payer la robe de mariée, recevant de ceux qui l'admiraient toujours l'argent qui permettait l'achat de la robe et, le matin du mariage, reprenant entre ses mains l'étendard de Lima qui était l'étendard de Pizarro en effet, mais dont on oublie qu'il avait été l'étendard brodé par la reine Jeanne la Folle, la mère de Charles Quint. Que ce personnage surprenant ait cru broder cet étendard pour la force injuste de l'Espagne, que cet étendard ait été sur le tombeau de l'un des plus durs conquérants du monde et qu'il ait fini entre les mains du libérateur le plus pur, il y a là de quoi rêver dans cette vie qui s'étend entre plusieurs étendards. Car avant celui-là, il y eut, vous savez, celui brodé par les femmes de Mendoza, et qui devait devenir ensuite l'étendard de l'Argentine.

J'ai dit tout à l'heure sa phrase sur la mort. Ce qui nous unit à lui c'est simplement ce qu'il portait de plus grand, qu'il nous a souvent dédié, qu'il ne nous devait pas. Il n'y a qu'une forme profonde de la grandeur humaine et celle qui consiste à oublier le pouvoir, seulement pour une raison énigmatique ou seulement parce qu'il y a quelque chose de plus grand que le pouvoir, qui s'appelle la justice, ceci appartient à tous les hommes.

Aujourd'hui, je voudrais souhaiter seulement que la France, sur la petite tombe de Boulogne, reprenne ce qui fut jadis l'inscription illustre des empereurs chinois à tous ceux qui, à leurs yeux, avaient servi l'humanité : « Tu fus grand parmi les tiens et tu fus grand pour tous les autres et pour tous. Tu n'étais pas né sur notre sol, mais tu as choisi d'y mourir. Alors, lorsque tu renaîtras, Seigneur de la Justice, fais-nous l'honneur de renaître chez nous. »

Document inédit. Communiqué par Marcel Brandin, collaborateur d'André Malraux au ministère des Affaires culturelles.

Discours prononcé à l'occasion des fêtes de Jeanne d'Arc le 8 mai 1961 à Orléans

Le gouvernement a souhaité qu'aujourd'hui son représentant ne prenne la parole que pour un hommage à la seule figure de notre histoire sur laquelle se soit faite l'unanimité du respect.

La fidélité qu'Orléans, Orléans seule, lui a témoignée à travers les siècles, a fait oublier que Jeanne d'Arc est l'objet d'une aventure unique : la tardive découverte de sa personne n'affaiblit pas sa légende, elle lui donne son suprême éclat. Pour la France et pour le monde, la petite sœur de saint Georges devint Jeanne vivante par les textes du procès de condamnation et du procès de réhabilitation : par ses réponses de Rouen, par le rougeoiement sanglant du bûcher.

Nous savons aujourd'hui qu'à Chinon, ici même, à Reims, à la guerre, et même à Rouen, sauf pendant une seule et atroce journée, elle est une âme invulnérable. Ce qui vient d'abord de ce qu'elle ne se tient que pour la mandataire de ses voix : « Sans la grâce

de Dieu, je ne saurais que faire. » On connaît la
sublime cantilène de ses témoignages de Rouen :
« La première fois, j'eus grand peur. La voix vint à
midi ; c'était l'été, au fond du jardin de mon père...
Après l'avoir entendue trois fois, je compris que
c'était la voix d'un ange... Elle était belle, douce et
humble ; et elle me racontait la grande pitié qui était
au royaume de France... Je dis que j'étais une pauvre
fille qui ne savait ni aller à cheval ni faire la guerre...
Mais la voix disait : " Va, fille de Dieu. " »

Certes, Jeanne est fémininement humaine. Elle
n'en montre pas moins, quand il le faut, une
incomparable autorité. Les capitaines sont exaspé-
rés par « cette péronnelle qui veut leur enseigner la
guerre ». La guerre ? Les batailles qu'ils perdaient et
qu'elle gagne... Qu'ils l'aiment ou la haïssent, ils retrouvent dans son langage le « Dieu le veut » des croisades. Cette fille de dix-sept ans, comment la com-
prendrions-nous si nous n'entendions pas, sous sa
merveilleuse simplicité, l'accent incorruptible avec
lequel les Prophètes tendaient vers les rois d'Orient
leurs mains menaçantes, et leurs mains consolantes,
vers la grande pitié du royaume d'Israël ?

Avant le temps des combats, on lui demande : « Si
Dieu veut le départ des Anglais, qu'a-t-il besoin de
vos soldats ? — Les gens de guerre combattront, et
Dieu donnera la victoire. » Ni saint Bernard ni saint
Louis n'eussent mieux répondu.

Mais ils portaient en eux la Chrétienté, non la
France.

Et à Rouen, seule devant les deux questions meur-
trières : « Jeanne, êtes-vous en état de grâce ? — Si je
n'y suis, Dieu veuille m'y tenir ! » ; et surtout la
réponse illustre : « Jeanne, lorsque saint Michel vous

apparut, était-il nu ? — Croyez-vous Dieu si pauvre, qu'il ne puisse vêtir ses anges ? »

Lorsqu'on l'interroge sur sa soumission à l'Église militante, elle répond, troublée mais non hésitante : « Oui, mais Dieu premier servi ! » Nulle phrase ne la peint davantage. En face du dauphin, des prélats ou des hommes d'armes, elle écarte le secondaire, combat pour l'essentiel. Depuis que le monde est monde, c'est le génie même de l'action. Et sans doute lui doit-elle ses succès militaires. Dunois dit qu'elle disposait à merveille des troupes et surtout l'artillerie, ce qui était peut-être plus surprenant que difficile. Car les Anglais devaient moins leurs victoires à l'intelligence très réelle, mais élémentaire, de leur tactique, qu'à l'absence de toute tactique française, à la folle comédie à laquelle Jeanne semble avoir mis fin. Les batailles de ce temps étaient très lourdes pour les vaincus ; nous oublions trop que l'écrasement de l'armée anglaise à Patay fut de même nature que celui de l'armée française à Azincourt. Et le témoignage du duc d'Alençon interdit que l'on retire à Jeanne d'Arc la victoire de Patay, puisque sans elle, l'armée française se fût divisée avant le combat, et puisqu'elle seule la rassembla...

C'était en 1429 — le 18 juin.

« Avant tout, dit le général de Gaulle, elle rétablit la confiance. » Dans ce monde où Isabeau de Bavière avait signé à Troyes la mort de la France en notant seulement sur son journal l'achat d'une nouvelle volière, dans ce monde où le dauphin doutait d'être dauphin, la France d'être la France, l'armée d'être une armée, elle refit l'armée, le roi, la France. Il n'y avait plus rien : soudain, il y eut l'espoir — et, ici même, par elle, les premières victoires, qui rétablirent l'armée. Puis — par elle, contre presque tous les chefs militaires, — le sacre qui rétablit le roi. Parce que le sacre était pour elle la résurrection de la France, et qu'elle portait la France en elle de la même façon qu'elle portait sa foi.

Après le sacre, elle est écartée, et commence la série de vains combats qui la mèneraient à Compiègne pour rien si ce n'était pour devenir la première martyre de la France. Nous connaissons tous son supplice. Mais les mêmes textes qui peu à peu dégagent d'une nuit étoilée de fleurs de lys son image véritable, son rêve, ses pleurs, l'efficace et fraternelle autorité qu'elle partage avec les fondatrices d'ordres religieux, ces mêmes textes dégagent aussi, de son supplice, deux des moments les plus pathétiques de l'histoire de la douleur.

Le premier est la signature de l'acte d'abjuration — qui reste d'ailleurs mystérieux. La comparaison du court texte français avec le très long texte latin qu'on lui faisait signer proclamait l'imposture. Elle signe d'une sorte de rond bien qu'elle ait appris à signer Jeanne. « Signez d'une croix. » Or, il avait été convenu entre elle et les chefs de guerre du dauphin que tous les textes de mensonge, tous les textes imposés, auxquels leurs destinataires ne devaient pas ajouter foi, seraient marqués d'une croix. Alors, devant cet ordre qui semblait dicté par Dieu même pour délivrer sa mémoire de ceux qui tenaient son corps en leur pouvoir, elle traça la croix de jadis, en éclatant d'un rire insensé.

Le second moment est sans doute celui de sa plus affreuse épreuve. Si, tout au long du procès, elle s'en remit à Dieu, elle semble avoir eu, à maintes reprises, la certitude qu'elle serait délivrée. Et peut-être, à la dernière minute, espéra-t-elle qu'elle le serait sur le bûcher. Car la victoire du feu pouvait être la preuve qu'elle avait été trompée. Elle attendait, un crucifix fait de deux bouts de bois par un soldat anglais posé sur sa poitrine, le crucifix de l'église voisine élevé en face de son visage au-dessus des premières fumées (car nul n'avait osé refuser la croix à cette hérétique et à cette relapse...). Et la première flamme vint — et avec elle le cri atroce qui allait faire écho, dans tous les cœurs chrétiens, au cri de la Vierge lorsqu'elle vit monter la croix du Christ sur le ciel livide.

Après quoi, Jeanne ne prononça plus que le mot Jésus.

Alors, depuis ce qui avait été la forêt de Brocéliande jusqu'aux cimetières de Terre sainte, la vieille chevalerie morte se leva dans ses tombes. Dans le silence de la nuit funèbre, écartant les mains jointes de leurs gisants de pierre, les preux de la Table Ronde et les compagnons de Saint Louis, les premiers combattants tombés à la prise de Jérusalem et les derniers fidèles du petit Roi Lépreux, toute l'assemblée des rêves de la Chrétienté regardait, de ses yeux d'ombre, monter les flammes qui allaient traverser les siècles, vers cette forme enfin immobile, qui était devenue le corps même de la chevalerie.

« Comment vous parlaient vos voix ? » lui avait-on demandé quand elle était vivante. — Elles me disaient : "Va, fille de Dieu, va, fille au grand cœur ! ... " » Ce pauvre cœur qui avait battu pour la France comme jamais cœur ne battit, on le retrouvera dans les cendres, que le bourreau ne put ou n'osa ranimer. Et l'on décida de le jeter à la Seine, « afin que nul n'en fît des reliques ».

Car ce n'est pas seulement à Orléans, c'est dans la plupart des villes qu'elle avait délivrées qu'elle demeurait présente. Il était plus facile de la brûler que de l'arracher de l'âme de la France. Au temps où le roi l'abandonnait, ces villes faisaient des processions pour sa délivrance. Puis le royaume, peu à peu se rétablit. Rouen fut enfin reprise. Et Charles VII, qui ne se souciait pas d'avoir été sacré grâce à une sorcière, ordonna le procès de réhabilitation.

À Notre-Dame de Paris, la mère de Jeanne, petite forme de deuil terrifiée dans l'immense nef, vient présenter le rescrit par lequel le pape autorise la révision. Autour d'elle, ceux de Domrémy qui ont pu venir, et ceux de Vaucouleurs, de Chinon, d'Orléans, de Reims, de Compiègne... Tout le passé revient avec cette voix que le chroniqueur appelle une lugubre plainte : « Bien que ma fille n'ait pensé, ni ourdi, ni rien fait qui ne fût selon la foi, des gens qui lui voulaient du mal lui imputèrent mensongèrement nombre de crimes. Ils la condamnèrent iniquement et... » La voix désespérée se brise. Alors, Paris qui ne se souvient plus d'avoir jamais été bourguignon, Paris redevenu soudain la ville de Saint Louis, pleure avec ceux de Domrémy et de Vaucouleurs, et le rappel du bûcher se perd dans l'immense rumeur des sanglots qui monte au-dessus de la pauvre forme noire.

L'enquête commence.

Oublions, ah! oublions! le passage sinistre de ses juges comblés d'honneurs, et qui ne se souviennent de rien. D'autres se souviennent. Long cortège, qui sort de la vieillesse comme on sort de la nuit... Un quart de siècle a passé. Les pages de Jeanne sont des hommes mûrs; ses compagnons de guerre, son

confesseur — qui, lui, ne l'avait pas abandonnée —
ont les cheveux blancs. Ici débute, non le mythe,
mais la mystérieuse justice que l'humanité porte au
plus secret de son cœur.

Cette fille, tous l'ont connue, ou rencontrée, pendant un an. Et ils ont eux aussi oublié beaucoup de
choses, mais non la trace qu'elle a laissée en eux. Le
duc d'Alençon l'a vue une nuit s'habiller, quand, avec
beaucoup d'autres, ils couchaient sur la paille : elle
était belle, dit-il, mais nul n'eût osé la désirer.
Devant le scribe attentif et respectueux, le chef de
guerre tristement vainqueur se souvient de cette
minute, il y a vingt-sept ans, dans la lumière
lunaire... Il se souvient aussi de la première blessure
de Jeanne. Elle avait dit : « Demain, mon sang cou-
lera, au-dessus du sein. » Et il revoit la flèche trans-
perçant l'épaule, sortant du dos, Jeanne continuant
le combat jusqu'au soir, emportant enfin la bastille
des Tourelles... Revoit-il le sacre ? Avait-elle cru faire
sacrer Saint Louis ? Hélas ! Mais pour tous les
témoins, elle est la patronne du temps où les
hommes ont vécu selon leurs rêves et selon leur
cœur, et depuis le duc jusqu'au confesseur et à
l'écuyer, tous parlent d'elle comme les Rois Mages,
rentrés dans leurs royaumes, avaient parlé d'une
étoile disparue...

De ces centaines de survivants interrogés, depuis
Hauviette de Domrémy jusqu'à Daunois, se lève une
présence familière et pourtant unique, joie et courage, Notre-Dame de France avec son clocher tout
bruissant des oiseaux du surnaturel — Jeanne de
l'enthousiasme du peuple d'Orléans lorsqu'il vit revenir, après la prise des Tourelles, le contrepoint de la
Jeanne du procès de Rouen, seule au milieu de la

haine, avec les profondes traces de ses fers aux poignets. Et lorsque le XIXe siècle retrouvera ce nostalgique reportage du temps disparu, commencera bien avant la béatification la surprenante aventure : symbole de la patrie, Jeanne d'Arc, en devenant vivante, accède à l'universalité. Pour les protestants, elle est la plus célèbre figure de notre histoire avec Napoléon ; pour les catholiques, elle sera la plus célèbre sainte française.

Lors de l'inauguration de Brasilia, il y a deux ans, les enfants représentèrent quelques scènes de l'histoire de France. Apparut Jeanne d'Arc, une petite fille de quinze ans, sur un joli bûcher de feu de Bengale ; avec sa bannière, un grand bouclier tricolore et un bonnet phrygien. J'imaginais, devant cette petite République, le sourire bouleversé de Michelet ou de Victor Hugo. Dans le grand bruit de forge où se forgeait la ville que les Brésiliens appellent aujourd'hui la capitale de l'espoir, Jeanne et la République étaient toutes deux la France, parce qu'elles étaient toutes deux l'incarnation de l'éternel appel à la justice. Comme les déesses antiques, comme toutes les figures qui leur ont succédé, Jeanne incarne et magnifie désormais les grands rêves contradictoires des hommes. Sa touchante image tricolore au pied des gratte-ciel où venaient se percher les rapaces, c'était la sainte de bois dressée sur les routes où les tombes des chevaliers français voisinent avec celles des soldats de l'an II...

Ô seule figure de victoire qui soit aussi une figure de pitié ! Le plus mort des parchemins nous transmet le frémissement stupéfait des juges de Rouen lorsque tu leur réponds : « Je n'ai jamais tué personne. » Ils se souviennent du sang ruisselant sur ton armure : ils découvrent que c'était le tien. L'année dernière, à la reprise d'*Antigone*, la princesse thébaine avait coupé ses cheveux comme toi, et disait avec ton petit profil intrépide la phrase immortelle : « Je ne suis pas venue pour partager la haine, mais pour partager l'amour. » Le monde reconnaît la France lorsqu'elle redevient pour tous les hommes une figure secourable, et c'est pourquoi, dans les pires épreuves, il ne perd jamais toute confiance en elle. Mais au centre de la solitude des hauts plateaux brésiliens, Jeanne d'Arc apportait à la République de Fleurus une personne à défaut de visage, et la mystérieuse lumière du sacrifice, plus éclatante encore lorsqu'elle est celle de la bravoure. Ce corps rétracté devant les flammes avait affreusement choisi les flammes, et pour le brûler, le bûcher dut aussi brûler ses blessures. Et depuis que la terre est battue de la marée sans fin de la vie et de la mort, pour tous ceux qui savent qu'ils doivent mourir, seul le sacrifice est l'égal de la mort.

Ô Jeanne sans sépulcre, toi qui savais que le tombeau des héros est le cœur des vivants, regarde cette ville fidèle ! Jeanne sans portrait, peu importent tes vingt mille statues, sans compter celles des églises ; à tout ce pour quoi la France fut aimée, tu as donné ton visage inconnu. Que les filles d'Orléans continuent à t'incarner tout à tour ! Toutes se ressemblent, toutes te ressemblent, lorsque, en des temps difficiles comme celui-ci, elles expriment la fermeté, la confiance et l'espoir.

De Gaulle par Malraux, Club du Livre, 1980.

Allocution prononcée à New York
le 15 mai 1962

Entre tant d'amis de la France, je distingue des visages qui me sont connus depuis bien longtemps; quelques-uns, depuis la fin de la guerre de 1914. Et peut-être tous ceux à qui j'ai l'honneur de parler ce soir m'entendront-ils mieux, si je tente de leur parler à travers ces visages affectueusement fidèles.

Aux pires jours, vous nous avez fait confiance. Quand la France semblait veuve d'elle-même, et quand elle semblait brûler avec ses villes en flammes, quand vous croyiez assister à l'agonie de l'Europe... Et à plusieurs reprises, vous avez fait confiance à l'homme qui, sur le terrible sommeil de mon pays, en maintint l'honneur comme un invicible songe.

Vous y avez quelque mérite. Comme vous en avez à nous faire confiance aujourd'hui. Car depuis que la Ve République existe, on vous dit — on nous dit — qu'elle agonise. On nous a dit aussi que le peuple français rejetterait la Constitution, que l'État ne pourrait ni stabiliser le franc ni rétablir les finances, que le président de la République était prisonnier des ultras, que jamais le gouvernement n'oserait arrêter un seul des généraux rebelles. J'en passe. Depuis quatre ans, la Ve République entend s'indigner fort impunément contre son fascisme, des gens qui ont déjà oublié que l'on n'insultait pas les fascistes chez eux; depuis quatre ans, on nous dit que la France n'est pas en train de redevenir la France.

Les accords d'Évian nous affirment le contraire. Mais ces accords sont une étape, non une fin.

En 1958, quelle était la situation ?

Tous les intérêts auxquels profite la dépendance de l'État, un Parti communiste puissant, le drame algérien enfin, conjuguaient leurs forces. À Madagascar, les blessures de 1950 étaient encore ouvertes. En un an, au seul prix de la sécession de la Guinée, douze États d'Afrique accèdent à l'indépendance. Sous une forme qui ne restera pas celle de la Communauté ? Peu importe. Nous avions vu ses drapeaux, dont une main blanche et une main noire unies surmontaient la hampe ; et lorsque, aux fêtes de la libération de Brazzaville, j'ai dressé dans la mienne la main africaine du président du Congo, une clameur fraternelle a reconnu le drapeau vivant de la Communauté. Du Congo jusqu'au Sénégal, la voix de la France a suscité la plus vieille voix de l'Afrique, le halètement des tambours de guerre qui sont aussi les tambours de danse. Au Tchad, cœur noir du continent où se rassemblaient autrefois quelques centaines de pêcheurs, l'association avec la France a été saluée par l'exaltation de quarante mille danseurs... J'ai eu l'honneur de vous rencontrer à Dakar, Monsieur le Président ; rendez-nous cette justice que dans le domaine de la décolonisation, à chacune des attaques dont nous avons été l'objet, nous aurions pu répondre au nom de la plus vaste fête que l'Afrique millénaire ait jamais connue...

Mais ce ne sont pas ces attaques, ce ne sont pas des voix ennemies, c'est le plus vieux battement de son cœur, qui pendant trois ans interdit à la France d'effacer, même sous un immense cortège de joie, le nom que vous connaissez tous : Algérie.

On n'a pas assez compris que l'Algérie pose un problème unique. On l'a confondue avec les colonies d'Asie. Mais il y avait aux Indes trente mille Anglais et plus de trois cents millions d'Indiens : un pour dix mille. Il y a en Algérie un million de Français, au moins un million d'Algériens liés à la France depuis un demi-siècle, et sept millions d'Arabes ; à peu près un pour quatre. Imaginons-nous une Inde où eussent vécu quatre-vingts millions d'Anglais, et où le terrorisme eût remplacé la non-violence ?

La France a choisi l'autodétermination parce qu'elle a choisi la justice, mais la justice ne consiste pas à abandonner les innocents, ni à trahir les fidèles. Les accords d'Évian étaient des accords difficiles, et votre presse a eu raison de les définir comme « l'acte héroïque le plus poignant d'une œuvre de longue haleine ». Leur application sera difficile aussi, et il y faudra toute notre énergie, comme toute celle de nos adversaires d'hier. Mais comprenons bien que si la fin de la guerre d'Algérie marque une date historique, c'est d'abord parce que cette guerre mettait en question l'image que depuis près de deux siècles, le monde se faisait de la France, et que la France se fait d'elle-même. Français qui m'écoutez ce soir, je voudrais vous dire presque à voix basse ce que vous savez tous. Sur bien des routes de l'Orient, il y a les tombes des chevaliers français ; sur bien des routes d'Europe, il y a les tombes des soldats de la Révolution.

Telles nations, comme l'Angleterre, ne sont jamais plus grandes que lorsqu'elles se retranchent sur elles-mêmes ; telles autres, comme la France et les États-Unis, ne sont peut-être elles-mêmes aux yeux du monde que lorsqu'elles combattent pour lui. Il y a ici un de mes amis américains qui combattit à Verdun, une de mes amies américaines qui pavoisa pour la libération de Paris. Tous deux savent que maintes tombes d'Algérie sont les sœurs de celles de Verdun, de celles de Paris. Mais la France qu'ils aimaient, ils l'ont retrouvée à Évian.

C'est parce que les masses françaises ont retrouvé l'âme de notre pays, que les accords d'Évian sont une étape et non une fin. La Constitution, le rétablissement des finances, la décolonisation, la paix en Algérie, ne sont que les moyens successifs ou conjugués de la résurrection de la France. Le général de Gaulle n'est pas venu terminer le drame algérien, pour permettre à la France de retrouver en paix les cascades de ministères, l'inflation et la démission nationale de naguère ; la France n'a pas appelé le général de Gaulle pour qu'il assurât confortablement son agonie, mais parce qu'elle voulait redevenir la France. Le 13 mai fut aussi un symptôme. Le destin emportera le drame algérien comme les fleuves d'Afrique emportent après des années d'efforts leurs îles déracinées. Dans la saisissante transformation du monde à laquelle nous assistons, au temps où notre pays qui fut démographiquement l'un des plus vieux d'Europe est en train de devenir l'un des plus jeunes, le gaullisme, c'est d'abord la volonté de tirer de la France ce qu'elle porte en elle.

Lentement, patiemment, fermement.

Dans cette perspective, quelques-uns d'entre vous, Mesdames et Messieurs, ont bien voulu me demander de parler ce soir de la culture, dont j'ai la charge en France. Les uns sont des universitaires : rien de plus normal. Les autres sont des politiques : rien de plus nouveau.

Une réunion comme celle-ci eût été inimaginable il y a cinquante ans. Depuis un an, les entrées aux expositions de peinture sont plus nombreuses que les entrées dans les stades ; les villes d'art sont devenues ce qu'étaient jadis les villes de pèlerinage ; les gouvernements, l'un après l'autre — en Union soviétique comme aux États-Unis — créent ou développent des ministères des Affaires culturelles. Mais l'idée de culture est devenue d'autant plus obsédante, qu'on s'est moins appliqué à la définir.

Civilisé s'oppose à grossier : cultivé s'oppose d'abord à ignorant. Et pourtant, l'homme de connaissance a semblé souvent une caricature de l'homme cultivé. Sans doute celui-ci est-il un homme de livres, d'œuvres d'art — un homme lié à des témoignages particuliers du passé. Mais peu importerait qu'il fût l'homme qui connaît ces témoignages, s'il n'était d'abord l'homme qui les *aime*. La vraie culture commence lorsque les œuvres ne sont plus des documents : lorsque Shakespeare est *présent*. De quelle présence ? De celle de Michel-Ange et de Piero della Francesca, de Vélasquez et du Greco, de Cézanne et des sculpteurs de Chartres, des maîtres égyptiens et sumériens, de Monteverdi et de Beethoven ; de notre discothèque, de notre bibliothèque et de notre Musée Imaginaire. La connaissance, c'est l'étude de Rembrandt, de Shakespeare ou de Monteverdi ; la culture c'est notre émotion devant *La Ronde de nuit*, la représentation de *Macbeth* ou l'exécution d'*Orfeo*. *La culture de chacun de nous, c'est la mystérieuse présence, dans sa vie, de ce qui devrait appartenir à la mort.*

Et l'on ne comprendrait guère que les intellectuels, les artistes et les gouvernements fussent troublés par une telle présence s'ils ne la découvraient au temps où un bouleversement de la fiction s'est produit dans toutes les parties du monde touchées par l'industrie moderne ; radio, disque, roman populaire, et surtout la presse à grand tirage, le cinéma et la télévision, y déversent l'immense domaine de rêves que l'on commence d'appeler culture des masses.

À quoi semble s'opposer la culture des intellectuels.

Il est bien vrai que le niveau mental des films tirés de *Guerre et Paix*, d'*Anna Karénine*, est incomparablement inférieur à celui des romans de Tolstoï ; il est bien vrai que le niveau mental du cinéma, et surtout son niveau sentimental, sont assez bas. Mais les millions de spectateurs d'*Anna Karénine*, sans le film, n'eussent jamais lu le roman ; et les westerns n'ont pas succédé à Platon ou à Balzac, ils ont succédé aux *Trois Mousquetaires* et à *L'Île au trésor*. Les films où un amour niais est servi par des images magnifiques, ont remplacé les romans où un amour non moins niais était servi par un style détestable. La production cinématographique n'appartient pas à la culture au sens ancien du mot, mais la sélection des ciné-clubs lui appartient certainement. Toute qualité des œuvres concourt à la qualité de l'homme.

Prenons garde que cette industrialisation du rêve est sans commune mesure avec ce que fut l'action du roman ou du théâtre. Il y a un siècle, le public populaire de tous les spectacles de Paris réunis, n'atteignait pas trois mille personnes par soirée. Et le public d'aujourd'hui n'est pas un public populaire à proprement parler : l'art de masse n'est point un art de classe. Cette collectivité nouvelle a suscité l'expression nouvelle de ses sentiments, et d'abord de son imaginaire — expression servie par des moyens de diffusion sans précédent. Notre civilisation fait naître autant de rêves chaque semaine, que de machines en un an. Ainsi s'établit un romanesque que le monde n'avait jamais connu, et dont la présence dans la vie de centaines de millions d'êtres humains est fort différente des présences romanesques ou légendaires de jadis : il ne peut être comparé qu'à ce qui fut l'obsédante présence de l'imaginaire religieux.

Et si les États créent tour à tour des ministères des Affaires culturelles, c'est que toute civilisation est menacée par la prolifération de son imaginaire, si cet imaginaire n'est pas orienté par des valeurs.

Ces valeurs, pendant des millénaires, ont été les valeurs religieuses. La Renaissance substitua une culture de l'esprit à une culture de l'âme, en se référant à la Grèce ; celle-ci avait créé la première culture de l'esprit contre les cultures de l'Orient, qui étaient toutes des cultures de l'âme ; mais l'imaginaire de la Renaissance ne fut pas un rêve de masses, et nos paysans n'ont offert d'offrandes à Pan que dans les poèmes de Ronsard. La révolution américaine, la Révolution française ont nourri de grands rêves exaltants, limités à l'histoire. Pour retrouver un imaginaire qui englobe le réel et l'irréel, les sentiments et le fantastique, il faut remonter jusqu'à notre Moyen Âge. Et notre Moyen Âge a connu d'assez nobles Cours d'amour ; mais le destin de la Chrétienté ne s'est pas élaboré dans les Cours d'amour, il est né de ceux qui, regardant en toute lucidité les reîtres du xe siècle qui les entouraient, résolurent d'en faire la chevalerie.

Un chef-d'œuvre — *Macbeth* ou *Don Quichotte*, un roman de Balzac, de Stendhal, de Tolstoï, est traduit en film. Ce film, à son tour, est traduit en roman populaire. Une partie des spectateurs du film lit le roman populaire, une autre lit l'œuvre originale. Pour ceux-ci, même s'ils prennent contact pour la première fois avec le génie, quelle sera la différence entre le film et le chef-d'œuvre ? Ils y trouveront le reflet de la poésie au lieu de la création poétique, le reflet de l'expérience humaine au lieu de l'expérience humaine, un récit simplifié et sans doute actualisé. Le film sera d'autant meilleur qu'il se rapprochera davantage de l'œuvre, non en transmettant plus fidèlement ses images, mais en transmettant plus efficacement ce qui en fait un chef-d'œuvre. Certes, le cinéma n'est pas né pour illustrer la littérature. Mais il nous faut découvrir que ce qui sépare un film de la poésie ou de l'expérience humaine de *Macbeth* ou de *Don Quichotte*, de *La Chartreuse de Parme* ou de *Guerre et Paix*, c'est ce qui sépare le domaine de références des chefs-d'œuvre, du domaine de références des films.

Et celui de chaque chef-d'œuvre, c'est d'abord celui des chefs-d'œuvre qui l'ont précédé : l'invincible permanence de ce qui a triomphé de la mort — ce que nous appelons la culture.

Prenons garde qu'il ne s'agit pas de modèles. Stendhal écrivant *La Chartreuse de Parme*, écrit pour le futur, au nom du passé : il écrit pour nous au nom de Molière, du Corrège et de Mozart. Ce qui veut dire qu'il tente de rivaliser avec ceux-ci, dans la qualité de l'action qu'ils exercent sur nous. Car les maîtres d'un grand artiste ne sont pas des modèles, ce sont des rivaux.

La culture est le plus haut domaine de rivalités que connaisse l'humanité. Elle n'agit pas sur l'imaginaire, comme les valeurs religieuses, par une exemplarité ; elle l'oriente, et l'oriente « vers le haut », parce qu'elle le contraint à rivaliser avec les plus grands rêves humains.

Bien entendu, c'est le passé. Mais non, comme naguère, un passé élu : un passé modèle. Parce que la culture comprend désormais tout le passé. À l'imaginaire qui déferle sur toutes les cités dressées dans le monde par la civilisation industrielle, répondent la découverte et l'admiration du passé de la terre entière. Jamais les peintres n'avaient admiré tant de formes de tant de civilisations ; mais ce qu'ils ont trouvé dans tant de musées, ce ne sont pas de plus nombreux asservissements, c'est la plus profonde liberté.

Le Trésor des siècles, le passé vivant — qui n'a rien à voir avec les collections — n'est pas formé d'œuvres qui, par chance, ont survécu ; mais d'œuvres qui portent en elles, comme une phosphorescence, la puissance de survie par laquelle elles *nous* parlent. Les masses ne choisissent pas leur imaginaire, et nous choisissons beaucoup moins notre musée que nous ne le croyons. Mais en face du grand rêve informe surgi de l'inconscient des foules avec ses démons impérieux, ses anges puérils et ses héros dérisoires, se dressent les seules forces aussi puissantes que les siennes, et que nous reconnaissons seulement à leur victoire sur la mort.

Certes, l'époque à laquelle Chaplin et Garbo ont enseigné qu'un seul artiste peut faire rire ou pleurer l'univers, est aussi l'époque des arts les moins accessibles qu'ait connus l'humanité. Mais cette opposition saisissante est négligeable dans la résurrection du passé. Notre civilisation a maintenu Michel-Ange et ressuscité les églises romanes, les archaïques grecs, la sculpture des temples de l'Orient, de la Chine et de l'Inde : les grandes puissances de l'âme. En face de la naissance de l'art des masses, notre temps a ressuscité l'art des foules.

Il y a vingt ans, à un journal suisse qui me demandait quelle serait dans le domaine de l'esprit, la conséquence principale de la guerre, j'avais répondu : « La naissance de la civilisation atlantique. » Le dialogue d'un imaginaire qui surgit sur la moitié du monde, avec la résurrection d'un passé planétaire, n'est pas l'un des moindres caractères de cette civilisation. Mais dans ce dialogue, il convient de noter un caractère, trop peu remarqué, des États-Unis.

Au cours de l'histoire, tous les empires avaient été créés de façon préméditée, par un effort maintenu souvent pendant plusieurs générations. Toute puissance était à quelque degré romaine. Les États-Unis sont la première nation qui soit devenue la plus puissante du monde sans l'avoir cherché. Leur organisation, leur énergie exceptionnelles n'étaient nullement orientées vers la conquête.

Il en va tout autrement des États communistes, dont l'hégémonie, si elle advenait, semblerait la conséquence d'un combat opiniâtre et délibéré. Pour la pensée marxiste, l'histoire est celle d'un progrès et d'une libération sociale, et l'avenir devrait achever cette libération. En attendant, la propagande entend créer un imaginaire qui rectifie le monde selon sa propre loi, et substitue à l'appel confus des masses la prédication rigoureuse du parti.

Mais l'histoire de l'Occident, dans le domaine de l'esprit et de l'art, n'est nullement celle du capitalisme — qui contraignit souvent à la misère ceux qui faisaient cette histoire. Si Van Gogh appartenait au capitalisme dont il combattait la peinture, Lénine appartiendrait au tsarisme. Les États-Unis n'opposent pas à la conception marxiste de la culture et de l'imaginaire, une autre conception de combat. Comme l'Occident, ils lui opposent, pour le passé, la liberté d'interprétation; pour le présent, la liberté de création. Et aussi une découverte singulière, qui est la puissance de métamorphose que possède l'art. Si atroce que soit un temps, son art n'en transmet jamais que la musique. L'humanité vivante transmet inexorablement ses monstres avec son sang, mais celle des artistes morts lorsqu'elle nous transmet le fléau du monde : l'horreur assyrienne, malgré les rois tortionnaires de ses bas-reliefs, emplit notre mémoire de la majesté de la *Lionne blessée*. Et l'un des sentiments que nous éprouvons devant celle-ci, c'est la pitié. Et si demain naissait un art des fours crématoires que nous avons connus, il n'exprimerait pas les bourreaux, il exprimerait les martyrs.

Encore convient-il que la liberté ne soit pas vaincue, et nos magnats de la fiction ne sont-ils pas sans complaisance pour les plus dangereux démons de l'Occident. Dans la lutte pour l'imaginaire, une civilisation qui ne veut pas imposer leurs rêves à tous, doit donner sa chance à chacun. Donc, mettre le plus grand nombre d'œuvres capitales au service du plus grand nombre d'hommes. La culture est le plus puissant protecteur du monde libre contre les démons de ses rêves; son plus puissant allié pour mener l'humanité à un rêve digne de l'homme — parce qu'elle est l'héritage de la noblesse du monde.

Pour elle, pour la civilisation atlantique, pour la

liberté de l'esprit, je lève mon verre à la seule nation qui ait fait la guerre sans l'aimer, conquis la plus grande puissance du monde sans la chercher, possédé la plus grande force de mort sans l'utiliser; et je lui souhaite de donner aux hommes des rêves dignes de son action.

De Gaulle par Malraux, Club du Livre, 1980.

TRANSFERT DES CENDRES
DE JEAN MOULIN AU PANTHÉON

*Discours prononcé à Paris
le 19 décembre 1964*

Monsieur le Président de la République,

Voilà donc plus de vingt ans que Jean Moulin partit, par un temps de décembre sans doute semblable à celui-ci, pour être parachuté sur la terre de Provence, et devenir le chef d'un peuple de la nuit. Sans la cérémonie d'aujourd'hui, combien d'enfants de France sauraient son nom? Il ne le retrouva lui-même que pour être tué; et depuis, sont nés seize millions d'enfants...

Puissent les commémorations des deux guerres s'achever par la résurrection du peuple d'ombres que cet homme anima, qu'il symbolise, et qu'il fait entrer ici comme une humble garde solennelle autour de son corps de mort.

Après vingt ans, la Résistance est devenue un monde de limbes où la légende se mêle à l'organisation. Le sentiment profond, organique, millénaire, qui a pris depuis son accent de légende, voici comment je l'ai rencontré. Dans un village de Corrèze, les Allemands avaient tué des combattants du maquis, et donné ordre au maire de les faire enterrer en secret, à l'aube. Il est d'usage, dans cette région, que chaque femme assiste aux obsèques de tout mort de son village en se tenant sur la tombe de sa propre famille. Nul ne connaissait ces morts, qui étaient des Alsaciens. Quand ils atteignirent le cimetière, portés par nos paysans sous la garde menaçante des mitraillettes allemandes, la nuit qui se retirait comme la mer laissa paraître les femmes noires de Corrèze, immobiles du haut en bas de la montagne, et attendant en silence, chacune sur la tombe des siens, l'ensevelissement des morts français.

Comment organiser cette fraternité pour en faire un combat ? On sait ce que Jean Moulin pensait de la Résistance, au moment où il partit pour Londres : « Il serait fou et criminel de ne pas utiliser, en cas d'action alliée sur le continent, ces troupes prêtes aux sacrifices les plus grands, éparses et anarchiques aujourd'hui, mais pouvant constituer demain une armée cohérente de parachutistes *déjà en place*, connaissant les lieux, ayant choisi leur adversaire et déterminé leur objectif. » C'était bien l'opinion du général de Gaulle. Néanmoins, lorsque, le 1er janvier 1942, Jean Moulin fut parachuté en France, la Résistance n'était encore qu'un désordre de courage : une presse clandestine, une source d'informations, une conspiration pour rassembler ces troupes qui n'existaient pas encore. Or, ces informations étaient destinées à tel ou tel allié, ces troupes se lèveraient lorsque les Alliés débarqueraient. Certes, les résistants étaient des combattants fidèles aux Alliés. Mais ils voulaient cesser d'être des Français résistants, et devenir la Résistance française.

C'est pourquoi Jean Moulin est allé à Londres. Pas seulement parce que s'y trouvaient des combattants français (qui eussent pu n'être qu'une légion), pas seulement parce qu'une partie de l'empire avait rallié la France libre. S'il venait demander au général de Gaulle de l'argent et des armes, il venait aussi lui demander « une approbation morale, des liaisons fréquentes, rapides et sûres avec lui ». Le général assumait alors le *Non* du premier jour; le maintien du combat, quel qu'en fût le lieu, quelle qu'en fût la forme; enfin, le *destin* de la France. La force des appels de juin 40 tenait moins aux « forces immenses qui n'avaient pas encore donné », qu'à : « Il faut que la France soit présente à la victoire. Alors, elle retrouvera sa liberté et sa grandeur. » La France, et non telle légion de combattants français. C'était par la France libre que les résistants de Bir Hakeim se conjuguaient, formaient une France combattante *restée* au combat. Chaque groupe de résistants pouvait se légitimer par l'allié qui l'armait et le soutenait, voire par son seul courage; le général de Gaulle seul pouvait appeler les mouvements de Résistance à l'*union* entre eux et avec tous les autres combats, car c'était à travers lui seul que la France livrait un seul combat. C'est pourquoi — même lorsque le président Roosevelt croira assister à une rivalité de généraux ou de partis — l'armée d'Afrique, depuis la Provence jusqu'aux Vosges, combattra au nom du gaullisme — comme feront les troupes du parti communiste. C'est pourquoi Jean

Moulin avait emporté, dans le double fond d'une boîte d'allumettes, la microphoto du très simple ordre suivant : « M. Moulin a pour mission de réaliser, dans la zone non directement occupée de la métropole, *l'unité d'action* de tous les éléments qui résistent à l'ennemi et à ses collaborateurs. »

Inépuisablement, il montre aux chefs des groupements le danger qu'entraîne le déchirement de la Résistance entre des tuteurs différents. Chaque événement capital — entrée en guerre de la Russie, puis des États-Unis, débarquement en Afrique du Nord — renforce sa position. À partir du débarquement, il apparaît que la France va redevenir un théâtre d'opérations. Mais la presse clandestine, les renseignements (même enrichis par l'action du noyautage des administrations publiques) sont à l'échelle de l'Occupation, non de la guerre. Si la Résistance sait qu'elle ne délivrera pas la France sans les Alliés, elle n'ignore plus l'aide militaire que son unité pourrait leur apporter. Elle a peu à peu appris que s'il est relativement facile de faire sauter un pont, il n'est pas moins facile de le réparer ; alors que s'il est facile à la Résistance de faire sauter deux cents ponts, il est difficile aux Allemands de les réparer à la fois. En un mot, elle sait qu'une aide efficace aux armées de débarquement est inséparable d'un plan d'ensemble. Il faut que sur toutes les routes, sur toutes les voies ferrées de France, les combattants clandestins désorganisent méthodiquement la concentration des divisions cuirassées allemandes. Et un tel plan d'ensemble ne peut être conçu, et exécuté, que par l'unité de la Résistance.

C'est à quoi Jean Moulin s'emploie jour après jour, peine après peine, un mouvement de Résistance après l'autre : « Et maintenant, essayons de calmer les colères d'en face... » Il y a, inévitablement, des problèmes de personnes ; et bien davantage, la misère de la France combattante, l'exaspérante certitude pour chaque maquis ou chaque groupe franc, d'être spolié au bénéfice d'un autre maquis ou d'un autre groupe, qu'indignent, au même moment, les mêmes illusions... Qui donc sait encore ce qu'il fallut d'acharnement pour parler le même langage à des instituteurs radicaux ou réactionnaires, des officiers réactionnaires ou libéraux, des trotskistes ou communistes retour de Moscou, tous promis à la même délivrance ou à la même prison ; ce qu'il fallut de rigueur à un ami de la République espagnole, à un ancien « préfet de gauche », chassé par Vichy, pour exiger d'accueillir dans le combat commun tels rescapés de la Cagoule !

Jean Moulin n'a nul besoin d'une gloire usurpée : ce n'est pas lui qui a créé *Combat, Libération, Franc-Tireur*, c'est Frenay, d'Astier, Jean-Pierre Lévy. Ce n'est pas lui qui a créé les nombreux mouvements de la zone Nord dont l'histoire recueillera tous les noms. Ce n'est pas lui qui a fait les régiments mais c'est lui qui a fait l'armée. Il a été le Carnot de la Résistance.

Attribuer peu d'importance aux opinions dites politiques, lorsque la nation est en péril de mort — la nation, non pas un nationalisme alors écrasé sous les chars hitlériens, mais la donnée invincible et mystérieuse qui allait emplir le siècle : penser qu'elle dominerait bientôt les doctrines totalitaires dont retentissait l'Europe ; voir dans l'unité de la Résistance le moyen capital du combat pour l'unité de la nation, c'était peut-être affirmer ce qu'on a, depuis, appelé le gaullisme. C'était certainement proclamer la survie de la France.

En février, ce laïc passionné avait établi sa liaison par radio avec Londres, dans le grenier d'un presbytère. En avril, le Service d'information et de propagande, puis le Comité général d'études étaient formés ; en septembre, le noyautage des administrations publiques. Enfin, le général de Gaulle décidait la création d'un « Comité de coordination » que présiderait Jean Moulin, assisté du chef de l'Armée secrète unifiée. La préhistoire avait pris fin. Coordonnateur de la Résistance en zone Sud, Jean Moulin en devenait le chef. En janvier 1943, le Comité directeur des Mouvements unis de la Résistance (ce que, jusqu'à la Libération, nous appellerions les Murs), était créé sous sa présidence. En février, il repartait pour Londres avec le général Delestraint, chef de l'Armée secrète, et Jacques Dalsace.

De ce séjour, le témoignage le plus émouvant a été donné par le colonel Passy.

« Je revois Moulin, blême, saisi par l'émotion qui nous étreignait tous, se tenant à quelques pas devant le général et celui-ci disant, presque à voix basse : " Mettez-vous au garde-à-vous ", puis : " Nous vous reconnaissons comme notre compagnon, pour la libération de la France, dans l'honneur et par la victoire. " Et pendant que de Gaulle lui donnait l'accolade, une larme, lourde de reconnaissance, de fierté, et de farouche volonté, coulait doucement le long de la joue pâle de notre camarade Moulin. Comme il avait la tête levée, nous pouvions voir encore, au travers de sa gorge, les traces du coup de rasoir qu'il s'était donné, en 1940, pour éviter de céder sous les tortures de l'ennemi. »

Les tortures de l'ennemi... En mars, chargé de constituer et de présider le Conseil national de la Résistance, Jean Moulin monte dans l'avion qui va le parachuter au nord de Roanne.

Ce Conseil national de la Résistance, qui groupe les mouvements, les partis et les syndicats de toute la France, c'est l'unité précairement conquise, mais aussi la certitude qu'au jour du débarquement, l'armée en haillons de la Résistance attendra les divisions blindées de la Libération.

Jean Moulin en retrouve les membres, qu'il rassemblera si difficilement. Il retrouve aussi une Résistance tragiquement transformée. Jusque-là, elle avait combattu comme une armée, en face de la victoire, de la mort ou de la captivité. Elle commence à découvrir l'univers concentrationnaire, la certitude de la torture. C'est alors qu'elle commence à combattre en face de l'enfer.

Ayant reçu un rapport sur les camps de concentration, il dit à son agent de liaison, Suzette Olivier : « J'espère qu'ils nous fusilleront avant. » Ils ne devaient pas avoir besoin de le fusiller.

La Résistance grandit, les réfractaires du travail obligatoire vont bientôt emplir nos maquis ; la Gestapo grandit aussi, la Milice est partout. C'est le temps où, dans la campagne, nous interrogeons les aboiements des chiens au fond de la nuit ; le temps où les parachutes multicolores, chargés d'armes et de cigarettes, tombent du ciel dans la lueur des feux des clairières ou des causses ; le temps des caves, et de ces cris désespérés que poussent les torturés avec des voix d'enfants... La grande lutte des ténèbres a commencé.

Le 27 mai 1943, a lieu à Paris, rue du Four, la première réunion du Conseil national de la Résistance.

Jean Moulin rappelle les buts de la France libre : « Faire la guerre ; rendre la parole au peuple français ; rétablir les libertés républicaines dans un État d'où la justice sociale ne sera pas exclue et qui aura le sens de la grandeur ; travailler avec les Alliés à l'établissement d'une collaboration internationale réelle sur le plan économique et social, dans un monde où la France aura regagné son prestige. »

Puis il donne lecture d'un message du général de Gaulle, qui fixe pour premier but au premier Conseil de la Résistance, le *maintien de l'unité* de cette Résistance qu'il représente.

Au péril quotidien de la vie de chacun de ses membres.

Le 9 juin, le général Delestraint, chef de l'Armée secrète enfin unifiée, est pris à Paris.

Aucun successeur ne s'impose. Ce qui est fréquent dans la clandestinité : Jean Moulin aura dit maintes fois avant l'arrivée de Serreules : « Si j'étais pris, je n'aurais pas même eu le temps de mettre un adjoint au courant... » Il veut donc désigner ce successeur avec l'accord des mouvements, notamment de ceux de la zone Sud. Il rencontrera leurs délégués le 21, à Caluire.

Ils l'y attendent, en effet.

La Gestapo aussi.

La trahison joue son rôle — et le destin, qui veut qu'aux trois quarts d'heure de retard de Jean Moulin, presque toujours ponctuel, corresponde un long retard de la police allemande. Assez vite, celle-ci apprend qu'elle tient le chef de la Résistance.

En vain. Le jour où, au fort Montluc à Lyon, après l'avoir fait torturer, l'agent de la Gestapo lui tend de quoi écrire puisqu'il ne peut plus parler, Jean Moulin dessine la caricature de son bourreau. Pour la terrible suite, écoutons seulement les mots si simples de sa sœur : « Son rôle est joué, et son calvaire commence. Bafoué, sauvagement frappé, la tête en sang, les organes éclatés, il atteint les limites de la souffrance humaine sans jamais trahir un seul secret, lui qui les savait tous. »

Comprenons bien que pendant les quelques jours où il pourrait encore parler ou écrire, le destin de la Résistance est suspendu au courage de cet homme. Comme le dit Mlle Moulin, il savait tout.

Georges Bidault prendra sa succession. Mais voici la victoire de ce silence atrocement payé : le destin bascule. Chef de la Résistance martyrisé dans des caves hideuses, regarde de tes yeux disparus toutes ces femmes noires qui veillent nos compagnons : elles portent le deuil de la France, et le tien. Regarde glisser sous les chênes nains du Quercy, avec un drapeau fait de mousselines nouées, les maquis que la Gestapo ne trouvera jamais parce qu'elle ne croit qu'aux grands arbres. Regarde le prisonnier qui entre dans une villa luxueuse et se demande pourquoi on lui donne une salle de bains — il n'a pas encore entendu parler de la baignoire. Pauvre roi supplicié des ombres, regarde ton peuple d'ombres se lever dans la nuit de juin constellée de tortures.

Voici le fracas des chars allemands qui remontent vers la Normandie à travers les longues plaintes des bestiaux réveillés : grâce à toi, les chars n'arriveront pas à temps. Et quand la trouée des Alliés commence, regarde, préfet, surgir dans toutes les villes de France les commissaires de la République — sauf lorsqu'on les a tués. Tu as envié, comme nous, les clochards épiques de Leclerc : regarde, combattant, tes clochards sortir à quatre pattes de leurs maquis de chênes, et arrêter avec leurs mains paysannes formées aux bazookas l'une des premières divisions cuirassées de l'empire hitlérien, la division Das Reich.

Comme Leclerc entra aux Invalides, avec son cortège d'exaltation dans le soleil d'Afrique et les combats d'Alsace, entre ici, Jean Moulin, avec ton terrible cortège. Avec ceux qui sont morts dans les caves sans avoir parlé, comme toi ; et même, ce qui est peut-être plus atroce, en ayant parlé ; avec tous les rayés et tous les tondus des camps de concentration, avec le dernier corps trébuchant des affreuses files de *Nuit et Brouillard*, enfin tombé sous les crosses ; avec les huit mille Françaises qui ne sont pas revenues des bagnes, avec la dernière femme morte à Ravensbrück pour avoir donné asile à l'un des nôtres. Entre, avec le peuple né de l'ombre et disparu avec elle — nos frères dans l'ordre de la Nuit...

Commémorant l'anniversaire de la Libération de Paris, je disais : « Écoute ce soir, jeunesse de mon pays, ces cloches d'anniversaire qui sonneront comme celles d'il y a quatorze ans. Puisses-tu, cette fois, les entendre : elles vont sonner pour toi. »

L'hommage d'aujourd'hui n'appelle que le chant qui va s'élever maintenant, ce *Chant des partisans* que j'ai entendu murmurer comme un chant de complicité, puis psalmodier dans le brouillard des Vosges et les bois d'Alsace, mêlé au cri perdu des moutons des tabors, quand les bazookas de Corrèze avançaient à la rencontre des chars de Rundstedt lancés de nouveau contre Strasbourg. Écoute aujourd'hui, jeunesse de France, ce qui fut pour nous le Chant du Malheur. C'est la marche funèbre des cendres que voici. À côté de celles de Carnot avec les soldats de l'an II, de celles de Victor Hugo avec les Misérables, de celles de Jaurès veillées par la Justice, qu'elles reposent avec leur long cortège d'ombres défigurées. Aujourd'hui, jeunesse, puisses-tu penser à cet homme comme tu aurais approché tes mains de sa pauvre face informe du dernier jour, de ses lèvres qui n'avaient pas parlé ; ce jour-là, elle était le visage de la France...

Oraisons funèbres, Gallimard, 1971.

Discours prononcé au Palais des sports
à Paris au nom de l'association
« Pour la Vᵉ République »
le 15 décembre 1965 [1]

Nous savons tous, et M. Mitterrand le premier, que pour le général de Gaulle, la gauche et la droite se définissent par ce que l'une et l'autre peuvent faire pour la France.

1. Discours prononcé entre les deux tours de la première élection présidentielle au suffrage universel. Charles de Gaulle avait été mis en ballottage et se retrouvait face à François Mitterrand pour le deuxième tour.

Nous savons aussi que les associés de M. Mitterrand, devant le plus récent drame de notre histoire,
celui de l'Algérie, ont passé leur temps à faire faire à
la gauche la politique de la droite.

Et nous savons enfin que, par deux fois, le général
de Gaulle a failli être tué par cette droite même,
Monsieur Mitterrand, qui vous apporte aujourd'hui
ses voix, en raison, n'est-ce pas ! de son passé hautement républicain.

Si la gauche ne signifiait que la présence au gouvernement d'une équipe déterminée de politiciens, il
n'y aurait pas même lieu d'en parler. Mais je crois,
comme M. Mitterrand, que le mot gauche signifie,
heureusement, autre chose que ceux qui s'en
servent.

D'abord, évidemment, la Révolution française. À
tel point qu'il ne serait pas déraisonnable de dire
qu'un homme de droite, c'est celui pour qui la Révolution signifie la guillotine, et un homme de gauche,
celui pour qui elle signifie Fleurus. J'ai entendu,
comme chacun, le petit cantique de M. Mitterrand à
son amour de la liberté. Ce poujadisme sentimental
semblait bien mince, en face d'un si grand héritage !
Pour nous, la gauche, c'est la présence, dans l'histoire, de la générosité par laquelle la France a été la
France pour le monde.

Au musée mexicain de Puebla, l'instituteur me
parlait de la France avec cette chaleur que nous ren-
controns souvent en Amérique latine. Sur les murs,
les fresques représentaient les combats des troupes
mexicaines contre les zouaves. Je lui demandai :
« Comment votre sympathie pour mon pays est-elle
restée si grande, malgré l'expédition du Mexique ? »
Il me répondit : « Il y a quelques textes — très peu —

que tous nos enfants apprennent à l'école. Entre autres, la lettre de Victor Hugo à Juarez — au temps des victoires de l'empereur Maximilien. » Cette lettre que tous les enfants du Mexique savent par cœur, peu d'enfants de France la connaissent. La voici :

« Si vous devenez vainqueur, Monsieur le Président, vous trouverez chez moi l'hospitalité du citoyen ; si vous êtes vaincu, vous y trouverez l'hospitalité du proscrit. »

La France, pour le Mexique, c'est cette lettre. Mais l'instituteur s'était précipité à Mexico pour y applaudir le général de Gaulle. Je doute qu'il s'y fût précipité pour y accueillir M. Mitterrand. Car il s'agissait de signification historique, et, pour l'histoire, conquérir la liberté ne se conjugue pas au conditionnel. Un Mexicain trouve très drôle d'entendre attaquer un homme que toute l'Amérique latine appelle Libertador, comme les fondateurs de ses républiques, par un homme qui n'a jamais rien libéré — et d'entendre parler d'une union des républicains contre un homme qui a sauvé deux fois la République.

Il y a des pays qui ne sont jamais plus grands que lorsqu'ils sont contraints de se replier sur eux-mêmes : l'Angleterre de Drake et de la bataille de Londres. Il y a des pays qui ne sont jamais plus grands que lorsqu'ils tentent de l'être pour tous les autres : la France des croisades et de la Révolution. Sur bien des routes de l'Orient, il y a des tombes de chevaliers français ; sous bien des champs de l'Europe occidentale, il y a des corps de soldats de l'an II. Un peuple ramassa l'épée de Turenne, lança à travers l'Europe la première armée de la justice, et pendant cent ans, cette armée en haillons emplit les plus nobles rêves du monde :

Ils avaient chassé vingt rois, passé les Alpes et le
    Rhin,
Et leur âme chantait dans le clairon d'airain...

Qu'est-ce que vous et moi avons à faire, Monsieur Mitterrand, avec ces ombres immenses, qui firent danser l'Europe au son de la liberté? Candidat unique des républicains, de quel droit venez-vous vous prévaloir de Fleurus — vous qui n'étiez pas même en Espagne? Vous avez été onze fois ministre de la IVe, vous auriez pu l'être de la IIIe, de la seconde, peut-être. Ni vous ni moi n'aurions pu l'être de la première.

Candidat unique des républicains, laissez dormir la République!...

Cette République-là est morte avec le XIXe siècle. Mais non ce qu'elle portait en elle. C'est la volonté de justice — et d'abord de justice sociale. C'est la volonté d'indépendance nationale. Pas le nationalisme: l'indépendance. C'est la volonté de liberté individuelle, que vous feignez de croire menacée. Que reste-t-il de ces volontés? Aux yeux du monde, aux yeux de la France elle-même, non pas ce qu'on en dit, mais ce qu'on fait pour elles.

Pour qu'il existât une gauche, il fallait d'abord — non? qu'existât la République... Le moins que l'on puisse dire est qu'elle n'allait pas très bien, en 1944. Ô mes compagnons, qui avez défendu Strasbourg un contre vingt, vous qui savez ce qui se serait passé dans une ville, déjà abandonnée par l'armée américaine, sans le général de Gaulle, avez-vous oublié qu'en ce temps, la République et le général de Gaulle étaient inséparables? Qui vous eût dit qu'il serait un jour attaqué, au nom de cette torche que nous avons si douloureusement rallumée ensemble, par les éphémères qui ont mis douze ans à voleter autour ?

La République exigeait un minimum de justice politique. Et d'abord, le vote des femmes. Les politiciens au pouvoir le refusaient encore aux femmes françaises, quand il était accordé aux femmes turques. Il était inévitable ? Oui — depuis vingt ans : le général de Gaulle a dit et fait ce que les politiciens disaient et ne faisaient pas.

Puisque la résurrection de la France exigeait une autorité véritable, il fallait que cette autorité fût fondée sur le peuple, et que le président de la République fût élu au suffrage universel. Cette fois, il ne suffit pas de dire que les libertés ont été rétablies ou établies par le général de Gaulle. C'est au nom de cette liberté-là que vous êtes aujourd'hui candidat, Monsieur Mitterrand. Et elle n'a pas été seulement, comme les autres, établie sans vous : elle a été établie malgré vous. En octobre 1962, au congrès des maires de la Nièvre, vous déclariez que l'élection du président de la République par tous les citoyens *dépossédait les élus de leurs droits*.

Dans le domaine social, il y a eu, depuis vingt ans, deux décisions capitales : les nationalisations, la Sécurité sociale. Qui les a prises ?

Dans le domaine de justice humaine le plus dramatique depuis la guerre de 1940, celui de la décolonisation, le système auquel vous apparteniez était à la veille de faire de l'Afrique noire une immense Indochine — en marge de l'Algérie où vous n'aviez su ni faire la guerre, ni faire la paix. La figure qui est aujourd'hui celle de la France depuis Brazzaville jusqu'à Alger — jusqu'à Alger ! — c'est celle de la droite ou de la monarchie, n'est-ce pas ? Et lorsque le président du Sénégal écrit : « De notre point de vue, c'est le général de Gaulle qui a une position socialiste révolutionnaire et ce sont ses adversaires qui ont une position conservatrice, parce que néo-colonialiste », c'est sans doute par respect du pouvoir personnel. Au surplus, le président Senghor ne connaît pas l'Afrique.

Enfin, il est sans doute antirépublicain, que, pour la première fois depuis vingt-cinq ans, les soldats français ne se battent plus.

Le général de Gaulle a donc rétabli la République, établi le droit de vote des femmes, l'élection du président de la République au suffrage universel, les nationalisations, la Sécurité sociale, les allocations familiales, les comités d'entreprises ; réussi une décolonisation qui a rendu à la France son visage historique ; résolu le terrible problème algérien, apporté la paix en menant la seule vraie lutte contre la seule droite meurtrière, celle du putsch d'Alger et du Petit-Clamart.

Vous, qu'avez-vous fait ?

Vous avez rêvé la gauche. Vous croyez que vous la faites quand vous parlez d'elle. Un ouvrier m'écrivait hier : « Dites bien que si moi je vote pour de Gaulle, c'est parce que avec lui on n'a pas les CRS sur le dos, alors qu'avec Mitterrand, on les avait tout le temps ! » Vous n'êtes pas le défenseur de la justice ; chaque fois qu'elle a été tragiquement en cause, vous n'avez pas existé. Vous n'êtes pas le défenseur des libertés individuelles, qui ne sont nullement menacées. Vous n'êtes pas le défenseur de l'indépendance nationale.

Puisque vous ne symbolisez en rien une véritable

action de la gauche, puisque vous ne symbolisez pas la République, et puisque, néanmoins, vous symbolisez incontestablement quelque chose, que symbolisez-vous ?

D'abord, le mélange de désir émouvant et d'inévitable démagogie qu'implique l'éternelle intention politique, opposée à l'action politique. Il est plus facile d'accorder les électeurs sur le désir d'aller au ciel, que de leur donner les moyens d'y aller. Vous croyez d'instinct que les écrasants obstacles de l'histoire ont une solution parlementaire. Vous dites : « Si je suis élu, je dissous l'Assemblée, et je gouverne avec la majorité que dégageront les élections. » Bien. Vous espérez que cette majorité sera formée de voix semblables à celles que vous venez de rassembler. Supposons-le. Mais moins de la moitié de vos voix sont pour l'Europe intégrée, c'est-à-dire américaine ; plus de la moitié, communiste, est contre. Il s'agit d'une question capitale, non d'un point de détail. Qu'y changera votre jeu parlementaire ? Couperez-vous la France en deux ? Ou en quatre, car vous êtes le candidat unique de quatre gauches — dont l'extrême droite.

Depuis que je vous écoute à la télévision, je m'aperçois que tous les problèmes que le général de Gaulle a posés comme des problèmes d'histoire, vous espérez les résoudre par des combinaisons, par des « contrats loyaux » (il y a des contrats déloyaux ?) avec tel ou tel parti. Mais la gauche de Jaurès, ce n'était pas une combinaison. Le choix auquel est appelé le pays, et qui n'est nullement entre la droite et la gauche, est entre un homme de l'histoire et les politiciens.

Je n'ai rien contre les politiciens. Ils ne sont pas

particuliers à la IVe République. Ils ont peu changé depuis la Grèce. En gros, ils forment, depuis des siècles, un club de négociateurs. Aux objectifs historiques — donc à long terme — ils substituent toujours l'objectif immédiat, c'est-à-dire, dans les temps modernes, électoral. Le gouvernement que M. Mitterrand nous promet, c'est de l'histoire-fiction, comme il y a la science-fiction. Qu'est-ce que cette politique de gauche qui n'ose pas prononcer les mots « classe ouvrière » ; qu'est-ce que cette autorité que s'arroge M. Mitterrand sur le parti communiste ? Mais s'il avait la moindre autorité, le parti communiste ne le soutiendrait pas, les chefs des autres partis, pas davantage ! Dans ce cache-cache où chacun attend l'autre au coin d'un bois, M. Mitterrand a le choix entre Daladier et Kerensky. Il n'y a pas d'union des gauches, le peuple entier le sait, et les politiciens le proclameraient dès que le pouvoir serait atteint : l'objet réel de l'union, c'est l'élection.

Je ne veux pas parler ici d'intérêt, mais d'une réalité historique plus profonde, que j'appellerai le *compromis comme moyen naturel de gouvernement.* La fin de la IIIe République en fut l'expression la plus dramatique, et la IVe, l'expression la plus pitoyable. Lorsque, avant la guerre de 1940, il fallut concilier les défenseurs des divisions cuirassées et ceux des armes traditionnelles, on mit un demi-soldat dans un demi-char — et le résultat ne se fit pas attendre. Cette conception du gouvernement n'a jamais résisté au danger de la patrie, depuis la Convention jusqu'à Clemenceau ; elle ne résiste pas davantage à la transformation sans précédent de la civilisation, à laquelle sont confrontés les États modernes. Mais elle a conservé sa valeur électorale, parce qu'un programme commun concerne ce qu'on fera, non ce qu'on fait. Le génie du politicien, c'est de contourner l'obstacle. D'où sa singulière incapacité — on l'a vu en 1940 — à faire face au drame. D'où la nécessité où sont les politiciens d'inventer un monde imaginaire dans lequel les obstacles réels — le sous-développement, les autres nations, la misère, la transformation sans précédent du monde — sont remplacés par un seul adversaire : l'adversaire politique, transformé en diable. La religion des États totalitaires, c'est le manichéisme épique : celle des politiciens, depuis bien longtemps, c'est le manichéisme électoral.

C'est pour cela, et nullement par hasard, que M. Mitterrand a suggéré que le gouvernement avait truqué les urnes des Comores, et donné à ces îles le poids de cinq départements métropolitains (les plus petits) qui totalisent 384 000 électeurs, alors que les Comores en ont 113 000. Ce qu'il devrait savoir mieux que moi, puisqu'il a été ministre de la France d'outre-mer. Mais il ne s'agit plus aujourd'hui que du nombre des votes gaullistes.

C'est pour cela qu'il faut flétrir la carence de notre Éducation nationale dont le gouvernement a doublé le budget, et pour laquelle les onze gouvernements auxquels appartint M. Mitterrand n'avaient rien fait.

C'est pour cela qu'il faut dire, avec une belle énergie : « Je rétablirai les relations avec le Marché commun agricole ! » Alors que ces relations ne sont pas rompues ; que si le président de la République avait été élu le 5, une conférence aurait sans doute déjà eu lieu en Italie. Alors que si la France n'avait pas exigé que l'agriculture fût inscrite dans le développement de l'Europe, l'agriculture n'y aurait sans doute jamais été inscrite ; alors qu'aucun agriculteur, vendeur de ses produits, n'accepterait de passer avec son acheteur un contrat dont l'acheteur pourrait modifier les conditions sans son accord.

C'est pour cela qu'il faut feindre de ne pas comprendre que le général de Gaulle a dit avant-hier « assurances sociales » pour « Sécurité sociale », et affirmer qu'il se prévaut de ce qui fut fait en 1930.

C'est pour cela qu'il faut dire que le général de Gaulle n'a pas de politique étrangère, et répéter comme un refrain : « Cette politique a échoué ; alors, on en a essayé une autre. » Fasse la chance, Monsieur Mitterrand, que vous trouviez une politique étrangère si mauvaise, qu'elle rende à la France la place qu'elle avait perdue depuis trente ans !

C'est pour cela qu'il faut dire que nous avons joué la Chine contre la Russie. N'ayant pas « joué » la Chine du tout, nous n'avons eu à la jouer contre personne. Le général de Gaulle a décidé que la France faisait sa diplomatie elle-même. Or, n'avoir pas droit à sa propre politique étrangère, c'est la définition même des États satellites.

Cette semaine, la politique étrangère de M. Mitterrand, c'est la conciliation de celle du MRP, des socialistes et des communistes. Comme une si singulière conciliation n'est possible que pour une politique future, une politique qu'on ne fait pas, la conclusion prudente est qu'« il faut garder les anciens alliés et en conquérir de nouveaux ». Quelle différence, alors, avec ce que tente le général de Gaulle ? M. Mitterrand dit qu'il sera plus aimable. Peut-être... Peut-être, aussi, moins respecté. Et que de bruit pour un sourire ?

C'est pour cela qu'il faut dire que le plan de stabilisation a pour but la stagnation, alors qu'il a évidemment pour but la garantie de l'expansion.

C'est pour cela qu'il faut placarder dans le métro — ce que M. Mitterrand ne fait pas, mais d'autres le font à son profit, même s'il le réprouve, ce que je souhaite : « Si votre grand-père a soixante-quinze ans, lui confiez-vous vos affaires ? » Bon. Mais si vos enfants sont malades, les confiez-vous au docteur Schweitzer, ou à un médecin de quarante-neuf ans — qui a déjà tué onze malades ?

C'est pour cela qu'il faut parler du pouvoir personnel, en confondant soigneusement l'autorité que la transformation des sociétés exige, aux États-Unis comme en Union soviétique, comme en Chine, avec les pires souvenirs de la monarchie. Le général de Gaulle a déjà été Napoléon III. S'il devenait Louis XV ? ou XIV, XIII, XII, XI... Stop : surtout, pas Louis IX. Le chef fasciste d'avant-hier, le plébiscitaire d'hier, est en ballottage, ce qui arrivait tous les matins, n'est-ce pas, à Hitler et à Napoléon III ? Passons, passons... Et M. Mitterrand, l'œil durement fixé sur le pauvre objectif ahuri de la caméra, nous dit, comme l'héroïque victime devant l'éternel bourreau : « À la volonté d'un seul homme, nous opposerons la volonté nationale ! » avec l'accent des hommes de 89 proclamant les droits de l'homme — au moment même où il fait appel à cette volonté nationale grâce à un scrutin apporté par cet homme — et qui peut dimanche, l'écarter en un jour.

C'est une manœuvre enfantine, mais facile à analyser, que de jouer sur le sens des mots « pouvoir personnel », quand on a fait soi-même, onze fois — dont une au côté d'un homme de la valeur de Mendès France —, l'expression de l'impuissance impersonnelle.

C'est pour cela qu'il faut faire du général de Gaulle le portrait que vous en avez tracé hier, Monsieur Mitterrand, quand vous avez tenté de faire de lui un candidat allant séduire les députés. Vous oubliez bien vite. Il demandait à l'Assemblée les moyens de maintenir la République ; elle, lui demandait les moyens de n'être pas jetée à la Seine par les parachutistes. En ces jours où vous ne voyiez dans le général de Gaulle qu'un solliciteur, j'ai vu heure par heure MM. Pflimlin et Guy Mollet, ministres d'État. Je ne les ai vus soucieux, jusqu'à l'angoisse, que du salut de la France. Nous ne voyons pas les choses de la même façon. L'histoire non plus. Comme vous l'avez dit hier, avec ce merveilleux air de virginité politique et de modeste hauteur un peu méprisante : « Les choses telles que les conçoit le général de Gaulle et que, moi, je ne les conçois pas... » Bergson professait : n'écoute pas ce que je dis, regarde ce que je fais. L'un de vos défenseurs éminents, M. le Président Monnerville, publiait hier ceci : « Le choix est entre un pouvoir fondé sur le mépris des hommes et la démocratie ouverte du député de la Nièvre. » Ça ne vous fait pas rire ? Et : « Il faut rendre à la France sa vraie figure... Celle vers laquelle se tournaient jadis toutes les nations du monde, lorsqu'elles s'interrogeaient sur le destin des hommes libres. » En supprimant l'aide aux pays sous-développés, n'est-ce pas ? Nous sommes quelques-uns à savoir la date après laquelle la France a repris son visage pour le monde...

Dans le domaine qui confond en permanence le souhaitable avec le possible, rien de plus significatif que l'idée que M. Mitterrand se fait de la création de l'Europe. On connaît la nôtre. J'ai dit depuis quinze ans, à une partie de ceux qui sont ici :

« Depuis la grande voix de Michelet jusqu'à la grande voix de Jaurès, ce fut une sorte d'évidence, tout au long du siècle dernier, qu'on deviendrait d'autant plus homme, qu'on serait moins lié à sa patrie. C'était alors la forme de l'espoir ; Victor Hugo croyait que les États-Unis d'Europe se feraient d'eux-mêmes, et qu'ils seraient le prélude aux États-Unis du Monde. Le vrai prophète n'a été ni Michelet, ni Jaurès, ni Marx, si perspicaces dans d'autres domaines ; mais bien leur ennemi Nietzsche, qui écrivait que le xxᵉ siècle serait celui des guerres nationales. À l'heure de sa mort le Géorgien Staline, élevé dans l'internationalisme, condamné pour internationalisme, regardant par les fenêtres du Kremlin, tomber la neige qui ensevelit les Chevaliers Teutoniques et la Grande Armée, a eu le droit de dire : " J'ai refait la Russie... "

« Pour le meilleur comme pour le pire, nous sommes liés à la patrie. Et nous savons que nous ne ferons pas l'Europe sans elle ; que nous devons faire, que nous le voulions ou non, l'Europe sur elle. »

Rien n'a changé, dans ce domaine. Le général de Gaulle a montré hier combien il était difficile de faire l'Europe, combien il était nécessaire de partir du concret, en pleine conscience des obstacles qu'il impose. Croit-on les Anglais prêts à obéir à un président allemand de l'Europe, par la seule magie d'un bulletin de vote ? Cette Europe unie qui commencerait sans doute par la guerre de Sécession, c'est *un désir*. Et l'obstacle qu'elle rencontre n'est pas fait de mille ans d'histoire, ni des passions les plus profondes, c'est le chauvinisme du général de Gaulle. Ce siècle aurait pu, cependant, montrer les limites de l'idéologie des âmes sensibles et de la déesse Raison.

Résumons. Il s'agit de savoir où la France peut trouver la meilleure voie de son action, les meilleurs instruments de son destin.

Il y a d'un côté un fait historique. Accidentel, soit, puisque le général de Gaulle aurait pu être tué avant 1958, ou au Petit-Clamart. Un homme, chargé pour le monde entier de l'honneur que donne le souvenir de la plus grande fermeté dans le plus grand malheur, et uniquement soucieux du destin de la nation, a reçu des Français, depuis sept ans, la charge de ce destin. Il peut l'assumer encore, avec sa gloire et ses faiblesses. Tout ne va pas bien pour tous, loin de là. Et il ne s'agit pas de savoir si les choses continueront ainsi, il s'agit de savoir comment elles changeront. Il s'agit de l'avenir. Si je ne me souviens pas que le général de Gaulle, en 1958, ait quémandé les voix des députés, je me souviens qu'il m'a dit, assez tristement, à l'hôtel Lapérouse : « Et peut-être aurai-je la chance de revoir une jeunesse française... » Cet homme a fait ce que personne, depuis bien longtemps, n'avait fait dans une démocratie : il a osé maintenir un plan d'austérité, au temps même de l'élection suprême, parce qu'il le jugeait nécessaire à la nation.

En face, il y a des hommes de bonne volonté (laissons les autres) dont aucun ne peut disposer, ni chez nous, ni dans le monde, de la puissance d'arbitrage du général de Gaulle, parce que cette puissance ne se limite pas à celle d'une personne. Il ne s'agit pas d'un pouvoir personnel, mais d'un pouvoir historique.

Ce pouvoir est au service de la France, et nous pensons qu'elle aurait tort de s'en priver. Il y a un dialogue — bon ou mauvais — entre les États-Unis, l'Union soviétique et le général de Gaulle ; pour Mao

Tsé-toung comme hier pour Nehru, la France, c'est la Révolution et le général de Gaulle. Il y a un dialogue — bon ou mauvais — entre la droite, la gauche et le général de Gaulle, parce qu'elles savent qu'il n'appartient ni à l'une ni à l'autre. Son successeur fera de son mieux, mais il ne sera son successeur dans le destin de la France, que s'il échappe à l'univers où l'on confond les compromis avec les décisions, les intentions avec l'action, la France que l'on souhaite ou que l'on rêve, avec la France que l'on fait.

Or, le gouvernement qu'envisage M. Mitterrand, c'est déjà le compromis. Non la conjugaison de tendances parentes : le compromis fondamental. Ses vingt-huit options ne forment pas une politique, mais un catalogue d'intentions. Il n'est pas le successeur du général de Gaulle : il est son prédécesseur. Il s'agit de choisir entre un homme de l'histoire, qui a assumé la France et que la France ne retrouvera pas demain, et les politiciens, que l'on retrouve toujours.

J'ai terminé. Quelques-uns d'entre vous connaissent la lettre que Bernanos écrivit à ses amis en 1942 : « Ne vous tourmentez donc pas, la France a inventé Jeanne d'Arc, elle a inventé Saint-Just, elle a inventé Clemenceau, elle n'a pas fini d'en inventer ! C'est son affaire ! »

La nôtre, ce serait d'empêcher qu'on les brûle !...

Espoir, 1973, n° 2.

*Discours prononcé à l'occasion
de l'inauguration de la Maison
de la culture d'Amiens le 19 mars 1966*

Excellence, Messieurs les maires, Mesdames, Messieurs,

Voici dix ans que l'Amérique, l'Union soviétique, la Chine et nous-mêmes essayons de savoir ce qui pourra être autre chose que la politique dans l'ordre de l'esprit.

Ici, pour la première fois, ce que nous avions tenté ensemble est exécuté et nous pouvons dire que ce qui se passera ce soir se passe dans le domaine de l'Histoire.

Il était entendu, il y a cent trente ans, que la plus grande actrice française ne pouvait pas jouer dans cette ville parce qu'il n'y avait personne pour l'écouter. Vous êtes tous ici, et combien d'Amiénois seront là après vous. Vous êtes plus nombreux comme abonnés de cette Maison qu'il n'y a d'abonnés à la Comédie-Française. À Bourges, qui a deux ans d'existence réelle, il y a sept mille abonnés et Bourges a soixante mille habitants. Rien de semblable n'a jamais existé au monde, sous aucun régime, jamais 10 % d'une nation ne s'est trouvé rassemblé dans l'ordre de l'esprit.

De quoi s'agit-il essentiellement ? D'abord d'un changement absolument total de civilisation. Nous savons tous que nous sommes en face d'une civilisation nouvelle. Encore s'agit-il un peu de savoir à quel degré. C'est Robert Oppenheimer qui, après Einstein, disait : « Si l'on rassemblait tous les chercheurs scientifiques qu'a connus l'humanité depuis qu'elle existe, ils seraient moins nombreux que ceux qui sont vivants. »

Si les grands Pharaons avaient dû parler à Napoléon, ils auraient parlé de la même chose. Bien sûr, l'armée française était plus étendue que l'armée de Ramsès. Mais c'étaient les mêmes ministres, les mêmes finances, la même guerre. Alors que si Napoléon devait parler sérieusement avec le président des États-Unis, ils ne sauraient plus de quoi ils parlent en commun.

La structure de l'État, la structure de la civilisation a changé d'une façon fondamentale au cours de notre vie, et nous sommes les premiers qui aient vu changer le monde au cours d'une génération. Car même la chute de l'Empire romain avait demandé quatre générations, et même saint Augustin voyait le destin de Rome dans une sorte de brume.

Non seulement la civilisation nouvelle a détruit les anciennes conditions du travail, mais elle a détruit la structure des anciennes civilisations qui étaient des civilisations de l'âme.

Elle a remplacé l'âme par l'esprit, et la religion non pas par la métaphysique, mais par la pensée scientifique, la signification de la vie par les lois du monde. Je ne juge pas, et ce serait parfaitement inutile.

Je reprends ici ce que j'ai dit à l'Université sanscrite de Bénarès. Vous représentez cinq mille ans de culture humaine, mais, en une seule génération, tout a changé. Les lois du monde sont devenues le problème fondamental même pour les esprits religieux.

Ne nous y trompons pas : la nouvelle civilisation,

c'est bien entendu la machine et ce n'est pas, comme on nous le dit en permanence, le matérialisme. L'Amérique ne se croit pas du tout matérialiste, la Russie ne se croit pas matérialiste et elle a raison. La Chine ne se croit pas matérialiste, et elle est prête à mourir pour les valeurs qui sont les siennes. Le problème matérialiste est absolument subordonné.

L'essentiel est ailleurs, il est dans la présence de la machine qui a changé le rapport de l'homme et du monde.

D'une part, la machine a créé le temps vide qui n'existait pas et que nous commençons à appeler le loisir. Ici, Mesdames et Messieurs, je voudrais vous dire tout de suite : « Ne nous laissons pas égarer à l'infini par ce terme absurde. »

On a commencé par faire un ministère des Sports et Loisirs, et les loisirs peuvent être, en effet, semblables aux sports. Le problème qui se pose n'est en rien l'utilisation d'un temps vide — j'y reviens parce qu'il n'existait pas autrefois —, les grandes civilisations agraires et plus ou moins religieuses n'avaient pas de temps vide : elles avaient des fêtes religieuses.

Le temps vide, c'est le monde moderne. Mais ce qu'on a appelé le loisir, c'est-à-dire un temps qui doit être rempli par ce qui amuse, est exactement ce qu'il faut pour ne rien comprendre aux problèmes qui se posent à nous. Bien entendu, il convient que les gens s'amusent, et bien entendu que l'on joue ici même ce qui peut amuser tout le monde, nous en serons tous ravis.

Mais le problème que notre civilisation nous pose n'est pas du tout celui de l'amusement, c'est que jusqu'alors, la signification de la vie était donnée par les grandes religions, et plus tard, par l'espoir que la science remplacerait les grandes religions, alors qu'aujourd'hui il n'y a plus de signification de l'homme et il n'y a plus de signification du monde, et si le mot culture a un sens, il est ce qui répond au visage qu'a dans la glace un être humain quand il y regarde ce qui sera son visage de mort. La culture, c'est ce qui répond à l'homme quand il se demande ce qu'il fait sur la terre. Et pour le reste, mieux vaut n'en parler qu'à d'autres moments : il y a aussi les entractes.

La machine, d'autre part, multiplie le rêve. Ici, j'insisterai beaucoup parce que, au nom du matérialisme, on nous a beaucoup dit que la machine était, en somme, le contraire du monde ancien, disons pour simplifier, de l'imaginaire.

Or, jamais le monde n'a connu des usines de rêve comme les nôtres, jamais le monde n'a connu une pareille puissance d'imaginaire, jamais le monde n'a vu ce déluge d'imbécillité, d'une part et, d'autre part, ces choses parfois très hautes qui ont créé cette unité mystérieuse dans laquelle une actrice suédoise jouait Anna Karénine, l'œuvre d'un génie russe, conduite par un metteur en scène américain, pour faire pleurer des enfants aux Indes et en Chine.

La puissance de rêve de notre civilisation est absolument sans précédent et voici où se pose le problème que j'ai posé tout à l'heure.

Ces usines si puissantes apportent les moyens du rêve les pires qui existent, parce que les usines de rêve ne sont pas là pour grandir les hommes, elles sont là très simplement pour gagner de l'argent. Or, le rêve le plus efficace pour les billets de théâtre et de cinéma, c'est naturellement celui qui fait appel aux éléments les plus profonds, les plus organiques et, pour tout dire, les plus terribles de l'être humain et avant tout, bien entendu, le sexe, le sang et la mort.

Or, il se trouve que, aussi bien dans la Chine communiste qu'aux États-Unis, on s'est aperçu que la seule chose au monde qui soit aussi puissante que le domaine mystérieux des ténèbres, c'est ce qui a vaincu les ténèbres et ce qui, pour des raisons que nous ignorons, a survécu. En un mot, les seules images aussi puissantes que les images de sang ce sont les images d'immortalité.

La raison d'être de cette Maison, Mesdames et Messieurs, c'est qu'il est indispensable aujourd'hui que, sur le monde entier, en face des immenses puissances de rêve qui contribuent à écraser les hommes, soit donnée à tous la seule possibilité de combat aussi forte que celle des ténèbres, c'est-à-dire ce que les hommes ont fait depuis toujours.

Pourquoi y a-t-il une si mystérieuse puissance de ce qui a survécu? À la vérité, nous ne le savons pas. Nous en connaissons bien les résultats — vous allez voir *Macbeth* ce soir — mais les causes sont assez mystérieuses, tout au plus pourrait-on dire ceci : il y a cent ans, on croyait beaucoup que les hommes étaient plus forts que leurs rêves, autrement dit que c'étaient eux qui faisaient leurs rêves. Et la psychologie des profondeurs nous a montré que ce sont infiniment plus les rêves qui possèdent les hommes et que les grands rêves sont beaucoup plus durables qu'une pauvre vie humaine.

Dans ces conditions, de même que les éléments organiques ont quelque chose d'apparemment invulnérable, ce qui appartient à l'imaginaire humain dans ce qu'il a de plus haut semble ne pas appartenir en propre à ceux qui l'ont créé et qui sont en face de cet imaginaire, un peu comme un sourcier en face de la source qu'il découvre. Le génie découvre ce qui rôde dans l'âme des hommes et, l'ayant découvert une fois, il advient que, très souvent, il le découvre pour très longtemps.

Il est extrêmement difficile de savoir pourquoi il y a une telle force dans les paroles d'Antigone, mais nous savons tous que, sur cette scène, lorsque viendra une actrice qui dira à l'homme qui va tuer son personnage « Peu importe les lois des hommes, il y a aussi les lois non écrites » ; ce jour-là, lorsqu'elle ajoutera « Je ne suis pas venue sur la terre pour partager la haine, mais pour partager l'amour », cette princesse thébaine aux petits cheveux coupés de Jeanne d'Arc sera pour chacun de vous quelque chose qui est l'une des plus grandes voix chrétiennes, même si le Christ n'avait pas existé.

Il y a dans le passage de quelque chose qui rôde dans le cœur des hommes, quelque chose d'invincible, et cette invincibilité seule est aussi forte que ce qui menace l'homme dans la civilisation moderne, et c'est elle que nous entendons sauver.

Au fond, qu'est-ce que l'imaginaire ? Depuis que le monde est monde, c'est probablement ce que l'homme a créé en face des dieux. Le destin est là avec la naissance, et la vieillesse, et la mort, et quelque chose est là aussi qui est cette communion étrange de l'homme avec quelque chose de plus fort que ce qui l'écrase. Il y aura toujours ce moment prodigieux où l'espèce de demi-gorille levant les yeux, se sentit mystérieusement le frère du ciel étoilé.

C'est là qu'est l'élément absolument fondamental de notre lutte et, si vous voulez, de notre travail.

L'imaginaire séculaire, c'est probablement l'antidestin, c'est-à-dire la plus grande création des hommes et le destin de notre civilisation, c'est la lutte des deux imaginaires : d'une part, celui des machines à rêver, avec leur incalculable puissance et le fait qu'elles ont émancipé le rêve et, d'autre part, ce qui peut exister en face, et qui n'est pas autre chose que ce que j'ai appelé, naguère, l'héritage de la noblesse du monde.

Dans ce domaine, il semble que les dieux soient morts mais, lorsque je parlais du sexe et du sang, certainement les diables ne le sont pas et le vrai problème c'est de savoir si une civilisation qui a su ressusciter les démons saura aussi en son temps ressusciter les dieux.

La lutte des formes ressuscitées contre les instincts primordiaux, c'est-à-dire ce que nous avons à faire ensemble, c'est d'abord ce qui est présent, c'està-dire, pour des raisons bonnes ou mauvaises peu importe, ce qui dans l'héritage des siècles compte pour vous. C'est ensuite ce que l'on peut aimer et c'est là que je ferai une réserve sur ce qui a été dit tout à l'heure, à propos de l'Université. Gaëtan Picon avait précisé cette question. L'Université est ici pour enseigner. Nous sommes ici pour enseigner à aimer. Il n'est pas vrai que qui que ce soit au monde ait jamais compris la musique parce qu'on lui a expliqué *La Neuvième Symphonie*. Que qui que ce soit au monde ait jamais aimé la poésie parce qu'on lui a expliqué Victor Hugo. Aimer la poésie, c'est qu'un garçon, fût-il quasi illettré, mais qui aime une femme, entende un jour : « lorsque nous dormirons tous deux dans l'attitude que donne aux morts pensifs la forme du tombeau » et qu'alors il sache ce que c'est qu'un poète. Chaque fois qu'on remplacera cette révélation par une explication, on fera quelque chose de parfaitement utile, mais on créera un malentendu essentiel. Ici, les nôtres doivent enseigner aux enfants de cette ville ce qu'est la grandeur humaine et ce qu'ils peuvent aimer. Aussi l'Université leur expliquera ce qu'est l'Histoire. Mais il faut d'abord qu'existe l'amour, car après tout, dans toutes les formes d'amour il ne naît pas des explications.

Bien entendu, je ne pense pas que nous ne sommes ici que pour le passé. Nous sommes ici d'abord pour le passé. Nous sommes ici, d'abord pour que la réalité incroyable que fut ce privilège si longtemps acquis pour si peu de gens, cesse. Mais il n'est pas du tout nécessaire de limiter au passé notre action.

Simplement, il est indispensable de bien savoir que ce que nous voulons faire dans le présent est d'une autre nature. Où les deux choses se rejoindront-elles ? J'y reviendrai tout à l'heure : en vous. Une Maison de la culture se définit par l'audience qui la constitue. Hors de cela on crée des paternalismes parfaitement inutiles. Donc, disons pour les contemporains, que s'agit-il de faire ? Le maximum de liberté. Ce pays qui s'appelle la France n'a jamais été tellement grand que quand il s'occupait de lui-même. Un pays comme l'Angleterre n'a jamais été plus grand que lorsqu'il était sous la bataille de Londres. Mais la France n'a jamais été plus grande que lorsqu'elle était la France pour les autres. J'ai dit ailleurs : il n'y a pas une route d'Orient sur laquelle on ne trouve des tombes de chevaliers français, il n'y a pas une route d'Europe sur laquelle on ne trouve des tombes des soldats de l'an II. Mais cette

France-là n'était pas pour elle-même. Elle était pour tous les hommes. Et ce que nous devons tenter actuellement, c'est d'être ce que nous pouvons être, non pas pour nous-mêmes, mais pour tous les hommes.

Si cet étrange appel au mot si confus de culture résonne tellement d'un bout à l'autre du monde, c'est qu'en définitive ce n'est pas l'appel aux morts mais aux ressuscités, et que vous pouvez prendre les contemporains quand vous les mettez en face des grands morts : ils seront toujours ensemble et se reconnaîtront, parce que nous ne travaillons pas pour le passé, mais nous travaillons pour l'avenir.

Je voudrais ajouter un mot à propos de la jeunesse.

Dieu sait si je pense que les Maisons de la Culture doivent aider la jeunesse. Mais, en même temps, je voudrais qu'il fût bien entendu que les Maisons de jeunes sont là pour la jeunesse, et que les Maisons de la culture sont là pour tout le monde.

Il y a quelque chose qui devient assez pénible en France. C'est qu'il semble qu'à partir de trente ou trente-cinq ans, le domaine de l'esprit n'appartienne absolument plus à personne. Or, le domaine religieux, jadis, c'était à partir du moment où la mort devenait présente qu'il s'établissait. Ces maîtresses éclatantes de Louis XIV, nous les voyons toutes finir au couvent mais pas par mensonge. Alors, le domaine de l'esprit, disons simplement une fois pour toutes que, pour nous, tant mieux si la jeunesse est là, et nous faisons appel à la jeunesse pour qu'elle soit là car elle peut servir l'esprit, mieux que tous les autres. Mais, en définitive, il s'agit tout de même de savoir si c'est la jeunesse qui sert l'esprit ou si c'est l'esprit qui sert la jeunesse.

Tout cela, nous l'avons beaucoup vu. Nous sommes en train de tenter de le faire. Vous savez comme moi, par un exemple illustre, que jadis la France avait établi ce qu'il fallait faire avec les corps cuirassés, et puis les corps cuirassés ont été faits et ils n'ont pas été faits en France, alors que les Maisons de la culture — puisqu'en ce moment c'est nous qui commençons pour le monde — mieux vaudrait continuer.

Nous ne prétendons pas, comme l'Union soviétique, donner leur chance à tous, et nous le regrettons, mais nous prétendons formellement donner sa chance à chacun. N'oublions pas que, pour faire ce qui se passe ici dans la France entière, il faut trente milliards d'anciens francs et que le budget de l'Éducation nationale est de mille sept cents milliards. Par conséquent, changer la France et en faire ce que nous voulons faire est absolument possible.

Pour obtenir quoi ? Pour obtenir que le grand domaine mystérieux de la métamorphose soit donné à tous ; je veux dire : lorsque nous prenons les pays les plus atroces, l'horreur assyrienne, et que nous sommes en face de leur art, nous nous apercevons que lorsque les hommes sont morts, il ne reste rien de ce qui a été hideux en eux et qu'il ne reste que ce qu'ils ont eu de grand quand la transmission est faite par l'art.

Je parlais de l'horreur assyrienne. Dans la mémoire des hommes, elle est la plus émouvante figure de fauve, elle est la *Lionne blessée*. Et si, demain, il ne devait rester que des témoignages d'art sur les fours crématoires, il ne resterait rien des bourreaux, mais il resterait les martyrs.

Là est la grandeur suprême de l'art. Tout ce que nous défendons, ce n'est pas d'avoir des tableaux ou des chansons agréables ou pas agréables, c'est la métamorphose la plus profonde de l'être humain qui finit toujours par faire des martyrs avec des bourreaux.

Maintenant, Mesdames et Messieurs, c'est à cela que je fais appel ; il n'y a pas, il n'y aura pas de Maisons de la culture sur la base de l'État ni d'ailleurs de la municipalité ; la Maison de la culture, c'est vous. Il s'agit de savoir si vous voulez le faire ou si vous ne le voulez pas. Et, si vous le voulez, je vous dis que vous tentez une des plus belles choses qu'on ait tentées en France, parce que alors, avant dix ans, ce mot hideux de province aura cessé d'exister en France.

Document inédit.

*Discours prononcé à Dakar à la séance
d'ouverture du colloque organisé
à l'occasion du Ier Festival mondial
des arts nègres le 30 mars 1966*

Monsieur le Président de la République,
Excellences, Mesdames, Messieurs,

Nous voici donc dans l'Histoire. Pour la première fois, un chef d'État prend en ses mains périssables le destin spirituel d'un continent.

Jamais il n'était arrivé, ni en Europe, ni en Asie, ni

en Amérique, qu'un chef d'État dise de l'avenir de l'esprit : nous allons, ensemble, tenter de le fixer.

Ce que nous tentons aujourd'hui ressemble aux premiers conciles. En face de cette défense et illustration de la création africaine, il convient pourtant, Mesdames et Messieurs, que nous précisions quelques questions un peu trop confondues depuis une dizaine d'années.

Une culture, c'est d'abord l'attitude fondamentale d'un peuple en face de l'univers. Mais ici, aujourd'hui, ce mot a deux significations différentes, et d'ailleurs complémentaires. D'une part, nous parlons du patrimoine artistique de l'Afrique ; d'autre part, nous parlons de sa création vivante. Donc, d'une part, nous parlons d'un passé ; d'autre part, d'un avenir.

Le patrimoine artistique — je dis bien : artistique — de l'Afrique, ce n'est pas n'importe quels arts ; l'architecture, par exemple : c'est la danse, la musique, la littérature, la sculpture.

L'Afrique a changé la danse dans le monde entier. Mais elle a possédé un autre domaine de danse, sa danse séculaire ou sacrée. Elle est en train de mourir, et il appartient aux gouvernants africains de la sauver. Mais le second problème n'est pas de même nature que le premier. La danse sacrée est l'une des expressions les plus nobles de l'Afrique, comme de toutes les cultures de haute époque ; le fait qu'il n'existe plus un Américain, un Anglais, un Français qui danse comme sa grand-mère est d'une autre nature.

Pour la musique, prenons garde. L'Afrique, Mesdames et Messieurs, a deux musiques : l'une c'est la musique née autrefois du désespoir aux États-Unis ;

c'est la grande déploration, l'éternel chant du malheur qui entre avec sa douloureuse originalité dans le domaine des musiques européennes. Je me souviens d'avoir dit à Yehudi Menuhin : « Pour vous, quelle est la signification la plus constante de la musique ? » Ce à quoi il me répondit : « Et pour vous ? » Je fus amené à répondre : « La nostalgie. La grande musique de l'Europe, c'est le chant du paradis perdu. » Et Menuhin me disait : « Il y a aussi la louange... » Prenez-y garde ; la première grande musique de l'Afrique ce n'est pas même le paradis inconnu ou perdu, c'est le très simple et très banal bonheur des hommes à jamais arraché à des malheureux qui chantaient en improvisant devant le Mississippi, pendant que le soleil se couchait derrière des palmiers semblables aux palmiers d'Afrique...

Mais cette musique est semblable à la nôtre ; elle est seulement plus saisissante.

Et puis, il y a le jazz. Il est spécifique par son rythme ; il est une musique inventée. Il est spécifique aussi par sa matière musicale, que nous pouvons rapprocher de la musique moderne, mais non de la musique classique ou traditionnelle de l'Occident. Nous pouvons parfois rapprocher la matière des plus grands jazz de celle de Stravinski ou de Boulez. Encore lui sont-ils antérieurs. Là, l'Afrique a inventé dans un domaine très élaboré, celui de la matière musicale, quelque chose qui aujourd'hui atteint le monde entier, avec la même force que la danse atteint les danseurs.

Cette musique de sensation au paroxysme semble vouloir se détruire elle-même. Et je vous demande de réfléchir à ce qu'est, dans un autre domaine, l'art d'un peintre comme Picasso...

En somme, le jazz est parti d'éléments mélodiques européens ou américains, à partir desquels l'Afrique a retrouvé son âme. Plus exactement, a trouvé l'âme qu'elle n'avait pas autrefois : car c'est peut-être son âme désespérée qu'expriment les blues, mais ce n'est pas son âme d'autrefois qu'exprime le jazz, qu'elle a vraiment inventé.

Et peut-être est-ce un peu de la même façon que l'Afrique, partant d'une poésie assez proche de la poésie occidentale, la charge d'une émotion furieuse qui fait éclater ses modèles et ses origines...

Enfin, le plus grand des arts africains : la sculpture.

C'est à travers sa sculpture que l'Afrique reprend sa place dans l'esprit des hommes. Cette sculpture, ce sont des signes, on l'a beaucoup dit. Ajoutons pourtant : des signes chargés d'émotion, et créateurs d'émotion.

Ce sont aussi des symboles, au sens où l'art roman était un art de symbole.

Ces œuvres sont nées comme des œuvres magiques, nous le savons tous : mais elles sont éprouvées par nous comme des œuvres esthétiques.

On nous dit : par vous, Occidentaux. Je n'en crois rien. Je ne crois pas qu'un seul de mes amis africains : écrivains, poètes, sculpteurs, ressente l'art des masques ou des ancêtres comme le sculpteur qui a créé ces figures. Je ne crois même pas qu'aucun d'entre nous, Européens, ressente les Rois du portail de Chartres comme le sculpteur qui les a créés.

La vérité est qu'un art, magique ou sacré, se crée dans un univers dont l'artiste n'est pas maître. Lorsque le monde sacré disparaît, il ne reste de ce qu'il fait qu'une obscure communion ou une sympathie; cette sympathie, au sens étymologique, est très profonde dans l'Afrique entière. Mais, pour le sculpteur de Chartres, ces statues qu'on appelait les Rois et qui sont des saints, *on les priait, on ne les admirait pas* ; et pour les Africains qui sculptaient des masques, ces masques se référaient à une vérité religieuse et non à une qualité esthétique.

Il est vain et dangereux de croire que nous pouvons retrouver — même Africains — le monde magique, parce que c'est faux, et que notre erreur nous interdirait de tirer de cet art grandiose tout ce qu'il peut nous apporter, aux uns et aux autres.

La métamorphose a joué là un rôle capital. Bien sûr, la sculpture africaine semble très proche de la sculpture moderne, mais vous savez du reste qu'en face d'une sculpture de Lipchitz ou de Laurens, vous n'êtes pas en face d'un masque, parce que, même si nous n'avons pas de relations magiques avec le masque, la magie est dans le masque. Cette sculpture avait un domaine de référence qui n'est pas celui de l'art moderne, car il se référait à l'au-delà, alors que l'art moderne se réfère à l'art — qu'on le veuille ou non...

Ce qui nous mène au problème fondamental de ce colloque. Lorsque la sculpture africaine surgit dans le monde, c'est-à-dire lorsque quelques artistes commencent à pressentir qu'ils sont en face d'un grand art, le domaine de référence de la sculpture, quelle qu'elle soit, c'est l'art gréco-romain; la sculpture se réfère à ce qu'on appelle alors la nature, soit par imitation, soit par idéalisation.

Vous savez évidemment que la sculpture africaine ne se réfère pas à une imitation, moins encore à une idéalisation. Mais on sait moins bien qu'en s'imposant lentement et de façon décisive au monde entier, la sculpture africaine a détruit le domaine de référence de l'art. Elle n'a pas imposé son propre domaine de référence : le sculpteur qui avait créé ses masques n'a pas imposé sa magie. Mais l'art africain a détruit le système de références qui le niait et il a puissamment contribué à substituer à l'Antiquité gréco-latine le domaine des hautes époques.

Alors le patrimoine culturel de l'humanité est devenu la grande sculpture de l'Inde, la grande sculpture de la Perse, la sculpture du bouddhisme, Sumer et les précolombiens. Mais, à partir du jour où l'Afrique a fait sauter le vieux domaine de référence pour ouvrir les portes à tout ce qui avait été l'immense domaine de l'au-delà — y compris notre sculpture romane — ce jour-là, l'Afrique est entrée de façon triomphale dans le domaine artistique de l'humanité.

Ce n'est pas parce que tel masque est meilleur que telle sculpture grecque, que le phénomène africain s'est imposé au monde. C'est parce qu'à partir du jour où Picasso a commencé sa période nègre, l'esprit qui avait couvert le monde pendant des millénaires, et disparu pendant un temps très court (du XVIIe siècle au XIXe siècle européen), cet esprit a retrouvé ses droits perdus. Nous ne sommes pas aujourd'hui en face de l'art, comme on l'était au XIIe siècle, bien entendu, mais nous avons ressuscité l'énorme domaine qui couvrait au XIIe siècle toutes les régions de la terre.

C'est là que l'Afrique a trouvé son droit suprême. C'est là que nous devons le reconnaître. Lorsque l'Afrique est chez elle en forme et en esprit, il ne s'agit plus d'un art de plus ou de moins. Ce qu'on appelait jadis naïveté ou primitivisme n'est plus en cause : c'est la nature même de l'art mondial qui est mise en cause par le génie africain. Elle accueille inévitablement le génie africain parmi les siens.

Certes, l'élément spécifique demeure car bien entendu l'Afrique n'est pas l'Inde. Elle représente une puissance de communion cosmique très particulière, liée à la véhémence et au pathétique qui l'opposent au ballet solennel de l'Asie.

D'un côté, il y a le monde européen que nous connaissons tous : symbolisons-le par la *Victoire de Samothrace* et n'en parlons plus ! Et il y a, en face, le vaste domaine dit des hautes époques : l'Égypte, l'Inde, la Chine et le reste. Mais il existe une différence entre l'Afrique et tout le reste : c'est sa volonté de rythme et sa puissance pathétique. N'oublions pas que ce qu'on appelle la haute époque, c'est presque partout la négation du pathétique, c'est-à-dire de l'émotion...

L'Égypte, l'Asie ont créé le style par une émotion allusive. Au contraire, l'Afrique, qui a créé le style d'une façon plus arbitraire et peut-être plus puissante qu'aucune autre civilisation, l'a créé à partir de l'émotion. C'est probablement là que figurera son apport décisif au patrimoine humain.

Ce patrimoine, le Sénégal l'attend du domaine sénégalais, du domaine africain et du domaine mondial. Ce patrimoine pour qui ? Bien entendu, pour tous ceux qui en ont besoin.

Mesdames et Messieurs, il y a deux façons de servir l'esprit.

On peut tenter de l'apporter à tous.

On peut tenter de l'apporter à chacun.

Dans le premier cas, vous devez accepter un totalitarisme intellectuel : vous devez accepter la domination par la politique ; vous devez accepter les moyens d'action les plus complets, mais les plus agissants. Dans la seconde hypothèse — l'esprit pour chacun — vous devez exiger des gouvernements qu'ils donnent sa chance à chacun.

Mais vous pouvez aussi exiger la liberté parce que alors il s'agit de ce que l'État doit apporter, et non plus de ce qu'il peut imposer.

Ce qui nous mène de Moscou à Paris, des Maisons de la culture soviétiques aux Maisons françaises.

Messieurs, beaucoup d'entre vous sont des universitaires. Il est important de dissiper la confusion entre les Maisons de la culture et les universités. L'Université a pour objet la vérité. Au sens précis : la vérité c'est ce qui est vérifiable. L'Université apporte des connaissances, elle a qualité pour le faire et nous devons l'y aider. Les Maisons de la culture n'apportent pas des connaissances, elles apportent des émotions, des œuvres d'art rendues vivantes au peuple qui est en face de ces œuvres d'art. L'Université doit enseigner ce qu'elle sait ; les Maisons de la culture doivent faire aimer ce qu'elles aiment.

Division capitale. Si nous ne la faisons pas, nous fausserons le jeu de l'Université et nous détruirons les Maisons de la culture.

Quel est le problème de la culture ? On l'a posée comme un héritage. Soit. Mais pas seulement.

Depuis le début de ce siècle, la transformation du monde est plus grande qu'elle ne l'a été depuis dix mille ans. Einstein, puis Oppenheimer ont dit : il y a plus de chercheurs scientifiques vivants qu'il n'y eut de chercheurs dans le monde, même en les additionnant tous.

À quoi tient cette transformation? L'humanité a décidé que l'objet de la pensée était la découverte des lois du monde et non plus la réponse à : « que fait l'homme sur la terre? ». La recherche de la loi du monde s'est substituée, dans une certaine mesure, aux problèmes religieux.

D'autre part, la transformation du monde tient évidemment à l'action de la machine.

On a parlé pendant vingt ans du matérialisme apporté par la machine. Or, ni les civilisations qui se réclament du marxisme, ni les civilisations qui se réclament de l'antimarxisme, n'ont — sauf dans les mots — été matérialistes.

La Russie a dit : « L'essentiel c'est de libérer le prolétariat. » L'Amérique a toujours proclamé des valeurs religieuses ou idéalistes.

Prenons garde que la civilisation machiniste apporte une multiplication du rêve que l'humanité n'a jamais connue : il y a les machines à transporter, il y a aussi les machines à faire rêver. Les usines de rêve n'ont jamais existé avant nous. C'est nous, qui sommes en face de la radio, de la télévision, du cinéma. Il y a cent ans, trois mille Parisiens allaient au spectacle chaque soir. Aujourd'hui, la région parisienne possède plusieurs millions de postes de télévision. Il ne s'agit donc pas d'opposer un domaine de l'esprit à un domaine de la machine qui ne connaîtrait pas l'esprit. La machine est le plus puissant diffuseur d'imaginaire que le monde ait connu. L'objet principal de la culture est de savoir ce que l'esprit peut opposer à la multiplication d'imaginaire apportée par la machine.

Le cinéma n'est pas né pour servir l'humanité, il est né pour gagner de l'argent. Il se fonde donc sur les éléments les plus suspects de l'émotion, à l'exception du comique. Il convient donc d'opposer au puissant effort des usines du rêve producteur d'argent celui des usines du rêve producteur d'esprit. C'est-à-dire d'opposer aux images du sexe et de la mort les images immortelles. Pourquoi immortelles ? Nous n'en savons rien ; mais nous savons très bien que lorsque notre âme retrouve ces grands souvenirs que nous n'y avons pas mis, elle retrouve en elle-même des forces aussi puissantes que ses éléments organiques. Et n'oublions pas que le génie africain est lui-même en partie organique...

La culture c'est cette lutte, ce n'est pas l'utilisation des loisirs.

Ce que j'appelais tout à l'heure la déploration à propos des chants des pagayeurs, fait partie du patrimoine de l'humanité. Mais ce n'est pas le désespoir qui en fait partie, c'est le génie du désespoir. Et même la civilisation la plus épouvantable, lorsqu'elle est morte, n'a plus de témoignage de ce qui fut sa part d'épouvante. La civilisation la plus atroce que le monde ait connue — la civilisation assyrienne — ne laisse dans notre mémoire que le souvenir admirable de la *Lionne blessée* et s'il devait rester un jour quelque chose des camps de concentration, il ne resterait pas les images de bourreaux, il resterait les images des martyrs.

Messieurs, ce que nous appelons la culture, c'est cette force mystérieuse de choses beaucoup plus anciennes et beaucoup plus profondes que nous et qui sont notre plus haut secours dans le monde moderne, contre la puissance des usines de rêve. C'est pour cela que chaque pays d'Afrique a besoin de son propre patrimoine, du patrimoine de l'Afrique, et de créer son propre patrimoine mondial.

On a dit : essayons de retrouver l'âme africaine qui conçut les masques ; à travers elle, nous atteindrons le peuple africain. Mesdames et Messieurs, je n'en crois rien. Ce qui a fait jadis les masques, comme ce qui a fait jadis les cathédrales, est à jamais perdu. Mais ce pays est héritier de ses masques et peut dire : j'ai avec eux un rapport que n'a personne d'autre. Et lorsque je les regarde et leur demande leur leçon du passé, je sais qu'ils me parlent et que c'est à moi qu'ils parlent.

Prenez entre vos mains tout ce qui fut l'Afrique. Mais prenez-le en sachant que vous êtes dans la métamorphose. Lorsque les Égyptiens, que je viens de voir, se croient descendants des pharaons, ça n'a aucune importance ; ce qui est important, c'est qu'ils se réfèrent aux pharaons et qu'ils disent : comment être dignes d'eux ?

Nous, Français, nous avons passé tant de siècles à nous croire héritiers des Romains. Qu'est-ce que c'était Rome en France ? C'étaient les gens qui nous avaient tués. Mais la France est devenue la plus grande puissance romaine...

Puissiez-vous ne pas vous tromper sur les esprits anciens. Ils sont vraiment les esprits de l'Afrique. Ils ont beaucoup changé ; pourtant ils seront là pour vous quand vous les interrogerez. Mais vous ne retrouverez pas la communion en étudiant les cérémonies de la brousse. Il s'agit certainement pour l'Afrique de revendiquer son passé ; mais il s'agit davantage d'être assez libre pour concevoir un passé du monde qui lui appartient. Les hommes se croient moins forts et moins libres qu'ils ne le sont. Il n'est pas nécessaire que vous *sachiez* comment vous ferez votre musée imaginaire. Est-ce que vous saviez comment vous feriez votre danse ? Est-ce que vous saviez ce que serait le jazz ? Est-ce que vous saviez qu'un jour, ces malheureux fétiches qu'on vendait comme des fagots, couvriraient le monde de leur gloire et seraient achetés par nos plus grands artistes ? Le mystère de la métamorphose est ici capital.

L'Afrique est assez forte pour créer son propre domaine culturel, celui du présent et du passé, à la seule condition qu'elle ose le tenter. Il ne s'agit pas d'autre chose.

Mon pays a été deux ou trois fois assez grand : c'était quand il essayait d'enseigner la liberté. Mesdames et Messieurs, permettez-moi de terminer en reprenant son vieux message dans le domaine de l'esprit : puisse l'Afrique conquérir sa liberté.

Coopération et développement,
avril-juin 1966.

Discours prononcé au Parc
des expositions à Paris le 20 juin 1968 [1]

Gaullistes, adversaires, et vous tous qui m'écoutez jusqu'au fond de l'obscurité, serrés comme lorsque vous vous êtes retrouvés sur les Champs-Élysées, je suis venu ce soir vous parler du destin de la France.

Élections, tant mieux ! Et Dieu sait si l'on en parle depuis huit jours ! Élections, référendum ou insur-

1. Discours prononcé à la veille des élections législatives qui ont suivi la crise de mai 1968.

rection, le problème serait le même. Il ne s'agit plus de savoir comment sera surmontée la crise, car les engagements sont pris ou vont l'être. Il s'agit de savoir comment l'État fera face à ses engagements pour que le peuple de France ne soit pas spolié, pour que l'ébranlement qui vient de faire vaciller la nation ne se continue pas, avec une sinistre ironie, soit par l'inflation, soit par le chômage.

Comme la plupart d'entre vous, j'ai entendu M. François Mitterrand commencer ainsi son allocution à la télévision :

« Supposons que la gauche soit au pouvoir.

« Supposons que le drapeau noir flotte boulevard Saint-Michel. Supposons que le sang rougisse les pavés du Quartier latin, chez Peugeot, chez Renault, etc.

« Supposons qu'un formidable mouvement social ait entraîné avec lui, en quatre jours, neuf millions d'hommes et de femmes.

« Supposons que nous sommes au bord de la guerre civile.

« Que dirait-on dans certains milieux ?

« On prétendrait, soyez-en sûrs, que c'est normal, ce désordre, cette impuissance, cette gabegie, puisque c'est la gauche qui gouverne. »

Non.

Parce que en face de neuf millions de grévistes, en face de la guerre civile — et même en face de beaucoup moins — ce n'est jamais de vos amis que la France a entendu : « Je ne me démettrai pas. »

Tout ce qui vient de se passer, vous n'auriez le droit de vous en prévaloir que si vous étiez, comme vous le croyez un peu vite, nos successeurs, alors que vous n'êtes que nos prédécesseurs.

Vous nous direz : « Qu'importe aux jeunes le 18 Juin 1940 ? Ils n'étaient pas nés. »

Un instant.

Si le 18 Juin n'était que l'un des symboles de notre continuité nationale, ce ne serait déjà pas si mal. Mais vous oubliez vite que c'est un symbole d'autre chose, d'une autre chose que vous ne voulez pas voir parce qu'elle vous tient aujourd'hui à la gorge : la force que donne, à un homme qui en est digne, la volonté d'assumer la France. Ce qui nous sépare aujourd'hui de vous et des vôtres, ce n'est pas ce que vous appelez une politique, c'est que vous assumez un parti, et qu'il assume la France.

Que l'on me comprenne bien. Je ne désire pas entreprendre ici l'histoire du gaullisme : je désire en tirer la signification afin de faire comprendre pourquoi nous émergeons d'un drame que le gaullisme a plusieurs fois rencontré.

Car notre drame, ce n'est pas la crise que nous sommes, peut-être, en train de surmonter, et dont je parlerai bientôt. Notre drame n'est pas derrière nous, il est devant. Ce ne sont plus les millions de grévistes, c'est ce qui permettra à leur grève de n'être pas vaine. De ne pas faire ce qu'ont toujours fait vos amis, Monsieur Mitterrand, ce que vous feriez demain : compenser les augmentations de salaire par l'inflation.

Qu'est-ce que le 18 Juin ? D'abord, la vieille image de la déroute. Les files sans fin des paysans dans la nuit avec leurs charrettes millénaires, l'armée prisonnière, la France veuve d'elle-même et que le monde ne reconnaît plus. Et puis, au respect ou à la haine de l'univers, un homme qui pendant quatre ans, sur le terrible sommeil de ce pays, en maintient l'espoir comme un invincible songe.

Dès lors, apparaît la devise que cet homme pourra revendiquer, sa vie entière : faire face.

La France eût été sauvée de toute façon par les Alliés : ce n'eût pas été la même.

1944 n'est pas moins significative que 1940. On connaît le dialogue du général de Gaulle et du maréchal Juin : « Mieux eût valu intervenir plus tard, dit celui-ci. — C'est parce que je suis intervenu quand tout semblait désespéré, répond de Gaulle, que j'ai pu plus tard parler au nom de la France. » Et si nos jeunes veulent oublier une amère et incertaine victoire, qu'ils n'oublient pas ce que dut posséder de fermeté, pour tenir tête à Churchill, un homme dont celui-ci disait : « Si je l'abandonnais, il n'aurait plus une pierre où reposer sa tête. »

En 1945, il fallut refaire la France. Dans la confusion générale, comme aujourd'hui. Avec tous ceux qui le voulaient, communistes compris. Le gouvernement provisoire ne connut pas une seule grève. Et lorsque revint le régime exclusif des partis, le général de Gaulle regagna Colombey.

Jusqu'en 1958. À quel prix pour la France, peu importe ce soir. De nouveau, celle de nos adversaires chancelait, mendiante, dramatiquement accolée à l'Algérie, incapable de faire la guerre comme de faire la paix. Et de même qu'en 1945, le général de Gaulle avait fait la France avec les communistes, de 1958 à 1962 il fit la France avec tous ceux qui l'avaient appelé.

Et il fallait maintenir l'amitié française dans ce qui s'était appelé l'Empire. Et ce qui s'était appelé l'Empire s'appelle l'amitié française.

De 1962 à 1968 la France, enfin, fut en paix.

Puis, il y a six semaines — il n'y a que six semaines —, les événements que l'on sait fondirent sur elle. Il est faux qu'on les ait prévus soit dans l'opposition, soit au gouvernement : ceux qui disaient toujours que tout allait mal continuaient ; ceux qui disaient le contraire aussi. On n'a pas plus prédit neuf millions de grévistes qu'on n'avait en 1940 prédit deux millions de prisonniers. Il s'agit là d'événements qui n'appartiennent pas à la politique mais à l'histoire, et la politique, c'est ce qui reste quand il n'y a pas d'histoire.

Les événements de mai ont commencé par ceux de la Sorbonne, sur lesquels on épilogue en vain. Les revendications les plus légitimes des étudiants ne nous masquent pas que leur problème est international. Il appartient, lui, à l'histoire. Les facultés sont fermées en Chine ; les étudiants se battent au Japon, se révoltent en Allemagne, en Italie, en Hollande et même de l'autre côté du rideau de fer. Ils se sont révoltés dans les facultés des États-Unis, qui ne sont pas d'antiques Sorbonnes ; ils se sont révoltés à l'Université de Mexico, où ils possèdent leur propre police, et où la police fédérale n'a jamais pénétré. Les étudiants ont toujours été chahuteurs, mais il serait absurde de croire que leur chahut ressemble à celui du Moyen Âge, quand il ressemble à celui de la Californie. Certes, il faut réformer la Sorbonne et Nanterre, et peut-être même tout l'enseignement, lorsque l'audiovisuel frappe à la porte. Mais ne voyez-vous pas que la réforme des enseignements, dans le monde entier, tend moins à les réformer qu'à les remplacer par quelque chose qui est parfois le chaos et voudrait souvent être la fraternité ? Ce que les étudiants, les vrais attendent d'abord de nous, c'est l'espoir. Mais à côté de l'espoir, il y a le plus fascinant des sentiments négatifs, le vieux nihilisme tout à coup reparu avec son drapeau noir, et qui n'a plus d'espoir que dans la destruction. Nous ne sommes pas en face de besoins de réformes, mais en face d'une des crises les plus profondes que la civilisation ait connues.

Les historiens des civilisations ont découvert que celles-ci se développent comme des plantes. Que l'histoire de l'humanité est une suite de naissances, de jeunesses, de vieillesses et de morts. Que notre civilisation s'élabore comme la civilisation antique ou la civilisation chinoise, et que toutes finissent avec les grandes cités cosmopolites, New York après Byzance et Byzance après Alexandrie ; finissent avec un empire qui couvre le monde connu, en lutte avec ses barbares et son prolétariat. Pour les historiens, nous sommes à la fin de la civilisation occidentale.

Mais ils n'ont pas encore eu le temps de voir — toutes les histoires de la civilisation ont été conçues avant la bombe atomique — qu'entre notre civilisation et celles qui l'ont précédée, il y a trois différences capitales : notre civilisation est la première qui se veuille héritière de toutes les autres : elle est la première qui ne se fonde pas sur une religion ; enfin, elle a inventé les machines. Nous ne sommes pas les Romains plus les machines, nous sommes des Romains transformés par les machines que nous avons inventées, et que les hommes n'avaient jamais inventées avant nous. Construire les pyramides ou les cathédrales, ce n'est ni construire les gratte-ciel ni gouverner l'atome. César se fût entretenu sans peine avec Napoléon, non avec le président Johnson.

Notre civilisation, qui n'a su construire ni un temple ni un tombeau, et qui peut tout enseigner, sauf à devenir un homme, commence à connaître ses crises profondes, comme les précédentes connurent les leurs. Encore devons-nous comprendre que si les grèves du 13 mai ressemblent — de loin   à celles du Front populaire, il ne s'agissait pas seulement de grève, ni au 13 mai, ni au temps du Front populaire, ni à la révolution d'Octobre. Jamais les grèves capitales ne sont seulement des grèves. Et le plus troublant caractère des nôtres, c'est précisément leur lien avec la révolte de l'enseignement supérieur — avec une révolte mondiale et une crise mondiale.

Je doute qu'elles se limitent longtemps à la France. Les causes qu'attribuent à cette révolte les quelques professeurs restés lucides ne suffisent pas à l'expliquer. Oui, la Sorbonne est à transformer. Oui, les cours doivent être modifiés, les débouchés devraient être assurés. Mais nous avons vu le drame étudiant se développer dans des pays qui ont transformé l'enseignement et assuré les débouchés, autant que dans les pays sous-développés : aux États-Unis comme aux Indes. La jeunesse a-t-elle suffi à établir le pont entre nos étudiants révoltés et nos ouvriers grévistes ? Il semble bien que les jeunes aient joué un grand rôle. En marge de l'action de la CGT, nous trouvons une exaltation insolite : trotskistes et maoïstes unis par le mythe de la révolution permanente, castristes, nihilistes, et tout le peuple du drapeau noir. Tout cela n'a pas beaucoup d'importance, et le parti communiste se défend bien. Tout cela a devant lui la même importance ennemie et fraternelle que les étudiants ont en face de l'État.

Ces grèves ont été singulières. D'abord, évidemment, par leur étendue. Mais aussi par leur absence de haine. Quand on a vu déjà plusieurs révolutions, on ne peut s'y méprendre. Les grévistes étaient rarement armés. Les manifestations de masse ne se sont pas affrontées. Elles conduisaient à la guerre civile, elles ne la créaient pas. Elles aussi semblaient plus profondes que les revendications de salaires qu'elles soutenaient. Cette répétition générale d'un drame suspendu montrait, chez les grévistes comme chez ceux qui les regardaient passer, la conscience de la fin d'un monde. Même avec des salaires augmentés, notre société n'est pas encore adaptée à la civilisation des machines.

Cette adaptation, que le général de Gaulle appelle participation, nous savons qu'elle sera difficile. Il semble aussi qu'elle doive être longue. Mais rien n'est très long dans un siècle passé des fiacres aux réacteurs atomiques. Les premiers éléments de participation doivent suivre les élections de près. Et l'on sait que déjà certaines réformes doivent être discutées devant l'Assemblée dès le mois prochain.

Mais comprenons bien que tout cela n'a de sens que si deux conséquences éventuelles de grèves sont vaincues : le chômage, l'inflation.

En face de la France chancelante qui commence à se redresser, qu'y a-t-il?

D'abord, les communistes. Inquiets de leurs compagnons-ennemis de gauche pour la première fois apparus, de leurs compagnons de droite dont ils croient avoir encore besoin pour masque. Comme tout le monde, ils ont senti passer le grand coup d'aile révolutionnaire sous lequel les masses débordaient la CGT, et celle-ci le parti communiste. Ils savent ce qu'ils veulent, et comment ils le veulent. J'ai entendu le chanoine Waldeck Rochet, rentrant ses griffes, prononcer un discours bénin, qu'eussent à peine désavoué les professeurs de l'École de la Sagesse. On dirait que le communisme est devenu un complot bizarre dans lequel les membres du parti savent tous qu'ils ne doivent ni faire ce qu'ils disent aux électeurs, ni leur dire ce qu'ils veulent faire. Mais enfin, nous dira-t-on, les communistes sont encore léninistes ? Sous cet étrange dialogue où M. Mitterrand se demande s'il sera assommé par eux comme Kerensky, ou s'il les assommera comme Daladier, il reste qu'on ne fait pas la révolution sur les hausses de salaires. Le chemin de la révolution ne passe pas par l'équilibre, il passe par le chômage et par la misère. Aujourd'hui, notre meilleure arme contre le communisme, c'est une économie rénovée.

Après le communisme, quoi ? Ne parlons pas des centres. Le bouleversement est trop profond pour ne pas faire d'eux un peu plus tôt, un peu plus tard, dans le domaine de l'histoire, des alliés des gaullistes ou des communistes. Le destin du monde est trop tragique pour les troisièmes forces. Autant croire que le drame américain sera réglé par les mulâtres.

Le PSU, même renforcé par la plus extrême gauche, demeure un mouvement intellectuel, sans importance décisive dans des élections générales, quel qu'y soit son succès.

Reste la fédération. Elle ne va pas très bien, elle ira encore plus mal. Elle ne peut attendre des communistes qu'une alliance précaire. Elle nous dit : « Les grèves sont le bilan de dix ans de gaullisme. Allons-nous prendre les mêmes et recommencer ? » C'est oublier un peu vite la paix, dont nous avions perdu l'habitude. Mais même après 62, dire que les grèves et la crise de l'Université sont le bilan du gaullisme est à peu près aussi intelligent que dire que l'accident d'un grand express est le bilan de cent ans de construction des chemins de fer. Le bilan du gaullisme, c'est la France maintenue contre vents et marées, même cette fois-ci. La Résistance, la lutte contre Vichy, le droit de vote donné aux femmes, les comités d'entreprises, les nationalisations, la Sécurité sociale, la décolonisation, l'aide aux pays sous-développés, la transformation de l'armée, la monnaie stable, la République deux fois rétablie, l'indépendance et la France debout, est-ce que c'était la droite ? Ça valait bien l'inflation, Suez et Sakiet — et les pourparlers de Paris entre les États-Unis et le Viêt-nam valent bien Diên Biên Phû ! On dit que nous soutenons le capitalisme ? Jamais les banques n'avaient gagné plus d'argent qu'au temps de l'inflation du Front populaire. On sait de reste que ledit capitalisme ne nous porte pas dans son cœur. Et si le problème capital est celui de l'inflation, qui donc a plus de confiance, pour soutenir le franc, en MM. Mitterrand et Guy Mollet, qu'en le général de Gaulle et M. Pompidou ?

Car il faut toujours en revenir là. Quel que soit le chef du prochain gouvernement, avant d'entreprendre des transformations nécessaires et difficiles de la France, il faut qu'il lui apporte la force de supporter les conséquences des grèves. Il faut que s'exerce une volonté résolue, et non les vieilles rivalités que nous voyons déjà reparaître, les compromis érigés en moyens de gouvernement, comme celui qui tente en vain d'accorder la politique étrangère de la Fédération américaine à celle du parti communiste russe. Il faut que s'exerce la même volonté qu'en 40, en 44, en 58 — toujours la même devant la patrie en danger. Nos adversaires parlent sans cesse du pouvoir personnel du général de Gaulle. Ce qui veut dire le pouvoir discrétionnaire, et un peu le bon plaisir. Mais ce n'est pas un pouvoir personnel qui arrête par un discours les généraux d'Alger et les cortèges du mois dernier : c'est un pouvoir historique, le pouvoir particulier de l'homme qui assume la France, quand il s'agit de l'assumer encore. Le pouvoir qui exprime ce que nos adversaires n'ont jamais exprimé en France : la volonté nationale. Ce qu'ils appellent le pouvoir personnel, c'est le contraire de l'impuissance collective qu'ils ont toujours montrée.

Au temps du putsch d'Alger, le général de Gaulle disait devant tous les Français : « Mon cher et vieux pays, nous voici une fois de plus dans l'épreuve. » Aujourd'hui aussi, après le 18 Juin, la guerre, la paix, l'Algérie, l'élection du Président au suffrage universel, et les plus vastes grèves de notre histoire. Dans quelques mois commencera la prochaine épreuve. Et c'est pourquoi je vous appelle, compagnons d'autrefois et de cette nuit qui serez nos compagnons de demain : devant le pays une fois de plus menacé, allez dire à nos adversaires que nous attendons le 30 juin, et que nous leur donnons rendez-vous !

De Gaulle par Malraux, Club du Livre, 1980.

V

*Intervenir sans relâche :
les années soixante-dix*

Le 27 avril 1969, les Français répondent « non » à deux questions du général de Gaulle posées par référendum. L'ancien chef de la France libre démissionne le soir même. André Malraux le suit de peu dans sa retraite. En juin, il ne fait pas partie du gouvernement formé par Jacques Chaban-Delmas après l'élection de Georges Pompidou à la présidence de la République. Il va voyager, écrire d'autres livres — une suite éblouissante donnée au premier volume des Antimémoires — mais ne va pas se désintéresser pour autant du monde qui l'entoure. Ainsi, alors que le Bangladesh est en guerre contre le Pakistan et semble promis à une sauvage destruction, André Malraux offre (en 1971) aux Bengalis de servir sous leurs ordres. De fait, il aurait souhaité créer au Bangladesh un centre d'entraînement pour les officiers bengalis. Mais il est dissuadé de poursuivre dans cette voie par Indira Gandhi. Alors, il témoignera en faveur d'un jeune aventurier, Jean Kay, qui avait détourné un avion pour transporter des médicaments destinés aux Bengalis. Déjà, le 3 novembre 1969, il avait, avec François Mauriac et Jean-Paul Sartre, lancé un appel en faveur d'un autre jeune homme parti combattre l'oppression *et condamné pour cela à trente ans de réclusion par les autorités boliviennes : Régis Debray.*

Mais il réserve ses apparitions publiques aux commémorations de la Résistance. Il prononce trois grands discours dans lesquels revivent les combats de la Seconde Guerre mondiale menés par ceux et celles qui avaient su dire « non ». Le 13 mai 1972, il intervient à Duresdal, en Dordogne, pour commémorer les maquis de la région. Le 2 septembre 1973, il inaugure le grand oiseau blanc élevé par Gilioli à la mémoire des résistants savoyards. Il s'adresse à Chartres aux femmes rescapées de la déportation. Il prononce aussi le 23 novembre 1975 un discours pour le cinquième anniversaire de la mort du général de Gaulle et, en 1976, fait une communication à l'Assemblée nationale. Il n'aura effectué, dans cette période, qu'une brève incursion dans cette politique à laquelle il ne voulait plus prendre part, en intervenant à la télévision dans le cadre de la campagne de Jacques Chaban-Delmas pour l'élection présidentielle, afin de défendre l'utilisation de l'audiovisuel à l'école.

La création artistique est plus que jamais présente dans sa vie. Jusqu'à sa mort, en 1976, il ne cesse de donner le jour à des œuvres nouvelles. En 1971, il publie Les Chênes qu'on abat..., *relation toute personnelle de sa dernière entrevue avec le général de Gaulle. La même année paraissent* Oraisons funèbres, *recueil de huit grands discours prononcés entre 1958 et 1964. En 1974 sort* La tête d'obsidienne, *inspirée par Picasso, puis* L'Irréel, *ouvrage sur l'art, puis* Lazare, *consacré à son expérience de la quasi-mort et du retour à la vie pendant son séjour à l'hôpital de la*

Salpêtrière; en 1975, il donne au public Hôtes de passage, *en 1976* L'Intemporel *(suite de* l'Irréel*). En 1977, après sa mort, paraît* L'Homme précaire et la littérature, *ainsi que* Le Surnaturel *(suite de* L'Intemporel*).*

Discours prononcé le 2 septembre 1973
au plateau des Glières (Haute-Savoie)
pour inaugurer
le monument à la Résistance savoyarde
réalisé par Gilioli

Je parle au nom des associations des résistants de Haute-Savoie et de l'ordre de la Libération. En mémoire du général de Gaulle, pour les survivants et pour les enfants des morts.

Lorsque Tom Morel eut été tué, le maquis des Glières exterminé ou dispersé, il se fit un grand silence. Les premiers maquisards français étaient tombés pour avoir combattu face à face les divisions allemandes avec leurs mains presque nues — non plus dans nos combats de la nuit, mais dans la clarté terrible de la neige. Et, à travers ce silence, tous ceux qui nous aimaient encore, depuis le Canada jusqu'à l'Amérique latine, depuis la Grèce et l'Iran jusqu'aux îles du Pacifique, reconnurent que la France bâillonnée avait au moins retrouvé l'une de ses voix, puisqu'elle avait retrouvé la voix de la mort.

L'histoire des Glières est une grande et simple histoire, et je la raconterai simplement. Pourtant, il faut que ceux qui n'étaient pas nés alors — et depuis, combien de millions d'enfants! — sachent qu'elle n'est pas d'abord une histoire de combats. Le premier écho des Glières ne fut pas celui des explosions. Si tant des nôtres l'entendirent sur les ondes brouillées, c'est qu'ils y retrouvèrent l'un des plus vieux langages des hommes, celui de la volonté, du sacrifice et du sang.

Peu importe ce que fut dans la Grèce antique, militairement, le combat des Thermopyles. Mais dans ses trois cents sacrifiés, la Grèce avait retrouvé son âme, et pendant des siècles, la phrase la plus célèbre fut l'inscription des montagnes retournées à la solitude, et qui ressemblent à celles-ci : *Passant, va dire à la cité de Sparte que ceux qui sont tombés ici sont morts selon sa loi.*

Passant, va dire à la France que ceux qui sont tombés ici sont morts selon son cœur. Comme tous nos volontaires depuis Bir Hakeim jusqu'à Colmar, comme tous les combattants de la France en armes et de la France en haillons, nos camarades vous parlent par leur première défaite comme par leur dernière victoire, parce qu'ils ont été vos *témoins.*

On ne sait plus guère, aujourd'hui, que tout commença par un mystère de légende. Le plateau de Glières était peu connu ; presque inaccessible et c'est pourquoi les maquis l'avaient choisi. Mais, alors que nous combattions par la guérilla, ce maquis, à tort ou à raison — peu importe : la France ne choisit pas entre ses morts ! —, avait affronté directement l'armée hitlérienne. Presque chaque jour, les radios de Londres diffusaient : « Trois pays résistent en Europe : la Grèce, la Yougoslavie, la Haute-Savoie. » La Haute-Savoie, c'était les Glières. Pour les multitudes éparses qui entendaient les voix du monde libre, ce plateau misérable existait à l'égal des Balkans. Pour des fermiers canadiens au fond des neiges, la France retrouvait quelques minutes d'existence parce qu'un Savoyard de plus avait atteint les Glières.

La Milice de Darnand, les troupes italiennes, la police de l'Ovra n'avaient pas suffi pour venir à bout de ces combattants toujours regroupés. Hitler y mit la Gestapo — et contre nous, la Gestapo pesait lourd. La Gestapo ne suffit pas.

En janvier 1944, les maquis de l'Ain sont harcelés par trois divisions. Ceux de Haute-Savoie reçoivent l'ordre de se regrouper ici, au commandement du lieutenant Tom Morel, décoré en 1940 pour l'un des plus éclatants faits d'armes des unités alpines. La montée commence. Les accrochages aussi. Le 13 février, les messages codés de la BBC annoncent le premier parachutage.

Voici la nuit. Le champ — pauvre champ ! — est éclairé par cinq torches électriques et des lampes de poche. On n'entend pas les avions. On n'entend rien. Jusqu'à ce que les sirènes antiaériennes d'Annecy emplissent lentement la nuit. Bon augure : les avions approchent. Mauvais augure : ils sont repérés. On allume les autres énormes bûchers de sapin préparés. Le bruit des moteurs. Le premier avion, invisible, fait clignoter son signal. Le bruit s'éloigne. La neige, le flux et le reflux des sirènes dans la nuit préhistorique. Pas encore d'ennemis, plus d'amis. Mais sur le ciel noir apparaissent un à un, éclairés de roux par les feux du sol, cinquante-quatre parachutes.

Pas d'armes lourdes.

Tant pis. Les accrochages reprennent. Le 9 mars, cent hommes des Glières vont attaquer Entremont pour délivrer des prisonniers. Après deux heures et demie de descente, ils atteignent le village qu'alertent les chiens. Village conquis, prisonniers délivrés, quarante-sept gardes, prisonniers à leur tour, montent ici, tirant un monceau d'armement.

Tirant aussi le corps de Tom Morel, tué par le commandant des gardes capturés, à qui il avait laissé son revolver.

Le maquis enterre son chef. Et entend, bouleversé, le glas de toutes les églises monter de la vallée comme montait l'appel des sirènes pendant le parachutage. Ici, le drapeau claque dans les rafales de neige, sur ce que Tom Morel appelait « le premier coin de France qui ait recouvré la liberté ».

Le mot « non », fermement opposé à la force, possède une puissance mystérieuse qui vient du fond des siècles. Toutes les plus hautes figures spirituelles de l'humanité ont dit « non » à César. Prométhée règne sur la tragédie et sur notre mémoire pour avoir dit « non » aux dieux. La Résistance n'échappait à l'éparpillement qu'en gravitant autour du « non » du 18 Juin. Les ombres inconnues qui se bousculaient aux Glières dans une nuit de Jugement dernier n'étaient rien de plus que les hommes du « non », mais ce « non » du maquisard obscur collé à la terre pour sa première nuit de mort suffit à faire de ce pauvre gars le compagnon de Jeanne et d'Antigone... L'esclave dit toujours « oui ».

Les gardes de Vichy attaquent au sud du côté de Notre-Dame, pour délivrer les leurs, et sont repoussés. Le combat s'achève à peine lorsque la BBC transmet le message : « Le petit homme casse des tessons de bouteille. » Avant minuit, trente quadrimoteurs larguent quatre-vingt-dix tonnes de matériel.

Quand un avion allemand vient en reconnaissance, la vaste neige est encore constellée de parachutes multicolores : le ramassage n'est pas terminé. Le lendemain, trois Heinkel bombardent et mitraillent à loisir le plateau redevenu innocent. Sans grands résultats. Sauf celui-ci : les Allemands savent désormais que le maquis ne possède pas d'armes antiaériennes. Donc, cinq jours plus tard, Stukas et Junkers. Chalets transformés en torche. Le capitaine Anjot remplace Tom Morel au commandement des Glières. Nouvelle attaque des gardes, de nouveau repoussée.

Le 23, bombardement massif. Les Allemands prennent le commandement. Une division alpine de la Wehrmacht arrive à Annecy. Assistée de deux escadrilles de chasseurs et de bombardiers. Police allemande, Milice vichyste. L'artillerie divisionnaire, les automitrailleuses.

En face, le maquis, dont nous attendons, heure après heure, que la radio de Londres nous parle. Entre tant de Français à l'écoute, pas un ne sait que ce maquis est un fantôme. Moins de cinq cents combattants.

L'armement qui attend leurs compagnons ne comprend que des armes légères : contre l'artillerie divisionnaire allemande et les automitrailleuses, pas un canon, pas un bazooka. Plus de ravitaillement.

Autour, vingt mille hommes.

Le premier grand combat du peuple de la nuit s'engage.

Écoutons les dépêches allemandes :

Le 24 : terroristes font sauter train renforts allemands devant Annecy. — Attaque Milice au-dessus d'Entremont. — Sentinelles espagnoles tuées — rejointes par groupes terroristes. — Milice engagée deux heures. Stop. — Troupes Milice regroupées à l'arrière.

Le 25 : Préparation artillerie et bombardement aviation.
Le 26 : Attaque Milice ouest et nord-ouest. Troupes regroupées. — Attaque allemande nord stoppée, envoyez aviation. — Nos mortiers mis en place. — Attaque Milice et garde de réserve deux points ouest depuis cinq heures. — Attaque générale 11 heures.

Ils attaquent en effet, de tous côtés.

L'avant-poste de la passe d'Entremont — dix-huit hommes — est attaqué par deux bataillons. Deux sections de renfort atteignent la passe. Le premier fusil mitrailleur s'enraye. Le second est détruit, son servant est tué. L'un des deux chefs de section, Baratier, a l'impression d'être seul à tirer : il ignore qu'il survit seul. Il se replie en continuant à combattre, est pris à revers et tué. Il défendait la passe depuis une heure et demie.

Les maquisards, qui se rabattent vers le centre, reçoivent plus vite les munitions et tiennent. Pourquoi l'ennemi s'enfouit-il dans la neige ? Dix minutes plus tard commencent les piqués ininterrompus des Stukas, serrés comme des fers de herse. La nuit va descendre. Le capitaine Anjot combat devant les tombes de Morel et de Decours. L'aviation s'en va, remplacée par le pilonnage méticuleux de l'artillerie. Il fait nuit.

Le 27 au matin, les troupes allemandes de l'est touchent le poste de commandement du maquis, commencent le feu. En face, des cris allemands, poussés par leurs camarades de l'ouest.

Les maquisards ont disparu.

Ils connaissent bien ce terrain, que les Allemands

ne connaissaient pas du tout. Anjot a convoqué les chefs de section, et ils ont décidé de décrocher.

Pendant que toute la Résistance, à l'écoute, attend le pire (chacun sait maintenant que les Glières n'ont ni canons ni avions), des chaînes de fantômes qui se tiennent par la main dans la nuit, pour pouvoir relever leurs blessés lorsqu'ils tombent, traversent l'anneau discontinu des troupes d'assaut. Encore faut-il arriver jusqu'aux agglomérations de la vallée, où leurs camarades que l'on appelle les sédentaires leur donneront asile.

Le jour se lève.

Alors, commence la grande trahison de la neige.

Ces insaisissables fantômes, dont les Allemands ne rencontraient que les balles et ne trouvaient que les cadavres, sont partis avec la nuit. « La petite aube dissipe les spectres », dit le proverbe espagnol qu'un des miliciens de l'Ebre cite au capitaine Anjot. Ces ombres, hélas ! sont devenues des traces. Les Allemands cherchent le gros du maquis réfugié dans quelque abri de montagne, car ils croient combattre quelques milliers d'adversaires. Mais, nombreuses ou non, les traces mènent aux hommes, et les sections ennemies occupent les pentes. Le lendemain, le capitaine Anjot et les six Espagnols qui combattent avec lui sont tués. De ce qui fut l'épopée des ombres, il ne restera le jour venu que cent vingt et un cadavres tués entre les villages, exécutés sur les places ou torturés à mort. « Inutile de reprendre l'interrogatoire des blessés, télégraphie la Gestapo, ces débris sont vides. »

C'est l'heure des représailles, les paysans suspects de contacts avec les maquis sont exécutés ou déportés, et l'on reconnaît les hameaux, la nuit, aux torches des chalets qui flambent.

Pourtant, si les torturés sont vides, la Résistance ne l'est pas encore. Le premier chef est mort ; les rescapés organisent d'autres maquis, rejoints par des jeunes de plus en plus nombreux. Le gros des unités allemandes est appelé en Normandie. Le 1er mai, les maquis les plus proches reviennent manœuvrer sur ce plateau où ils retrouvent les cylindres couverts de rouille des parachutages, entre les chalets incendiés. Le 14 juillet, ils défilent à travers Thônes. Le 1er août, les camions ont rassemblé mille cinq cents hommes de l'Armée secrète et quatre cents FTP. À onze heures, les Forteresses volantes lâchent le dernier parachutage, qui apporte enfin les armes lourdes.

Fini le temps des maquis de misère ! Un char qui se dresse est certes une terrible bête ; mais pour lui, un bazooka invisible est un monstre caché. C'est le bazooka, non la mitraillette, qui a fait des vrais maquis une force supplétive considérable. Un char est plus fort qu'une compagnie de mitraillettes, il n'est pas plus fort qu'une torpille.

Le 13, pendant trois jours, les automitrailleuses ennemies combattent les maquis, et sautent. Le 19, lorsque la radio annonce que l'insurrection générale commence à Paris, cinq mois jour pour jour après l'attaque des Glières, le général Oberg, qui la commandait, apporte au capitaine Nizier, chef militaire de la Résistance, la capitulation de ses troupes.

Alors, dans tous les bagnes depuis la Forêt-Noire jusqu'à la Baltique, vos déportés qui survivaient encore se levèrent sur leurs jambes flageolantes. Et le peuple de ceux dont la technique concentrationnaire avait tenté de faire des esclaves parce qu'ils avaient été parfois des héros, le peuple dérisoire des tondus et des rayés, *notre peuple* ! pas encore délivré, encore en face de la mort, ressentit que même s'il ne devait jamais revoir la France, il mourrait avec une âme de vainqueur.

Et maintenant, le grand oiseau blanc de Gilioli a planté ses serres ici. Avec son aile d'espoir, son aile amputée de combat, et entre elles, son soleil levant. Avec son lieu de recueillement, sa statue, dont les bras dressés sont pourtant des bras offerts, avec ses voix entrecroisées, qui feront penser à l'interrogation des tombeaux égyptiens : que disent les voix de l'autre monde, avec leur bruit d'abeilles... Elles disent :

Nous sommes les torturés agonisants dont la Gestapo disait qu'il était inutile de les lui envoyer, puisqu'ils étaient vides.

Les Espagnols tombés ici en se souvenant des champs de l'Èbre et du jour où la révolution vida les monts-de-piété de tout ce que les pauvres y avaient engagé.

Les Français qui avaient rejoint, après avoir combattu, eux, dans la ligne Maginot jusqu'au dernier jour.

Les gens des villages sans lesquels le maquis n'aurait pu ni se former ni se reformer ; ceux qui ont sonné le glas pour lui ; ceux que les hitlériens ont déportés, ceux qu'ils ont fait courir pour rigoler, pendant la répression, devant leurs mitrailleuses qui les descendirent tous.

Peu importent nos noms, que nul ne saura jamais. Ici, nous nous appelions la France. Et, quand nous étions espagnols, nous nous appelions l'Èbre, du nom de notre dernière bataille.

Je suis la mercière fusillée pour avoir donné asile à l'un des vôtres.

La fermière dont le fils n'est pas revenu.

Nous sommes les femmes qui ont toujours porté la vie, même lorsqu'elles risquaient la leur.

Nous sommes les vieilles qui vous indiquaient la bonne route aux croisées des chemins, et la mauvaise à l'ennemi.

Comme nous le faisons depuis des siècles.

Nous sommes celles qui vous apportaient un peu à manger ; nous n'en avions pas beaucoup.

Comme depuis des siècles.

Nous ne pouvions pas faire grand-chose ; mais nous en avons fait assez pour être les Vieilles des camps d'extermination, celles dont on rasait les cheveux blancs.

Jeanne d'Arc ou pas, Vierge Marie ou pas, moi, la statue dans l'ombre au fond du monument, je suis la plus vieille des femmes qui ne sont pas revenues de Ravensbrück.

Morel, Anjot et tous mes morts du cimetière d'en bas, c'est à moi que viendront ceux qui ne connaîtront pas votre cimetière. Ils sauront mal ce qu'ils veulent dire lorsqu'ils chuchotent seulement qu'ils vous aiment bien.

Moi je le sais, parce que la mort connaît le murmure des siècles. Il y a longtemps qu'elle voit ensevelir les tués et les vieilles. Il y a longtemps, Anjot, qu'elle entend les oiseaux sur l'agonie des combattants de la forêt ; ils chantaient sur les corps des soldats de l'an II. Il y a longtemps qu'elle voit les longues files noires comme celle qui a suivi ton corps, Morel, dans la grande indifférence de l'hiver. Depuis la fonte des glaces, vous autres dont les noms sont perdus, elle voit s'effacer les traces des pas dans la neige, celles qui vous ont fait tuer. Elle sait ce que disent aux morts ceux qui ne leur parlent qu'avec les prières de leur mère, et ceux qui ne disent rien. Elle sait qu'ils entendront le glas que toutes les églises des vallées ont sonné un jour, pour vous, et qui sonne maintenant dans l'éternité.

« Souvenez-vous de nous qui étions des Glières... »

Sans rien dire, ils penseront :

« Bonne nuit... Dormez bien... Dormez sous la garde que monte autour de vous la solennité de ces montagnes. Elles ne se soucient guère des hommes qui passent. Mais à ceux qui vivront ici, vous aurez enseigné que toute leur solennité ne prévaut pas sur le plus humble sang versé, quand il est un sang fraternel.

« Alors vous viendrez vers moi, ceux des Glières.

« Et dans la nuit sans retour, les mains suppliciées de celui d'entre vous qui mit le plus longtemps à mourir caresseront, sur ma tête rasée, la trace de mes cheveux blancs. »

Le Monde, 4 septembre 1973.

*Discours prononcé à Chartres
le 10 mai 1975 pour les femmes
rescapées de la déportation, réunies pour
célébrer le trentième anniversaire
de la libération des camps*

Il y eut le grand froid qui mord les prisonnières comme les chiens policiers, la Baltique plombée au loin, et peut-être le fond de la misère humaine. Sur l'immensité de la neige, il y eut toutes ces taches rayées qui attendaient. Et maintenant il ne reste que vous, poignée de la poussière battue par les vents de la mort. Je voudrais que ceux qui sont ici, ceux qui seront avec nous ce soir, imaginent autour de vous les résistantes pendues, exécutées à la hache, tuées simplement par la vie des camps d'extermination. La vie! Ravensbrück, huit mille mortes politiques. Tous ces yeux fermés jusqu'au fond de la grande nuit funèbre! Jamais tant de femmes n'avaient combattu en France.

Et jamais dans de telles conditions.

Je rouvrirai à peine le livre des supplices. Encore faut-il ne pas laisser ramener, ni limiter à l'horreur ordinaire, aux travaux forcés, la plus terrible entreprise d'avilissement qu'ait connue l'humanité. « Traite-les comme de la boue, disait la théorie, parce qu'ils deviendront de la boue. » D'où la dérision à face de bête qui dépassait les gardiens, semblait au-delà des humains. « Savez-vous jouer du piano? » dans le formulaire que remplissaient les détenues pour choisir entre le service du crématoire et les terrassements. Les médecins qui demandaient : « Y a-t-il des tuberculeux dans votre famille? » aux torturées qui crachaient le sang. Le certificat médical d'aptitude à recevoir des coups. La rue du camp nommée « chemin de la Liberté ». La lecture des châtiments qu'encourraient celles qui plaisanteraient dans les rangs, quand sur le visage des détenues au garde-à-vous les larmes coulaient en silence. Les évadées reprises qui portaient la pancarte : « Me voici de retour. » La construction des seconds crématoires. Pour transformer les femmes en bêtes, l'inextricable chaîne de la démence et de l'horreur, que symbolisait la punition : « Huit jours d'emprisonnement dans la cellule des folles. »

Et le réveil, qui rapportait l'esclave, inexorablement.

80 % de mortes.

Ce que furent les camps d'extermination, on le sut à partir de 1943. Et toutes les résistantes, et la foule d'ombres qui, simplement, nous ont donné asile, ont su au moins qu'elles risquaient plus que le bagne. J'ai dit que jamais tant de femmes n'avaient combattu en France ; et jamais nulle part, depuis les persécutions romaines, tant de femmes n'ont osé risquer la torture.

Faire de la Résistance féminine un vaste service d'aide, depuis l'agent de liaison jusqu'à l'infirmière, c'est se tromper d'une guerre. Les résistantes furent les joueuses d'un terrible jeu. Combattantes, non parce qu'elles maniaient des armes (elles l'ont fait parfois) : mais parce qu'elles étaient des volontaires d'une atroce agonie. Ce n'est pas le bruit qui fait la guerre, c'est la mort.

La victoire a mis fin à deux guerres différentes. L'une est aussi vieille que l'homme, l'autre n'avait jamais existé. Car si les armées se sont toujours affrontées, la participation active des femmes a été rare, et surtout il n'existait pas d'autre adversaire que l'armée ennemie. La Résistance féminine date de notre temps, la Gestapo aussi. La police militaire n'est pas nouvelle, mais cette guerre n'a précisément pas été menée par une police militaire. Ses prisonnières ne furent donc pas destinées à des camps militaires. Le mélange de fanatisme et d'abjection de la police politique, créée contre des ennemis politiques, n'apportait pas l'hostilité des combattants, mais la haine totale pour laquelle l'adversaire est d'abord ignoble; et qui impliquait à la fois la torture et le monde concentrationnaire. Pour tous ceux que touchait la Gestapo, ces « putains françaises » avaient assassiné des soldats allemands. Les camps de soldats étaient des ennemis : les camps d'extermination n'en sont point les héritiers. Les techniques d'avilissement, celles que l'on ne pouvait dépasser qu'en enfermant les mourantes avec les folles, furent d'ailleurs toujours inintelligibles pour la plupart des déportés, puisqu'elles n'avaient plus d'objet, les interrogatoires terminés.

« Au camp, me disait Edmond Michelet, les types me demandaient tous pourquoi les nazis gâchaient leur main-d'œuvre. » Il ne s'agissait pas de main-d'œuvre, mais du Mal absolu, d'une part de l'homme que l'homme entrevoit, et qui lui fait peur. Il était indispensable que les femmes ne fussent pas épargnées. Le camp parfait eût été le camp d'extermination des enfants. Faute de mise au point, on les tuait avec leurs parents. Il y a quelque chose d'énigmatique et de terrifiant dans la volonté de déshumaniser l'humain, comme dans les pieuvres, comme dans les monstres. L'idéal des bourreaux était que les victimes se pendent par horreur d'elles-mêmes. On comprend pourquoi les détenues demandaient aux religieuses, prisonnières comme elles, de leur parler de la Passion. Dante, banalités! Là, pour la première fois, l'homme a donné des leçons à l'enfer.

Il fallait choisir la chiourme : n'est pas abjectement sadique qui veut! Le hasard n'eût fourni qu'une brutalité plus simple. Je doute que le nazisme ait créé ces camps pour inspirer la terreur; car il les tint longtemps secrets. L'appareil concentrationnaire fut-il le stupéfiant envers des fêtes de Nuremberg ? Mais la Gestapo est indissociable, et nous ne pourrions comprendre l'assemblée d'aujourd'hui sans comprendre qu'en marge du fracas des chars la guerre du silence fut celle des femmes contre la Gestapo. Leur armée est la Croix-Rouge. Dans la Résistance, elles semblaient renoncer à une protection immémoriale. Elles entraient dans la guerre par la porte du supplice.

Et dans les camps le dernier affrontement fut, peut-être, le plus mystérieux. Ces nazis résolus à vous exterminer ne vous ont pas assassinées ; sans doute était-il trop tard. Mais, pour survivre, il fallait le vouloir chaque jour de toutes ses forces. Et vous avez découvert que la volonté de vivre était obscurément sacrée. Désarmées, hors de l'humanité, vous ne pouviez témoigner qu'en continuant à vivre. Et vous avez vécu.

Le général de Gaulle attendait, à la gare de l'Est, le premier convoi de fantômes.

Mais il serait faux de limiter les déportées aux agent des réseaux, à la Résistance organisée. Combien de vos compagnes étaient des femmes qui, nous assistant à l'occasion ou nous donnant asile, risquaient autant que nous et le savaient ! Vous ne séparez pas celles qu'une même souffrance rassembla. Vous représentez toutes celles qui n'ont fait partie d'aucune organisation et dont vous avez si souvent éprouvé la fraternité. Les aviateurs tombés se réfugiaient dans la première ferme venue. Le camarade anglais blessé avec moi fut transporté de village en village avant de retrouver les nôtres. Nous avons vécu de la complicité de la France. Pas de toute la France ? Non. De celle qui a suffi.

Le fermier fut souvent une fermière. C'est pourquoi votre valeur de symbole est si grande. D'un côté les barbelés électrifiés, les chiens, la Gestapo, la volonté d'avilir jusqu'à la mort, l'épaisse fumée du crématoire qui se perd dans les nuages bas. De l'autre, toutes celles qui montrèrent au passage qu'elles auraient pu être des vôtres, et que nous ne retrouverons jamais. Celles qui vous entourent dans la nuit funèbre et dont vous êtes les témoins aussi.

Le poste émetteur du réseau voisin du nôtre était installé chez une dactylo, tante de l'un de nos compagnons. Comme elle tapait à la machine chez elle, il avait pensé que ce bruit serait bien utile. Il lui avait demandé si elle accepterait qu'il apporte son poste. Elle avait répondu en haussant une épaule : « Évidemment... »

Elle n'appartenait à aucun réseau. Elle aimait son neveu comme un neveu, pas davantage. Elle disait, sans plus : « Les nazis, j'en veux pas. » Elle connaissait le risque, c'était à la fin de 1943.

Le neveu a été fusillé, la tante est revenue de Ravensbrück. Elle pesait trente-quatre kilos. Je serais étonné qu'elle ait jamais cru avoir accompli une action héroïque. Elle se méfiait du mot. À Ravensbrück, elle a dû penser : moi, je n'ai jamais eu beaucoup de chance...

Nous sommes dans le domaine le plus simple de la Résistance, peut-être le plus profond. Nous savons aujourd'hui que chez beaucoup d'entre nous, femmes ou hommes, la patrie repose comme une eau dormante. Fasse le destin que cette femme soit ici, ou qu'elle prenne ce soir la télévision — stupéfaite d'entendre parler d'elle aux Rois de Chartres, qui ont vu Saint Louis. Portail royal, en qui depuis huit cents ans bat l'âme de notre pays, je viens de t'apporter le plus humble témoignage de la France. J'en répéterai un autre, que notre compagne des ténèbres aurait préféré au sien.

En rangs, les prisonnières écoutaient un discours de menaces. Le chef du camp se tut enfin, et l'interprète alsacienne traduisit tout par une seule phrase : « Il a dit que nous ne sortirons d'ici que lorsque nous serons mortes. » Une joie stupéfiante surgit. Pendant qu'elle disait ces mots-là, un message à bouches fermées filtrait dans les rangs : les Alliés arrivent.

« Alors, dans tous les bagnes depuis la Forêt-Noire jusqu'à la Baltique, l'immense cortège des ombres qui survivaient encore se lève sur ses jambes flageolantes. Et le peuple de celles dont la technique concentrationnaire avait tenté de faire des esclaves parce qu'elles avaient été parfois des exemples, le peuple dérisoire des tondues et des rayées, notre peuple ! pas encore délivré, encore en face de la mort, ressentit que même s'il ne devait jamais revoir la France, il mourrait avec une âme de vainqueur. »

Croyantes ou non, vous connaissez le verset lugubrement illustre, prononcé pour tous puisque la douleur est partout : Stabat mater dolorosa... *Et la Mère des Douleurs se tenait debout*... Dans la crypte, sous l'hosanna des orgues et des siècles, la France aux yeux fermés vous attend en silence. Que celle d'entre vous dont on se souviendra le moins, la plus démunie, celle dont j'ai parlé si elle est encore vivante, s'approche pour entendre chuchoter la haute figure noire :

Écoute bruire dans l'ombre autour de moi l'immense essaim des mortes. Je ne l'ai pas abandonné. Saint François disait à la mendiante d'Assise : « Sur ton pauvre visage, que ne puis-je embrasser toute la pauvreté du monde... »

Sur le tien, moi, la France, j'embrasse toutes tes sœurs d'extermination. J'ai connu bien des prisonniers, à commencer par moi. Celles dont la liberté cessait avec le jour, parce que le camp revenait la nuit. Celles qui disaient : « Ne laissez pas entrer les chiens parce que les chiens mordent. »

J'ai connu aussi, comme toi, les femmes qui disaient qu'elles n'avaient jamais pensé à nous. À qui personne n'avait jamais parlé de rien. Maintenant, pour les siècles, on sait. Avec quoi ferait-on la noblesse d'un peuple, sinon avec celles qui la lui ont donnée ?

Symbole mystérieux, les huit mille personnages de la cathédrale voient sur ta face accablée, les huit mille prisonnières qui ne sont pas revenues. Dans cette cathédrale où furent sacrés tant de rois oubliés, qu'elles reçoivent avec toi le sacre du courage. À la descendance de l'humanité sourde, peut-être à la petite fille même de celle qui t'a livrée, la secourable voix où disparaît la honte, soufflera les mots qu'ont trouvés nos pauvres gens pour Du Guesclin, le seul connétable resté dans leur cœur. Vivante naguère changée en plaie, crâne rasé de la misère française. « Il n'est si pauvre fileuse en France qui ne filerait pour payer ta rançon. »

Le Monde, 11-12 mai 1975.

*Discours prononcé à l'Institut
Charles-de-Gaulle le 23 novembre 1975
pour le cinquième anniversaire
de la mort du général de Gaulle*

En ces jours de cinquième anniversaire, j'assume donc « le triste et fier honneur » de saluer ce que le combat de la France, et le nôtre, doivent à la haute figure que nous commémorons aujourd'hui.

Dès la première heure, ce ne fut ni le chef d'une Légion étrangère ni celui d'un gouvernement en exil qui répondit au maréchal Pétain. Celui-ci tenait un langage sans recours. Le Général dit que la France avait surmonté d'autres épreuves, et c'était la première fois que la France parlait, autrement que par métaphore : qu'on l'entendait. La France n'a pas perdu la guerre ? Ce n'était pas la logique, qu'on écoutait alors, c'était : « Écoutez-moi, car si vous m'entendez, c'est que je suis vivante. »

L'idéologie a joué un tel rôle dans notre révolution que pour nous, le doctrinaire est l'auteur d'une doctrine, non son incarnation. Saint-Just ne se souciait pas d'appliquer les *Institutions* ; sa véritable doctrine était le Salut Public. Le rival du *Manifeste* de Marx n'est pas une théorie gaulliste, c'est l'appel du 18 Juin.

Le général de Gaulle posait des principes de Salut Public. Ceux qui ne l'avaient pas entendu le tenaient pour un défenseur du patriotisme traditionnel. Ceux qui l'avaient entendu restaient surpris. On a rarement prêté à la France cet accent dorien. Son patriotisme ignorait le chauvinisme, dans un pays qui les

377

avait beaucoup confondus. Pourquoi tant de Français ont-ils tenu pour une continuité l'une de nos plus profondes métamorphoses, celle du patriotisme? Depuis cent cinquante ans, on avait appelé ainsi, pas seulement en France, le sentiment de supériorité nationale. Internationalisme, pacifisme se développèrent contre les nationalismes plus que contre les particularismes, accrochés aux régions. La patrie désespérée, informe, bredouillait un appel masochiste à un folklore et à des grandeurs disparus. Le patriotisme dont le Général parla comme d'une évidence se fondait simplement sur la liberté : la place des Allemands était à Berlin, non à Paris. Il était antifasciste, ce que n'étaient pas nos Ligues. Les Français libres continuaient le combat (Bir Hakeim lui apporta un symbole inespéré) et il avait proclamé, dès le premier jour, que la partie n'était pas jouée. La France se croyait vivante alors qu'elle était morte, criait le désastre : c'est à cette terrible conscience, qui unissait les Français pour la première fois depuis si longtemps, qu'il a parlé, répondu. Sa France n'était pas une image d'Épinal, et c'est en perdant leur propre France que tous avaient découvert qu'elle ne l'était pas non plus. Il a parlé avec la force de celui qui dit ce que tout le monde sait, quand tout le monde le tait, il a dit à la patrie la formule la plus simple de l'amour : *tu m'es nécessaire.*

La France libre a rassemblé ceux qu'il avait ralliés à cette France amère. Il les appelait à épouser la France, au nom des enfants qu'ils auraient ensemble ; et avec eux, les Français stupéfaits d'entendre affirmer qu'elle n'était pas stérile. Ils voulaient tout, à la fois de Gaulle et un Pétain sans Sig-

Darquier de Pellepoix. Giraud, qui se suffit à lui-même. Les dialogues Pétain-Leahy ou Herriot-Laval. Les Unions Sacrées de tous les abandons.

Les Alliés dédaignaient d'autant moins les FFL et la Résistance, que les réseaux de renseignements couvraient la Bretagne et la Normandie, que les réfractaires au Service du travail obligatoire peuplaient les maquis, et que le débarquement aurait lieu en France. Le général de Gaulle s'efforçait depuis 1944 d'unir les Résistants et les Français libres ; de tirer de ce courage épars une action concertée de la France. En face des Alliés, quel groupement de résistants, pour étendu qu'il fût, aurait représenté la continuité de la nation ? Au nom du Général, Jean Moulin fonda le Conseil national et les Mouvements unis de la Résistance, mourut de ses tortures sans avoir parlé, et l'on dut au « peuple de la nuit » les ponts sautés, les voies plastiquées, le sabotage qui imposèrent à la convergence des renforts allemands sur la Normandie, les retards que le général Eisenhower qualifia d'irréparables.

Bien en prit à la France. L'exercice de l'autorité dans les territoires libérés serait-il confié à des Français, ou à l'armée de libération ? Les Américains avaient envisagé, sans trop de confiance, d'appliquer un texte oublié de la IIIe République : il confiait aux Conseils généraux la formation du nouveau gouvernement. Ce qui eût apporté des mois d'anarchie — réprimée comment, Vichy disparu, sinon par la police militaire américaine ? Aux ordres de qui, sinon de l'*Amgot*, ce qui assimilait la France aux territoires ennemis, Italie et Allemagne ?

Imaginer de noirs desseins, de véritables conflits avec nos alliés est absurde ; si les Américains avaient maringen, d'autant plus avidement qu'ils n'avaient rien. Ce passé fraternel, qui lui aussi appartenait au mythe, mêlait Jeanne d'Arc à la Convention, démocratie autoritaire et nationale. Est-ce du volontaire de 1792, du cavalier de Rivoli, que Leclerc tenait son pseudonyme ? Avez-vous oublié qu'à la fin de la guerre, la 2e DB exprimait le gaullisme mieux qu'aucun texte doctrinal ? On a tort d'oublier les discours du général Giraud, qui affirmait qu'un peuple dont les dactylos mettent du rouge à ongles ne peut aller qu'à la défaite. Rien ne montre mieux ce que de Gaulle ne fut pas — ni comment l'unité qu'il imposa à la Résistance comme à Londres rendit possible une Libération infernale. Plus tard, ceux qui traitèrent de haut son obsession de rassembler oublièrent qu'elle avait désinfecté leur patriotisme.

Il osait appeler péripéties Dakar, les victoires de Rommel, le drapeau hitlérien sur l'Acropole, les défaites russes. Son souci de l'histoire et son dédain de la politique, sa confiance qui ressemblait parfois à une consolation devant un cercueil, son NON qui dès le premier jour avait pris la résonance des grands « non » historiques, et toujours, sa voix sans visage, tout concourut, dès que la chance commença de tourner, à faire de cette voix celle de la France. La confiance n'est pas un sentiment rationnel. Le refus d'Antigone et de Prométhée non plus. Il n'exprime pas une opinion, il assume à la fois le malheur et l'espoir. « Des lois plus contraignantes et plus hautes que les lois humaines... », dit Sophocle. Le Général faisait appel à une évidence future, « plus contraignante et plus haute » que le présent. Le plus sûr moyen de ne pas le comprendre eût été de le tenir pour un autre Leclerc, car on attendait un héroïque chef de blindés, et c'est à cette figure que se substitua le mythe après s'être substitué à celle du général réactionnaire. Non sans peine, parce qu'il dut créer sa propre tradition. Il n'a commandé en personne aucune des forces de la France libre. Ce qu'il disait n'était pas juste parce que l'événement le confirmait : il devenait de Gaulle parce qu'il tenait ce langage.

« L'histoire ne pourra oublier qu'à Londres, j'ai accueilli tout le monde. » Rassembler fut, pour le général de Gaulle, l'un des mots les plus lourds après celui de patrie. On a toujours, et bien avant Marx, professé que ce mot ne couvre qu'illusion ou imposture. Comment en eût-on convaincu l'homme qui pendant cinq ans, contre vents et marées, n'avait tenté que cela ! — et pas toujours en vain... Les buts les plus dignes d'être visés sont ceux que l'on n'atteint jamais. La volonté d'unité, comme celle de justice ; mais pas davantage. Pour les ennemis du Général, la volonté de rassembler était foncièrement utopique ; ce qu'avait été le socialisme pour ses propres ennemis, jusqu'à l'entrée en scène de Lénine. Pour chacun, l'utopie c'est la forme de l'espoir de ses adversaires.

Il y avait eu les cris des soldats allemands qui cassaient les crosses des fusils des prisonniers dans les cours des fermes. Tout le pays poussé vers le sud par la fumée d'apocalypse des réservoirs en feu. La France avachie, veuve d'elle-même, et la voix de Londres qui disait : « J'invite à me rejoindre, avec ou sans leurs armes... » Leurs armes !

Il y eut la nudité de Carlton Gardens, le dialogue avec le président Cassin devant les tables de cuisine appelées bureaux : « Mon général, nous ne sommes évidemment pas une légion, sommes-nous l'armée française ? — Nous sommes la France. » En bas, les marins de l'île de Sein et les premiers volontaires canaques. Mais quand les Allemands arrivèrent à Sein, ils n'y trouvèrent pas un homme.

Il y eut la flotte française de Mers el-Kébir coulée par les Anglais. « Quant aux Français libres, ils ont pris, une fois pour toutes, leur dure résolution : ils ont pris une fois pour toutes la résolution de combattre. »

À une crête de l'ample houle des sables de Libye comme une épave miroitant sur la mer, Bir Hakeim, il y eut ces Français que les Allemands, enfin, ne battirent pas.

Il y eut le premier Français libre parachuté fusillé en représailles. Pas de vichyste qui n'enjoignît alors au Général de condamner les attentats individuels contre les Allemands : à plat ventre, on exigeait de ce « traître » des vertus gandhistes. Jamais le Général ne condamna un acte de Résistance. Dans ce procès-là, il n'était pas juge, mais partie.

Il y eut les désaccords avec Churchill. « Si je retirais ma main, le général de Gaulle n'aurait plus une pierre où reposer sa tête ! » Avant l'invasion de la Russie et le bombardement de Pearl Harbor, quand l'Angleterre assumait seule le destin du monde, ne pas céder au gouvernement anglais !...

« J'étais trop faible pour plier. »

Hier, les troupes allemandes sont entrées en Union soviétique, annonça la radio, et, de semaine en semaine, il y eut ce cortège napoléonien de victoires allemandes — jusqu'au mur.

Il y eut, à la stupéfaction de tous, les désaccords avec la toute-puissance de Roosevelt. Darlan, mais décidé d'installer l'*Amgot*, d'abandonner Strasbourg, qui les en eût empêchés? Mais pour reconnaître l'autorité d'une France belligérante et non collaboratrice des Allemands, encore fallait-il qu'elle existât. Dès le premier jour du débarquement, surgirent les commissaires de la République parachutés de Londres ou formés par la Résistance. Dans chaque ville reconquise, l'armée alliée trouva, en place depuis quelques jours ou quelques heures, le préfet du Gouvernement provisoire de la République.

Laissons au général de Gaulle tout ce dont il a si bien parlé lui-même, multitudes et solitudes, pour le retrouver en 1958 en face du problème qui pesa dans sa vie à l'égal de la France, et qu'il envisageait de traiter dans ses *Mémoires d'espoir*. Il nous concerne tous directement : c'est l'État.

Les parlementaires tenaient son ministère pour un ministère de transition (vers quoi?), la droite algéroise disait : « Nasser après Néguib! » au temps même où il allait appliquer la décision la plus grave qu'il eût prise depuis le 18 juin 1940 : s'opposer à la création de tout parti unique.

Par principe? Parce que la vocation de la France, qu'il tentait de retrouver à travers la Communauté, mais que la guerre d'Algérie mettait à rude épreuve, exigeait cette décision? Entre les coquecigrues d'alors, celle du « pouvoir » allait se montrer la plus surprenante. Gouverner était devenu, de la part des gouvernants, gravement coupable. Tout pouvoir fut flétri par les experts en impuissance, qui la préféraient pour l'avoir pratiquée avec soin. Les Français ne conçoivent guère le pouvoir, ce qui leur est familier, c'est l'abus de pouvoir, idée claire et brillamment liée à l'histoire, depuis Alexandre Dumas

jusqu'à Victor Hugo. Ô temps bénis où l'on ne tolé-
rait pas le pouvoir gaulliste, où le Général « et moi-
même, Messieurs, sans nulle vanité », étions heb-
domadairement flétris par maints Ruy Blas avec
l'accent de Duclos! L'infâme juridiction d'exception
devait à peu près acquitter Salan. Le général de
Gaulle, jusqu'à son départ compris, a été un chef
d'État extrêmement légaliste. Le cérémonial selon
lequel le consul revêtait, en quittant Rome avec
l'armée, la toge de la Ville, puis reprenait la toge
consulaire après la victoire, a fait partie de ses
images familières : sa toge rouge, c'était l'article 16.

Il connaissait l'opération hégélienne, puis communiste. La souveraineté du peuple n'est pas celle de
l'ensemble des particuliers. La Volonté Générale,
souveraine de fait, accomplit le destin historique,
avec ou sans l'assentiment des individus qui
l'ignorent ou ne s'en soucient pas, (opération éminemment favorable à l'assimilation du parti communiste au prolétariat). Le destin de la France ne
dépendait-il pas de tous ceux qui devraient le subir?
Sa réponse formelle était que le pouvoir doit s'exercer à travers l'État, et non le confisquer.

Il l'a dit maintes fois. Mais les hommes
n'entendent que ce qu'ils connaissent par cœur...
Cette décision, que ses *Mémoires* n'expliquent pas
encore, était délibérée, car il me dit plus tard : « Leur
perpétuelle histoire de fascisme est imbécile. Nous
n'avons rien à voir avec ces gens-là. La pente dangereuse ne nous ferait pas rouler au fascisme, mais à la
monarchie. » Jusqu'à son départ, ses ennemis défi-
nirent son gouvernement comme un gouvernement
de répression : il fusillerait tout un chacun. Quand?
Demain. Comme on rase gratis.

« Pourquoi diable, disait-il, les démocraties protestantes — scandinaves aussi bien qu'anglo-saxonnes — se reconnaissent-elles dans les " gauches " méditerranéennes, qui leur ressemblent si peu ? Pourquoi tant de gens croient-ils que je prépare un État totalitaire ? La République, les libertés individuelles, qui les a établies ? Je voudrais comprendre le mécanisme... »

Mais la télévision avait poussé le gaullisme dans les maisons en y introduisant l'histoire, de la même façon qu'en 1940 la radio avait fait, de la voix du Général, celle de la France. Quoi de commun entre ce qu'on regardait, et ce que, l'année précédente, on n'eût pas regardé ? Par cette fin d'empire colonial devenue fête des Fédérations, par *La Marseillaise* de Berlioz ressuscitée, par l'Algérie houleuse et l'Afrique amie, la France s'engouffrait dans le petit écran. Les conférences de presse parlaient du monde, alors que l'écho eût répondu naguère : de quoi vous mêlez-vous ? De nouveau on parlait au nom de la France sans faire hausser les épaules. On n'avait pas changé de programme, on avait changé de destin.

La victoire des parachutistes d'Alger n'eût pas signifié qu'on remanierait le ministère ! Celle des émeutiers de 1968 non plus. Son assassinat par le FLN ou plus tard l'OAS n'eût étonné personne. Le mythe se dégrade en fiction, comme l'héroïsme. Ses ennemis le confondent toujours avec sa parodie ; mais qu'ils la contestent ou l'injurient au passage, ils savent qu'il faut toujours tuer Jaurès. Le général de Gaulle avait donc commencé par affronter Alger.

En face de l'Angleterre depuis dix ans partie des Indes, la France, qui avait jadis affranchi les esclaves, devait cesser de s'accrocher à un empire colonial, le jeter dans la balance : chaque ancienne colonie choisirait entre son entrée dans la Communauté française, et son autonomie. L'anxiété née du dialogue sanglant de l'indépendance et de la partition indiennes, reparaissait dans l'attente devant cette loterie épique, ce dialogue d'un homme redevenu la France libératrice, avec chacune des anciennes colonies françaises.

C'est pourquoi il a disposé dans la guerre et les négociations avec le FLN d'une marge radicalement différente des hésitations de la IVe République. Au début, il crut un accord possible (et le FLN ne rompit jamais tout contact avec lui). « Malheureusement, rendre Ferhat Abbas intelligent ne dépend pas de moi... » Lorsqu'il dit au Conseil des ministres, sur le ton du doute : « Il s'agit de savoir si l'intérêt supérieur de la France coïncide avec les intérêts des colons d'Algérie... », je crus sa décision prise. Bien qu'il souffrît de ce qu'il appelait le cancer de l'armée, pour commémorer la reprise de Strasbourg par Leclerc, il avait convoqué des milliers d'officiers qui écoutaient son discours dans un silence hostile. Une fois de plus, il faisait front. Et termina lentement, pesamment, comme s'il parlait à la guerre civile : « Dès lors que l'État et la nation ont choisi leur chemin, le devoir militaire est fixé une fois pour toutes. Hors de ses règles, il ne peut y avoir, il n'y a, que des soldats perdus... »

Jusqu'à l'insurrection des généraux.

Alors coïncident son mythe, l'idée qu'il a de l'État, celle qu'il a de lui-même. Il incarne la résistance du pays du peuple, du paysan à qui le facteur ou le maire vient d'annoncer la mort de son fils en Algérie, contre « des hommes aux moyens expéditifs et limités » qui tirent de l'armée leur prestige et leur force usurpés. Une France des colonels ! Devant les écrans de télévision, les gens attendent, mais savent qu'ils vont entendre une fois de plus le NON du 18 Juin : « Si je porte aujourd'hui cet uniforme, c'est pour signifier que je ne suis pas seulement le président de la République française, mais aussi le général de Gaulle », et « Vous vous opposerez à ces hommes de toutes vos forces, par tous les moyens ! ». Le gaullisme fut ce qui sépara, devant la même menace, la France et son gouvernement avant 1958. « Mon cher et vieux pays, nous voici une fois de plus ensemble dans l'épreuve... » Cette fois, avec fermeté.

Il n'a plus affronté la grande houle — une autre — qu'en mai 68. De la même façon. À ceci près qu'il n'éprouvera pas pour la jeunesse étudiante les sentiments qu'il avait éprouvés pour les généraux d'Alger. Il avait prévu la révolte militaire, sous cette forme ou sous une autre ; il avait prévu la crise de la jeunesse : États-Unis, Hollande, Italie, Allemagne, Inde, Japon même Pologne... Mais nul n'avait prévu la conjonction prochaine de cette crise avec un vaste mouvement syndical. La situation en prenait un accent du XIXe siècle, fête et barricades, tout différent de celui qu'avait pris la grève des mineurs par exemple. Mais l'émeute estudiantine, comme dans d'autres pays, montrait déjà que sa nature profonde n'était pas celle de l'insurrection : elle se voulait irrationnelle et se voulait son propre objet. C'est pourquoi le parti communiste ne s'est pas engagé avec elle ; il l'accompagnait. L'énorme manifestation rassemblait toutes les forces politiques et syndicales contrôlées par l'appareil révolutionnaire communiste. Il se jugeait plus fort qu'en 1945, qu'en 1947, et le Général ne l'ignorait pas. Les communistes laissaient les bavards parler de faire la révolution ; eux, savaient qu'on ne la fait pas : on la cueille.

Situation typique : la confusion insurrectionnelle qui précède la prise du pouvoir, et, contre l'État, une seule discipline en place. Le stade Charléty avait montré ce que les communistes trouveraient, le général de Gaulle tombé : moins que Kerensky. Toutes les forces antigaullistes capables de lutte et non d'illusion lyrique, convergeraient sous eux. Mais un seul mort, c'était bien peu. Beaucoup de policiers, peu de moyens de répression : ils n'étaient pas engagés. On savait ce qu'avaient pesé, contre les chars soviétiques, les cocktails Molotov de Budapest : rien. Le gouvernement n'emploierait évidemment pas de chars contre les étudiants ou les manifestants, mais ne les emploierait-il pas contre des milices armées ? Si bien que le parti communiste ne pouvait pas plus disposer de ses cocktails Molotov que le gouvernement, de ses chars. L'un et l'autre dépendaient de l'opinion. Sans elle, pas d'insurrection, mais plus d'État. Et les dés étaient jetés : le parti communiste, qui depuis longtemps parlait de « participation à un pouvoir d'union démocratique », déclarait la veille de l'intervention du Général : « Le peuple de France exige que, dans le régime nouveau, la classe ouvrière et son parti aient toute leur place. » Le Général qui avait à peine parlé de l'Algérie dans le discours du putsch, ne parla guère des étudiants. Une fois encore, il parlait aux Français au nom du Salut Public.

« Je ne me retirerai pas. J'ai un mandat du peuple, je le remplirai. Je dissous aujourd'hui l'Assemblée nationale. »

C'était ériger la France en gouvernement. À partir de cette minute, le général de Gaulle devenait garant de la consultation populaire, des nouvelles élections. La Ve République mettait à l'épreuve ses institutions fondamentales. Finie la comédie, même insurrectionnelle : la France elle-même allait fixer son destin.

« Partout et tout de suite, il faut que s'organise l'action civique. La France est menacée de dictature. On veut la contraindre à se résigner à un pouvoir qui s'imposerait dans le désespoir national, lequel pouvoir serait alors évidemment et essentiellement celui du vainqueur, c'est-à-dire celui du communisme totalitaire. Naturellement, on le colorerait, pour commencer, d'une apparence trompeuse en utilisant l'ambition et la haine de politiciens au rancart. Après quoi, ces personnages ne pèseraient pas plus que leur poids, qui ne serait pas lourd. »

Les communistes de la Libération avaient tenté d'annexer les mouvements de la Résistance, au nom d'un communisme patriote et libéral, semblable à celui du printemps de Prague. Qui diable croit aujourd'hui que le Staline de 1945 eût toléré un printemps de Paris ? Il ne s'agissait pas de ces roses, mais du vrai stalinisme, et le Général avait vu Staline de près.

Il ne croyait pas davantage aux roses de mai.

Pendant qu'il parlait, une foule aussi dense que celle de la Libération couvrait peu à peu les Champs-Élysées. La hausse des salaires était acquise, la réforme de l'Université aussi ; mais la guerre civile, qui eût rejeté la France de vingt ans en arrière, avait perdu. On ne prendrait pas le pays par surprise ; il faisait front, et la voix sans visage de la radio retrouvée lançait un million d'hommes sur les Champs-

Élysées. La multitude dont l'ambassade des États-Unis, depuis la Concorde, captait les clameurs pour les transmettre à la Maison-Blanche, atteignait l'Arc de Triomphe. Le soir même, le parti communiste ne réclamait plus qu'« une démocratie véritable ». À partir du 4, le travail allait reprendre partout. Imagine-t-on un gouvernement Auriol, en face de Mai 68 ?

Mais bien avant Mai 68, un fait historique au moins aussi grave que la crise de la jeunesse lui semblait menaçant : il appelait cancer de la démocratie la division des nations occidentales en blocs presque égaux, pour lesquels l'idée autrefois si puissante de majorité tournait à la loterie ; perdait toute légitimité. Il pensait que les démocraties avaient perdu l'exaltation dont naissent les vrais rassemblements ; qu'elles vivaient maintenant de majorités infirmes, et de cinq points d'écart, 55 % contre 45 %, toutes faisaient un triomphe. Au référendum sur l'Algérie, où l'Europe et l'Amérique proclamèrent que la France le suivait, son 90 % inespéré n'avait pas même atteint les deux tiers des inscrits. D'où son permanent appel à l'histoire, qui lui répondait une fois sur deux par des mirlitons. Elle avait été l'œuvre de majorités passionnées ; il avait encore connu les Champs-Élysées de la Libération, et même la France autour de lui contre l'OAS. Il jouait désormais dans des marges étroites comme le destin. « Pourquoi, demandait-il de sa voix de goguenardise noire, ne pas faire juges du sort de la France les citoyens dont le nom commence par la lettre A ? » Il avait espéré rassembler autour de lui, pour des tâches encore de Salut Public, les masses de 1944. Mais de quoi étaient-elles nées, sinon de l'acharnement de ces pauvres groupes, la France libre, la Résistance ? Au débarquement, il commandait moins de volontaires que Vichy ne commandait de gendarmes !

Le destin de la France qu'avaient assumé les groupes combattants, appartenait maintenant à la frange de votants qui détenaient, sans le savoir, la légitimité nationale. Il n'y changerait rien. C'était ceux-là qu'il devait convaincre — comme si la France eût joué son avenir aux dés. Toutefois, les moyens électoraux employés par ses adversaires pour déterminer et conquérir à tout prix, sinon cette frange, du moins des votants aussi nombreux : célibataires, vieillards, collectivités particulières, avaient échoué. Il ne tentait rien de semblable. Il prouvait que c'était seulement s'il touchait la France au cœur, qu'elle lui apporterait ces inconnus. Il ne maintiendrait la France que s'il les atteignait, il ne les atteindrait que s'il visait la France. Sans doute s'était-il cru plus assuré de l'avenir, à la tête des marins de l'île de Sein, que de 51 % des votants... Mais il avait jadis rétabli la nation à partir de moyens si misérables, qu'il comptait la maintenir en naviguant au plus près : « Il faut faire les choses avec ce qu'on a ! Si vous croyez qu'Henri IV s'est amusé tous les jours ! » Écoutant la bande du discours de Pnom Penh, au retour du Cambodge, il semblait perplexe d'entendre la voix survivante de la France, comme une ménagère qui trouverait, au retour du marché, son panier plein d'étoiles. Et de constater une fois de plus que les Français, qui confondent l'État avec l'admiration, accepteraient tant bien que mal de prendre pour loi la *responsabilité suprême devant la France — confiée par le peuple — exercée à travers l'État.*

La France le hantait, elle ne l'interrogeait pas. L'interrogateur obsédant, c'était l'État. Il en parlait comme Bonaparte consul, et comme les scientifiques parlent de la science : d'un domaine de rigueur tout nourri d'aventure. Il reprochait à saint Augustin l'absence d'esprit politique, pour l'avoir comparé à une assemblée de brigands. C'est pourquoi la nouvelle Constitution lui avait semblé presque aussi urgente que l'Algérie. Pas de Fleurus sans Convention. Pas de nation sans État, comme l'avaient compris les théoriciens des Internationales, qui avaient exigé sa disparition. Le Général avait transcrit la note de Lénine : « Pas une seule révolution n'a fini sans avoir renforcé le pouvoir de l'État. » Il n'ignorait pas combien Lénine avait flétri l'État, comme Engels, comme Marx, car il avait lu ce qui concerne l'État. Il regardait souvent les communistes, comme un marxiste regarde les idéalistes. Une histoire se jouait de ceux-ci, une autre de ceux-là. Le Général ne croyait pas, n'avait jamais cru que l'État fût nécessairement l'appareil du pouvoir d'une classe. Il pouvait être l'agent de l'unité nationale toujours menacée et la Convention l'a vu ainsi. Les plus grands serviteurs de la France, disait-il, l'ont servie en transformant l'État : on n'imagine pas Bonaparte, connétable de Louis XVI. Monarchies et républiques avaient donné forme à la nation qui, sans État, serait corps sans âme et concept sans histoire. De même que Richelieu, il définissait sa tâche par la création et le maintien de l'État qui servirait le mieux la France.

Le travail, l'ingéniosité, l'industrie, le commerce de la France de 1620, qui ne comptait pas, étaient-ils si différents de ceux de la France de 1650, la plus puissante monarchie de la Chrétienté ?

« Quand les Français s'entendent, oh! alors! » Il éprouvait avec force le sentiment d'une grande mutation historique, à laquelle ne s'accordaient pas encore les États prétendus modernes, perdus de politique et de chimères. Son État était presque le contraire de l'administration; celle-ci dirigeant ce qui continue, et l'État, ce qui change. C'était l'instrument du devenir de la nation, le plus puissant moyen de coordonner ses forces.

« On n'a pas fait grand-chose depuis Napoléon... Sauf ne rien comprendre à un État dont on attend tout, y compris le droit au bonheur! » Il s'était attaché à l'efficacité de cet appareil suprême et claudicant, comme autrefois à l'emploi des divisions blindées. Il y voyait plus qu'un appareil, un organisme obscurément vivant et prisonnier, à délivrer de l'inertie, du conformisme, des féodalités patronales ou syndicales, des chimères — c'est-à-dire de ce qui pouvait rivaliser avec l'État.

Il en a rêvé une histoire semblable à celles de la guerre, qui sont d'abord histoires des armées. Il a écrit celle de l'armée française et constaté que certaines mutations de la guerre ne sont pas militaires, par exemple la conscription décrétée par la France de « la Patrie en danger », d'où sont venues les mobilisations générales.

Alexandre le Grand invente à la fois (et, semble-t-il, de la même façon) ses formations militaires et ses formations civiles, la cavalerie des hétères et le corps administratif des régions conquises.

« Notre État est en retard d'un demi-siècle sur nos techniques et même sur nos conceptions politiques », disait le général de Gaulle en 1960. Il l'avait rétabli en 1945 et 1958. Faire un État n'allait pas plus de soi, que créer l'armée des Légions ou le Sénat romain. Il s'était intéressé à la formation des départements comme à celle de l'armée soldée de Charles VII. Il connaissait chacun des préfets, et l'« invention » des premières libertés communales comme celle du premier impôt permanent — ou de la Sécurité sociale. Un de ses ministres, harassé, m'a dit : « Il voudrait ouvrir une ENA tous les matins ! » Mais lui : « Le pouvoir de l'État a été un bouchon entre des partis acharnés à conquérir une majorité, pour qu'elle arbitre des problèmes qu'elle ignorait. »

« Quand la France redeviendra la France, on repartira de ce que j'ai fait, non de ce que l'on fait depuis mon départ. » De ses idées ou d'un autre 18 Juin ? Il a toujours dit que son idéologie courait mal en terrain plat. La France survivra si la volonté nationale la maintient jusqu'au surgissement de l'imprévisible : quand Richelieu fut appelé, elle était une puissance de second ordre. Le Général pensait : péripétie, de tout ce qui menaçait visiblement la France ; mais du monde aveugle, qui la balkanise ? Richelieu ne craignait pas la fin de la Chrétienté. Mais le Général : « J'ai tenté de dresser la France contre la fin d'un monde. » La Nation avec une majuscule, celle à laquelle la France convertit autrefois l'Europe, est née de « la Patrie en danger », de la métamorphose fulgurante imposée par la Convention. En 1940, la France a été directement concernée. L'est-elle toujours dans ce monde informe où les derniers empires s'affrontent à tâtons ? « Elle étonnera encore le monde. » Aux Invalides, à l'exposition de la Résistance, devant le poteau haché de nos fusillés entouré de journaux clandestins, le Général déclarait à l'organisateur : « Il n'y avait plus personne, sauf eux, pour continuer la guerre commencée en 1914 : comme ceux de Bir Hakeim, ceux de la Résistance ont d'abord été des témoins. » Lui aussi. Seul à Colombey entre le souvenir et la mort, comme les grands maîtres des chevaliers de Palestine devant leur cercueil, il était encore le grand maître de l'Ordre de la France. Parce qu'il l'avait assumée ? Parce qu'il avait, pendant tant d'années, dressé à bout de bras son cadavre, en croyant, en faisant croire au monde, qu'elle était vivante ? Il a survécu aux adversaires : Hitler, Mussolini, comme aux Alliés : Roosevelt, Churchill, Staline. Avec le sentiment des généraux napoléoniens quand ils disaient, vers 1825 : « Au temps de la Grande Armée... » Toutes ces ombres amies ou maléfiques jouent sur la lande avec leurs cartes noires, fou compris. L'Europe en flammes, le suicide de Hitler dans son bunker, les trains arrêtés qui sifflent longuement dans les solitudes sibériennes, pour la mort de Staline...

Il pensait que la France élue l'était aussi par l'Imprévisible. Que ça n'allait pas très bien, lorsque Isabeau de Bavière signait le traité de Troyes. Que la passion qui le liait à l'espoir était plus forte encore que l'autre. Il pensait certainement aussi, avec une sombre fierté, ce qu'il n'a pas écrit : « Si le dernier acte de ce qui fut l'Europe a commencé, du moins n'aurons-nous pas laissé la France mourir dans le ruisseau. »

Espoir, 1975, n° 13.

Chronologie

1901 : Georges André Malraux naît à Paris, rue Damrémont, le
3 novembre.
1905 : Ses parents, Fernand Malraux et Berthe Lamy, se séparent.
(Son père aura, d'un second mariage, deux autres fils,
Roland et Claude.)
1906 : André Malraux entre à l'école à Bondy.
1909 : Son grand-père se suicide.
1915 : Malraux entre à l'école primaire supérieure de la rue de
Turbigo (le futur lycée Turgot).
1918 : N'est pas admis au lycée Condorcet. Renonce à passer son
bac et à poursuivre ses études.
1919 : Travaille pour le libraire-éditeur René-Louis Doyon.
1920 : Publie son premier article, « Des origines de la pensée
cubiste », dans *La Connaissance*, puis, dans *Action*, des
articles sur Lautréamont et André Salmon. Devient directeur littéraire chez Simon Kra.
1921 : Il publie son premier livre, *Lunes en papier*, et des textes
plus brefs, comme « Les hérissons apprivoisés » et « Journal d'un pompier du jeu de massacre ». Se rend en Italie, en
Autriche, en Allemagne. Épouse Clara Goldschmidt.
1922 : Publie des articles sur Gide, Gobineau, Max Jacob, un texte
farfelu, « Des lapins pneumatiques dans un jardin français », et une préface pour le catalogue de l'exposition Gala-
nis.
1923 : Se rend en Indochine avec Clara et son ami Louis Chevasson, organise une expédition au temple de Banteaï Srey, est
inculpé pour vol de statues et condamné à trois ans de prison ferme. Il fait appel.
1924 : Au second procès, Malraux bénéficie du sursis (de nom-

399

breux intellectuels et artistes français ont signé une pétition en sa faveur). Publie « Écrit pour une idole à trompe » dans la revue *Accords*.

1925 : Retourne en Indochine avec Clara et fait paraître avec Paul Monin *L'Indochine* qui, après interruption, devient *L'Indochine enchaînée*. Quitte ce pays à la fin de 1925.

1926 : Publie *La Tentation de l'Occident*.

1927 : Publie « Écrit pour un ours en peluche » (in *900*), « Le voyage aux îles Fortunées » (*Commerce*), « D'une jeunesse européenne » dans le livre collectif intitulé *Écrits*. Aux éditions Gallimard, il est chargé des éditions d'ouvrages d'art.

1928 : Publie *Les Conquérants* et *Royaume farfelu*. Participe aux Décades de Pontigny.

1930 : Publie *La Voie royale*, qu'il présente alors comme le premier volume des *Puissances du désert*. Se rend à Ispahan et en Turquie. Fernand Malraux, son père, se suicide.

1931 : Voyage en Afghanistan, en Inde, puis en Chine, au Japon et aux États-Unis. Polémique entre Trotski et Malraux à propos des *Conquérants*.

1932 : Mort de Berthe Lamy.

1933 : Rencontre Trotski à Royan. Publie *La Condition humaine* qui reçoit le prix Goncourt. Naissance de sa fille Florence. Rencontre de la romancière Josette Clotis. Intervient lors de la première manifestation publique de l'AEAR (Association des écrivains et artistes révolutionnaires).

1934 : André Malraux et André Gide se rendent à Berlin, porteurs de pétitions demandant la libération de Dimitrov. Survole avec Édouard Corniglion-Molinier le désert du Yémen, à la recherche de l'ancienne capitale de la reine de Saba. Escale en Égypte. Il intervient en août 1934 au Ier Congrès des écrivains soviétiques à Moscou (puis à Paris, pour en rendre compte). Participe à la fondation de la Ligue mondiale contre l'antisémitisme. Rencontre Eisenstein, Gorki, Pasternak, Staline. Est présent à plusieurs meetings contre le fascisme.

1935 : Publie *Le Temps du mépris*, intervient au Congrès international des écrivains pour la défense de la culture (21-25 juin), aux assises de l'Association internationale des écrivains pour la défense de la culture (4 novembre) et lors du meeting organisé par le Comité Thaelmann, le 23 décembre.

1936 : Discours à Londres, le 21 juin, au secrétariat général de l'Association des écrivains pour la diffusion de la culture. Engagement aux côtés des républicains espagnols. Crée l'escadrille España. Participe à plusieurs missions aériennes et se bat à Medellín, Madrid, Tolède, Teruel. Rencontre Nehru.

1937 : Se rend aux USA pour collecter des fonds pour les républicains espagnols. Publie *L'Espoir* et, dans la revue *Verve*, son premier texte sur *La Psychologie de l'art*.

1938 : Tourne en Espagne *Sierra de Teruel*.

1939 : Publie dans *Tableau de la littérature française* une étude sur Laclos. Il s'engage dans les chars mais ne sera appelé qu'au début de 1940 (à Provins).

1940 : Il est fait prisonnier près de Sens, s'évade au bout de quelques mois et gagne le sud de la France. Josette Clotis le rejoint avec leur fils, Pierre-Gauthier, né à Paris en novembre.

1941-1942 : Vit dans le midi de la France où viennent le voir Gide, Lacan, Drieu la Rochelle, Sartre, etc.; refuse de donner suite aux propositions des premiers résistants, travaille à *La Lutte avec l'ange* et au *Démon de l'absolu* (consacré au colonel Lawrence). Fin 1942, s'installe en Corrèze.

1943 : Publie *Les Noyers de l'Altenburg* (première partie de *La Lutte avec l'ange*). Naissance de son deuxième fils, Vincent. Contacts avec les résistants.

1944 : Devenu le colonel Berger, il est à la tête de mille cinq cents maquisards du Lot, de la Dordogne et de la Corrèze. Il est blessé, arrêté par les Allemands, subit un simulacre d'exécution ; emprisonné à Toulouse, il se retrouve libre grâce au départ précipité des Allemands. Ses deux frères sont déportés (ils trouveront tous deux la mort). Malraux crée la brigade Alsace-Lorraine qui ira se battre jusqu'à Mulhouse et Strasbourg. En novembre, mort accidentelle de Josette Clotis.

1945 : Participe en janvier au congrès du Mouvement de libération nationale à Paris, regagne la brigade et va jusqu'en Allemagne. Rencontre le général de Gaulle le 10 août, devient son conseiller technique. Il est nommé ministre de l'Information le 21 novembre. Intervient à l'Assemblée nationale constituante le 29 décembre 1945.

1946 : Quitte son ministère, à la suite du général de Gaulle, le 20 janvier. Publie *N'était-ce donc que cela ?* (extrait du *Démon de l'absolu*) et *Esquisse d'une psychologie du cinéma*.

Le 4 novembre, conférence à la Sorbonne sur « L'homme et la culture ».

1947 : Le général de Gaulle crée le RPF (Rassemblement du peuple français) dont Malraux devient le délégué à la propagande. Discours au Vélodrome d'hiver le 2 juillet. Publie les *Dessins de Goya au musée du Prado* et *Le Musée imaginaire*, premier tome de *La Psychologie de l'art*.

1948 : Après avoir divorcé d'avec Clara, épouse sa belle-sœur, Madeleine, veuve de son frère Roland (Madeleine et Roland ont eu un fils, Alain). Lance l'hebdomadaire *Le Rassemblement*, prononce un discours au Vel'd'hiv' le 17 février, un appel aux intellectuels le 5 mars, salle Pleyel ; il participe aux assises du RPF à Lille le 17 avril et, le 18 novembre, au meeting « Pour la liberté de l'esprit ». Publie *La Création artistique*. Écrit à diverses reprises dans *Le Rassemblement*. Paraît *The Case for de Gaulle*, transcrivant un long dialogue entre Malraux et James Burnham.

1949 : Crée la revue *Liberté de l'esprit*, publie *La Monnaie de l'absolu*.

1950 : Prononce un discours au Vélodrome d'hiver le 11 février 1950. Publie *Saturne*, de nombreux articles dans *Carrefour*, *Le Rassemblement* et *Liberté de l'esprit*. Gravement malade pendant tout l'été (paratyphoïde).

1951 : Discours, dans des meetings du RPF, le 3 juin, le 8 juin, le 25 novembre. Publie *Les Voix du silence*.

1952 : Publie le premier tome du *Musée imaginaire de la sculpture mondiale*, prononce plusieurs discours gaullistes (les 23 janvier, 7 mars, 4 juillet) et une allocution au congrès de l'Œuvre du xxᵉ siècle (31 mai). Voyage en Grèce, en Égypte, en Inde, en Iran.

1953 : Le général de Gaulle met le RPF en sommeil.

1954 : Malraux publie *Des bas-reliefs aux grottes sacrées* et *Le Monde chrétien*. Il se rend aux États-Unis où il prononce plusieurs discours. Accorde des entretiens à *L'Express* dans lesquels il montre sa sympathie pour Mendès France. Début de la guerre d'Algérie.

1955 : Il crée chez Gallimard la collection « L'univers des formes ».

1956 : Discours sur « Rembrandt et nous » prononcé à Stockholm à l'occasion du trois cent cinquantième anniversaire de la naissance de Rembrandt.

1957 : Publie *La Métamorphose des dieux*.

Chronologie

1958 : Après la saisie du livre d'Henri Alleg, *La Question*, André
Malraux signe avec Roger Martin du Gard, François Mauriac et Jean-Paul Sartre une adresse au président de la
République sommant les pouvoirs publics de condamner
l'usage de la torture. Retour au pouvoir du général de
Gaulle. Malraux est nommé le 1ᵉʳ juin ministre délégué à la
présidence du Conseil. Conférence de presse le 24 juin. Discours politiques le 14 juillet, le 24 août et le 4 septembre à
Paris, puis à la Martinique, en Guyane, en Iran, en Inde (où
il retrouve Nehru) et au Japon.

1959 : Devient le 9 janvier ministre d'État chargé des affaires
culturelles. Discours à Ouargla, Tamanrasset, Edjelé, Hassi-
Messaoud, Athènes, Brasilia. Conférences de presse dans
plusieurs pays d'Amérique latine. Interventions à l'Assemblée nationale (17 et 24 novembre) et au Sénat
(8 décembre).

1960 : Se rend au Mexique. Discours pour le centenaire de
l'Alliance israélite universelle, pour la sauvegarde des
monuments de Nubie, pour l'inauguration de la statue du
général de San Martin. Se rend en Afrique à l'occasion de la
proclamation de l'indépendance du Tchad, du Gabon, du
Congo et de la République centrafricaine. Rencontre le docteur Schweitzer. Interventions à l'Assemblée nationale le
5 novembre et au Sénat, le 23 novembre.

1961 : Le 22 avril, putsch des généraux favorables à l'Algérie française. Malraux appelle les Français à se constituer en
groupes volontaires et à riposter à une éventuelle attaque
des parachutistes. Discours à Orléans le 8 mai pour la célébration des fêtes de Jeanne d'Arc, et à Metz pour inaugurer
la place de la Brigade-Alsace-Lorraine le 14. En mai, ses
deux fils se tuent en voiture. Interventions à l'Assemblée
nationale les 26 octobre et 14 décembre, et au Sénat le
21 novembre.

1962 : Attentat perpétré par l'OAS au domicile d'André Malraux.
Voyage aux États-Unis. Rencontre John Kennedy. Discours
à l'Assemblée nationale le 23 juillet et au Sénat le 22 mai.
Discours le 30 octobre au palais de Chaillot au nom de
l'association « Pour la Vᵉ République ».

1963 : Discours aux USA (9 janvier) où il accompagne *La Joconde*.
Hommage à Braque le 3 septembre. Intervient à l'Assemblée nationale (18 janvier), en Finlande (16 septembre), au
Canada (octobre) et aux assises de l'UNR-UDT à Nice (le
24 novembre).

1964 : Inaugure la Maison de la culture de Bourges le 18 avril. Discours à Rouen le 31 mai puis à l'Assemblée nationale le 7 novembre. Oraison funèbre pour Jean Moulin en présence du général de Gaulle le 19 décembre.

1965 : Voyage en Chine (où il rencontre Mao Tsé-toung), escales dans les lieux découverts avant la guerre, retour par l'Inde. Discours « À la mémoire de Le Corbusier » le 1er septembre, à l'Assemblée nationale le 14 octobre, au Palais des sports (au nom de l'Association « Pour la Ve République ») le 15 décembre.

1966 : Inaugure la Maison de la culture d'Amiens le 19 mars, prononce un discours à Dakar le 30 mars pour ouvrir le Ier Festival mondial des arts nègres en compagnie de Léopold Senghor, intervient à l'Assemblée nationale les 27 octobre et 8 décembre. Séparation d'avec Madeleine Malraux. Retrouve Louise de Vilmorin.

1967 : Publie les *Antimémoires*, accorde de nombreux entretiens aux journalistes. Se rend en Grande-Bretagne. Intervient à l'Assemblée nationale les 9 novembre et 6 décembre.

1968 : Inaugure la Maison de la culture de Grenoble le 3 février. Discours au Parc des expositions dans le cadre de la campagne pour les élections législatives, le 20 juin. Voyage en Union soviétique. Discours à l'assemblée générale de l'Association des parlementaires de langue française le 28 septembre ; intervient à l'Assemblée nationale le 13 novembre et au Sénat le 26 novembre.

1969 : Discours à Niamey le 17 février, à Strasbourg le 13 avril, à Paris le 23 avril, dans le cadre de la campagne pour le « oui » au référendum. Quitte le pouvoir après la démission du général de Gaulle. Signe en novembre avec Mauriac et Sartre une « Lettre au président de la République de Bolivie » pour demander la libération de Régis Debray. En décembre, mort de Louise de Vilmorin.

1970 : Publie *Le Triangle noir*. Le 9 novembre, mort du général de Gaulle.

1971 : Publie *Oraisons funèbres*, *Les Chênes qu'on abat*. Croisière au cap Nord avec Sophie de Vilmorin qui sera sa dernière compagne. Propose ses services au Bengladesh en guerre contre le Pakistan. Lettre au président Nixon, « À propos du Bangladesh », dans *Le Figaro* du 17 décembre.

1972 : Croisière en Méditerranée. Voyage aux États-Unis. Le 13 mai, discours à Duresdal (Dordogne) pour commémorer

les maquis de la région. À l'automne, hospitalisé à la Salpêtrière pendant plusieurs semaines.

1973 : Voyage en Inde, au Bengladesh, au Népal. Inaugure le
13 juillet l'exposition sur « Le musée imaginaire d'André
Malraux » à la Fondation Maeght et, le 2 septembre, le
monument à la Résistance savoyarde sur le plateau des
Glières. En octobre, témoigne au procès de Jean Kay.

1974 : Publie *La Tête d'obsidienne*, *Lazare*, *L'Irréel*. Voyage au
Japon et en Inde. Participe le 24 avril à une émission télé-
visée aux côtés de Jacques Chaban-Delmas, candidat à
l'élection présidentielle.

1975 : Le 10 mai, Malraux s'adresse à Chartres aux femmes rescapées de la déportation, pour le trentième anniversaire de la
libération des camps. Publie *Hôtes de passage*. Discours le
23 novembre pour le cinquième anniversaire de la mort du
général de Gaulle. Se rend à Haïti.

1976 : Intervient le 12 mai devant la commission spéciale chargée
à l'Assemblée nationale d'examiner trois propositions de loi
relatives aux libertés. Publie *La Corde et les souris*, *Le Miroir
des limbes*, *L'Intemporel*. Hospitalisé à Henri-Mondor (à
Créteil) où il meurt le 23 novembre.

1977 : Paraissent *L'Homme précaire et la littérature* et *Le Surnaturel*.

407

Table des matières

La politique, la culture

DU MÊME AUTEUR

II. L'IRRÉEL
III. L'INTEMPOREL

Bibliothèque de la Pléiade

ŒUVRES COMPLÈTES, I *(Nouvelle édition)*
LE MIROIR DES LIMBES
ŒUVRES COMPLÈTES, II *(Nouvelle édition)*

Aux Éditions Grasset

LA TENTATION DE L'OCCIDENT
LES CONQUÉRANTS
LA VOIE ROYALE

*Composition Euronumérique
et impression Bussière Camedan Imprimeries
à Saint-Amand (Cher), le 20 novembre 1996.
Dépôt légal : novembre 1996.
1er dépôt légal dans la collection : septembre 1996.
Numéro d'imprimeur : 1/2741.*
ISBN 2-07-032958-5./Imprimé en France.